DIE KOMISCHE OPER

DIE
KOMISCHE OPER

NICOLAI

Herausgegeben von der Komischen Oper
Intendant: Albert Kost

Gefördert durch den Förderkreis Freunde der Komischen Oper Berlin e.V.

Redaktion: Hans-Jochen Genzel

Fotonachweis

Ursula Böhmer 163
Wolfgang Hilse 157
Clemens Kohl 53
Kranich-Foto 98, 99
Arwid Lagenpusch 12, 15, 16, 19, 22, 35, 36, 38, 39 (unten), 45 (unten), 47, 48, 69, 70, 83, 85, 86, 87, 88 (3x), 88
     (großes Bild, kleines Bild mitte und unten), 91, 92, 94, 95 (2x), 96, 97, 102, 103 (3x), 103, 104 (2x), 105, 107 (2x), 108,
     109, 111, 112, 113 (2x), 114, 115, 118, 119, 121, 123 (4x), 124 (2x), 126 (2x), 127, 129, 130 (2x), 131, 133, 134 (2x), 135,
     136, 150, 151, 152, 153 (2x), 154, 158, 159 (unten), 160 (2x), 161, 162 (3x), 165, 168, 170 (2x), 171 (2x), 173, 175, 176,
     184, 187, 188, 191, 192, 193, 194, 196 sowie Fotos auf dem Umschlag
Abraham Pisarek 62
Claudia Reuter (privat) 67
Kuno Rudolph 2
Willy Saeger 34
Georg Schönharting 9, 17, 81, 137–148, 149, 185, 201–212, 213
Jürgen Simon 39 (oben), 41, 42, 45 (oben), 88 (kleines Bild oben)
Frank Vetter 10
Landesbildstelle Berlin 27 (unten), 29 (2x)
Archiv der Komischen Oper 27 (oben), 32 (2x), 55, 63

Dokumentation und Script: Cordula Reski
Lektorat im Verlag: Angelika Friederici
Gestaltung: Dorén + Köster, Berlin
Satz und Lithos: Mega-Satz-Service, Berlin
Druck: Movimento
Bindung: Lüderitz & Bauer GmbH, Berlin

Printed in Germany

ISBN 3-87584-656-7

INHALT

Wenn die Musik der Liebe Nahrung ist:
Spielt weiter!
WILLIAM SHAKESPEARE

Tanz ist Freude und nicht
aus Trübsal geboren, und Freude ist es,
was seine ständige Entwicklung bewirkt
MICHAIL FOKIN

Vieles ist auf Erden zu tun. Tue es bald!
LUDWIG VAN BEETHOVEN

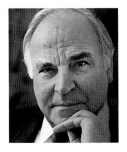

Zum fünfzigjährigen Bestehen der Komischen Oper Berlin übermittle ich allen Mitwirkenden und Gästen meine herzlichen Grüße und besten Wünsche.

Im reichen kulturellen Erbe unseres Landes spielt das Musik- und Theaterleben seit jeher eine herausragende Rolle. Die Komische Oper Berlin nimmt darin einen besonderen Platz ein – ist es doch ihr erklärtes Ziel, Musik und Theater gleichermaßen zu ihrem Recht kommen zu lassen. Die für sie kennzeichnende anspruchsvolle Einheit von musikalischer und schauspielerischer Inszenierung hat den Beweis erbracht, daß auch die sogenannte leichte, heitere Kunst große Kunst sein kann.

50 Jahre Komische Oper Berlin – das ist nicht nur ein Stück Geschichte des Deutschen Musik- und Theaterlebens, sondern auch Berlins, der Stadt, die nicht zuletzt durch die Begegnung von Tradition und Moderne erneut zu einem kulturellen Zentrum des wiedervereinten Deutschland geworden ist.

Kunst und Kultur haben für die Einheit Deutschlands und für die europäische Einigung ganz entscheidende Bedeutung. In der Zeit der Teilung war das gemeinsame kulturelle Erbe eines der stärksten Bande, die unsere Nation zusammenhielten. Es prägte ganz wesentlich das Bewußtsein der Zusammengehörigkeit aller Deutschen und hat so auch einen entscheidenden Beitrag dazu geleistet, einer Entfremdung der Menschen in beiden Teilen Deutschlands entgegenzuwirken.

Kunst – gerade Musik und Theater – ist immer auch eine Form des öffentlichen Dialogs. Den ständigen fruchtbaren Austausch mit dem Publikum zu pflegen, gehört zu dem hohen Anspruch, dem sich die Mitglieder der Komischen Oper seit den Zeiten ihres ersten Theaterleiters Walter Felsenstein verpflichtet fühlen. Nicht zuletzt deshalb haben viele Inszenierungen weit über Deutschland hinaus große Resonanz und Anerkennung gefunden.

Ich wünsche den Jubiläumsfeierlichkeiten gutes Gelingen und der Komischen Oper Berlin weiterhin erfolgreiche Inszenierungen, die den Besuchern höchste Genüsse für Auge und Ohr bieten.

Mit freundlichen Grüßen

MIR ABER VERZEIHE MAN DIE EIGENHEIT,

DASS ICH DEN ZUSCHAUER

IMMER GERNE VERSTÄNDIGT WÜNSCHE

JOHANN WOLFGANG VON GOETHE

VORWORT

Ich freue mich sehr, daß es mit Hilfe des Förderkreises Freunde der Komischen Oper Berlin gelungen ist, aus Anlaß des 50. Geburtstags eine umfangreiche Publikation über die Komische Oper herauszubringen. Es ist nach dem Fall der Mauer das erste Buch, das sich, anknüpfend an eine gute Tradition, sowohl mit den Menschen als mit den Inhalten des Hauses beschäftigt.

Die Opernlandschaft verändert sich; mehr und mehr geraten die Theater nicht nur in künstlerischer, sondern auch in wirtschaftlicher und organisatorischer Hinsicht in den Blick. Die neue Situation Berlins nach der Vereinigung beider Teile Deutschlands und Berlins und auch die anhaltende finanzielle Krise der öffentlichen Haushalte machen eine Standortbestimmung notwendig, sowohl um offen zu sein für notwendige Erneuerungsprozesse als auch um sich vor Eingriffen in Substanz und Autonomie eines Theaters zu schützen. Die Bedeutung eines Opernhauses wird bestimmt durch Erfolge der Vergangenheit und Visionen für die Zukunft – zu beidem finden Sie in diesem Band zahlreiche Artikel verschiedenster Autoren – sowie durch seine gegenwärtige Positionierung im Kulturleben der Stadt und des Landes.

Im Dreiklang der Berliner Opernhäuser hat die Komische Oper ihr besonderes Profil, aufbauend auf dem Musiktheaterkonzept Walter Felsensteins, stets gewahrt und steht nach wie vor damit bundes- und weltweit einzigartig da. Dazu wurde in den letzten Jahren im musikalischen Bereich der Anschluß an ein internationales Niveau erarbeitet. Die Komische Oper mit dem durchschnittlich jüngsten Publikum der Berliner Opern-

Intendant Albert Kost
beim Gastspiel der
Komischen Oper in Japan

häuser will auch in Zukunft ihr breites Angebot für Menschen allen Alters und verschiedenster Bildung und Herkunft aufrechterhalten.

Die Finanznot des Landes Berlin ist bekannt. Die Komische Oper hat sich längst auf einen rigiden Sparkurs einlassen müssen und die verordneten Zuschußminderungen stets kompensieren können. Unser Weg ist es, durch ein ganzes Bündel von Maßnahmen wie Personalabbau, Auslagerung bestimmter Bereiche, Konzentration auf Kernaufgaben und Zusammenfassung aller Ressourcen, das Angebot für das Publikum nicht zu verringern, sondern sogar noch zu steigern. Dabei ist nicht zu übersehen, daß in Bereichen wie Technik und Marketing Investitionen notwendig wären, deren Rückstellung sich langfristig negativ auswirken kann.

Wir stehen vor schwierigen Diskussionen über strukturelle Veränderungen über die Komische Oper hinaus, denen wir uns nicht verschließen können, auch wenn sorgfältig die Gefahren für künstlerische Qualität und Autonomie geprüft werden müssen.

Zunehmend wird eine Zusammenarbeit mit der Wirtschaft fruchtbar. Ein wichtiges Ziel ist die Einbindung der Komischen Oper in die kulturelle, politische und wirtschaftliche Landschaft. Eine große Hilfe ist uns dabei der enorm gewachsene Förderkreis, der durch sein persönliches und finanzielles Engagement zu einem unverzichtbaren Eckpfeiler unserer Arbeit geworden ist.

Die Komische Oper hat mit ihrer Lage mitten in der werdenden Hauptstadt Berlin, umgeben von ehrgeizigen Investorenprojekten, die Chance, ein gewichtiger Baustein für die Zukunft Berlins zu sein – bauen Sie als unser Publikum daran mit, indem Sie unsere Arbeit mit Kritik und Wohlwollen begleiten.

DIE KOMISCHE OPER HAT SICH DIE AUFGABE GESTELLT ...

... die künstlerisch erlesensten und zugleich volkstümlichsten Werke des internationalen Musiktheaters aus Vergangenheit, Gegenwart und Zukunft im wechselnden Spielplan zu pflegen. So wurde vor 50 Jahren, im Programmheft zur Eröffnungspremiere der Komischen Oper am 23. Dezember 1947, das Ziel des Hauses beschrieben. Heute können wir feststellen: Die Komische Oper hat Wort gehalten.

Die Komische Oper entstand aus den Trümmern des alten Metropol-Theaters. Zu ihrer Gründung bedurfte es noch der Genehmigung durch die sowjetische Militäradministration. Ihr Auftrag ging an den österreichischen Regisseur Walter Felsenstein, der damit die Möglichkeit erhielt, sein Konzept eines volksnahen, auch einfachen Menschen verständlichen Musiktheaters praktisch zu erproben und durchzusetzen. Er knüpfte an die Tradition der Singspiele und der französischen Opéra comique an.

Felsenstein fand in Götz Friedrich, Joachim Herz und heute Harry Kupfer Mitarbeiter und Nachfolger, die den Stil des Hauses mitgetragen und weitergeführt haben. Auf diese Weise hat sich die Komische Oper bis heute ihre internationale Ausstrahlung erhalten und eine eigene Position in der deutschen Hauptstadt geschaffen.

Den vielen Festveranstaltungen zum Jubiläum wünsche ich einen guten Verlauf, den Gästen Unterhaltung und Spaß. Sicher wird auch diesmal das in Erfüllung gehen, was Harry Kupfer als Ziel seiner Arbeit genannt hat: *»Ich will, daß die Zuschauer im Theater mitgehen. Sie sollen lachen und weinen und dabei das Denken nicht vergessen.«*

Auf der Bühne der Komischen Oper: Mitglieder des Förderkreises und Schirmherrin Prof. Dr. Jutta Limbach sowie der Regierende Bürgermeister von Berlin, Eberhard Diepgen, und Gattin

VOLL VERTRAUEN

Den Stand und die Perspektiven des Musiktheaters in Berlin zu beschreiben, setzt eine grundsätzliche Feststellung voraus:

Es gibt in dieser Stadt drei Opernhäuser, und wir tun gut daran, alle Planungen in die Zukunft auf dieser Tatsache aufzubauen. Es ist dies nicht nur eine Frage der Kulturpolitik. Für die meisten Berliner ebenso wie für die auswärtigen Gäste steht das kulturelle Angebot im Blickpunkt des Interesses, wenn es um die Attraktivität der Stadt geht. Unsere Aufgabe wird es sein, diese »Visitenkarte« noch interessanter zu gestalten.

Die Frage nach der Wirtschaftlichkeit und Effizienz tangiert heute auch die Theater in immer stärkerem Maße, und zunehmende Freizeitangebote treten mit den Kulturbetrieben in Konkurrenz um das Publikum. Die Antworten und Konzepte in diesem Spannungsfeld liegen in den Theatern und Opernhäusern selbst, davon bin ich überzeugt.

Ich wünsche mir in diesem Zusammenhang, daß die Opernhäuser sich noch mehr als bisher dem Publikum öffnen. Es ist nicht allein damit getan, hervorragendes Musiktheater in Berlin zu haben, wir müssen es auch sichtbar machen – nach innen wie nach außen. Dies beginnt unzweifelhaft bei der Pflege des Nachwuchses, der im Publikum mindestens so wichtig ist wie auf der Bühne und im Orchestergraben. Aber auch die Strukturen der Institutionen müssen transparenter werden. Theater, Musiktheater zumal, ist eine Kunstform, die einen hohen Personaleinsatz bedingt. Dennoch ist es unsere Aufgabe, die Organisation so zu gestalten, daß sie der Kunst den größtmöglichen Freiraum schafft und sie nicht behindert.

Voll Vertrauen setze ich hier auf die Fähigkeiten des Leitungsteams, des Ensembles und der Mitarbeiterinnen und Mitarbeiter der Komischen Oper. Ich bin sicher, daß das Haus seinen Weg selbstbewußt gehen wird und alle Chancen hat, ein Modell für künftige Entwicklungen des Musiktheaters zu werden.

Fünfzig Jahre sind vergangen, seit Walter Felsenstein im wahrsten Sinne des Wortes ein Theater zu formen begann, das Musiktheatergeschichte schreiben sollte. Ein Theater, dessen Lebendigkeit und Ausdruckskraft einen Gegenpol zu den klassischen Konzepten des Opernbetriebes setzt und sich so ein wahrhaft unverwechselbares Gesicht geben konnte. Das gesellschaftliche und politische Umfeld hat sich verändert, die Grundgedanken Felsensteins haben an Sinnfälligkeit und Aktualität nichts eingebüßt. Ständige Veränderungen, Beweglichkeit, Mut zum Experiment – damals wie heute steht die Komische Oper als Synonym für einen Opernbetrieb, dem der museale Gedanke fern liegt. Will Berlin ein Ort des Neuen sein, so gibt es keinen Zweifel: Würde das Haus an der Behrenstraße nicht längst existieren, müßten wir es hier und jetzt errichten.

Unseren Geist herausfordern

Die Komische Oper Berlin hat ihr erstes halbes Jahrhundert in schweren Zeiten hinter sich gebracht. Als ein frühes Geschöpf des Wiederaufbaus hat sie im Nachkriegsdeutschland wieder die Saiten anklingen lassen, die unser Land vor dem Terrorregime der Jahre 1933 bis 1945 zu einem Hort von Kunst und Kultur gemacht hatten. Rasch entwickelte sich die Komische Oper unter der Ägide von Walter Felsenstein zu einem exzellenten Musiktheater, dessen Ruf über die nationalen Grenzen hinausreichte. Diesen Rang vermochte sie die fünf Dezennien zu behaupten. Vor dem Bau und nach dem Fall der Mauer war sie einer jener kulturellen Orte, wo sich die Menschen aus allen Teilen Deutschlands trafen und treffen.

Für die Bürgerinnen und Bürger der neuen Länder gehört die Komische Oper zu den kulturellen Errungenschaften, auf die sie zu Recht stolz sind und die sie bewahrt wissen wollen. Für die Menschen aus den alten Ländern ist der glücklichste Wendepunkt der deutschen Geschichte in diesem Jahrhundert erst durch die Möglichkeit, die Komische Oper wieder besuchen zu können, richtig rund geworden. Sie führt durch das von ihr gebotene musische und intellektuelle Vergnügen die Menschen aus Ost und West einträchtig zusammen und läßt sie für Stunden vergessen, daß sie unterschiedliche Erfahrungen und Lebensgefühle noch immer trennen. Nicht nur in solchen Augenblicken eint uns das Wissen, daß vornean die Komische Oper zu jenen Stätten der Musik und des Theaters zählt, die das solide kulturelle Fundament der Hauptstadt ausmachen.

Ich wünsche der Komischen Oper einen glücklichen Start in das kommende Jahrhundert und Jahrtausend. Möge der Geist Walter Felsensteins stets gegenwärtig sein und Harry Kupfer ihr treu bleiben. Möge es ihm und dem Intendanten gelingen, immer wieder von neuem das Ensemble zu künstlerischen Höchstleistungen zu führen. Auf daß diese nicht nur unsere Herzen gewinnen und Sinne berauschen, sondern – wie stets – auch unseren Geist herausfordern. Möge die Komische Oper inmitten Deutschlands und Europas immerfort weltstädtischen Glanz verbreiten!

MITEINANDER VON KULTUR, WIRTSCHAFT UND POLITIK

In einer Kulturstadt wie Berlin, in der Theater eine Jahrhunderte alte Tradition hat, mutet das fünfzigjährige Jubiläum eines Opernhauses wie eine Etappe an. Die Komische Oper spielt jedoch eine Sonderrolle – nicht nur unter den Opernhäusern Berlins. Sie ist etwas Besonderes in der internationalen Opernszene.

Felsenstein hat mit der Komischen Oper eine Tradition begründet, in der Oper auch als szenisches Ereignis präsentiert wird: Musikgenuß und Theatererlebnis als eine Einheit. Oper wird hier verständlich und bleibt nicht elitär. Sie macht einfach Spaß.

Die Besucherzahlen der Komischen Oper sind wieder gewachsen, woran die konsequente Beibehaltung der Felsensteinschen Tradition sicherlich großen Anteil hatte. Dennoch gab es für das Haus auch schwierige Zeiten. Die finanzielle Absicherung der hohen künstlerischen Qualität war gerade in den Jahren nach der Wiedervereinigung gefährdet, die Deckung des Etats keinesfalls immer selbstverständlich. Mit Hilfe des noch jungen, aber mittlerweile auf weit über 2 000 Freunde und Mitglieder angewachsenen Förderkreises ist es jedoch gelungen, das Budget einzuhalten.

Intendant Albert Kost erläutert seinen Gästen die Komische Oper: Mitglieder des Förderkreises und Schirmherrin Prof. Dr. Jutta Limbach sowie der Regierende Bürgermeister von Berlin, Eberhard Diepgen, und Gattin

Heute läßt uns der Zustrom eines treuen und zufriedenen Publikums die qualitative künstlerische Bedeutung des Hauses als gesichert annehmen; das Gespenst der Schließung scheint überwunden. Gleichwohl drohen die Haushaltslage Berlins und die Verpflichtung des Senats zu einem konsequenten Sparkurs, die Zuwendungen der Öffentlichen Hand für die Komische Oper und andere kulturelle Einrichtungen weiter zu schmälern. Gemeinsam stehen wir vor der Frage, wie diese Entwicklung kompensiert werden und gleichzeitig der Opernbesuch bezahlbar und damit für jedermann zugänglich bleiben kann.

Eine Lösung könnte in Konzepten liegen, die die Anziehungskraft des Opernhauses über Berlin hinaus stärken oder die Kosten – ohne Einbußen in Qualität und Umfang der künstlerischen Leistung – reduzieren. Dieser Aufgabe stellt sich die Komische Oper mit Erfolg. Es liegt jedoch auf der Hand, daß dieses Engagement allein – trotz hoher Akzeptanz und guter Auslastung – nicht ausreichen kann.

Damit das hohe künstlerische Niveau des Hauses aufrechterhalten und weiter ausgebaut werden kann, bedarf es zusätzlicher privater Initiative. Erst das private Spendenaufkommen sichert die Vielfalt des Programms und ermöglicht besonderes künstlerisches Engagement und Spitzenleistungen.

Für die Zukunft der Opernhäuser in Berlin ist ein konstruktives Miteinander von Kultur, Wirtschaft und Politik erforderlich. Lassen Sie uns gemeinsam die Bühnen als Orte der Freude und Erbauung, der Anregung und Entspannung erhalten.

Der Vorsitzende des Vorstandes des Förderkreises Freunde der Komischen Oper, Dr. Rolf-E. Breuer, begrüßt die Mitglieder des Förderkreises zu einem Konzert in der Komischen Oper

Musikalischer Witz und Phantasie sollen hier wirken

Walter Felsenstein

50 JAHRE KOMISCHE OPER –
AUS DER VERGANGENHEIT IN DIE ZUKUNFT

50 Jahre alt oder jung – die Zahlenmystik runder Geburts-, Gründungs- und sonstiger Gedenktage bestimmt ebenso die Programmgestaltung von Kulturinstituten aller Arten wie ihre Werbekampagnen. Nun ist ein Opernhaus oder eine Automarke – auch Ferrari feiert in diesem Jahr seinen Fünfzigsten – nicht besser oder schlechter, nicht interessanter oder wichtiger, als im neunundvierzigsten oder einundfünfzigsten Jahr seiner Existenz. Ein weiteres Problem derartiger Jubiläen ist ihre Blickrichtung: Man läßt die vergangenen 50, 100 oder 500 Jahre Revue passieren, läßt Menschen mit ihren Erinnerungen und Erlebnissen aus der Vergangenheit zu Wort kommen und wendet sich so zurück in eine – meist verklärte, gute alte – Zeit, anstatt sich die Frage zu stellen, wie es denn nun weiter gehen kann und soll.

Drehen wir den Spieß um und benutzen die runde Zahl, diesen fünfzigsten Geburtstag, den die Komische Oper in diesen Jahren mit vielen Nachkriegsgründungen gemeinsam hat, um in die Zukunft zu schauen. Benutzen wir das Datum zu einer kritischen Bestandsaufnahme, schauen wir in die Vergangenheit nicht zum nostalgischen Schwärmen oder zum Beharren in gedanklichen Erbhöfen, sondern um zu lernen – mit allem Respekt vor einer großen Vergangenheit und mit der Freiheit, hier und heute wieder ganz von vorne zu beginnen.

Die Komische Oper war zu ihrer Gründung ein großangelegtes Experiment. Die Arbeit Walter Felsensteins war gekennzeichnet durch die Entwicklung und Anwendung konkreter Methoden, wesentlicher erscheint heute aber zunächst das Grundphänomen, ganz bewußt ein neuartiges Konzept von Theater begonnen zu haben, das auf der Höhe der Zeit war oder gar ihr voraus. Die Grundfrage nach dem Profil der Komischen Oper lautet insofern nicht – oder nicht nur, was die wesentlichen Kriterien von Felsensteins Theaterkonzept sind. Sie lautet vielmehr, und das bei jeder Jahresplanung, jeder Inszenierung: Wenn wir heute die Komische Oper gründen würden, wo würden wir heute ansetzen?

Diese Frage läßt sich im Spannungsfeld von Gesellschaft und ästhetischer Diskussion nur jeweils aktuell beantworten. Für Felsenstein lag sie in der Wiedergewinnung der Wahrheit und Glaubwürdigkeit im musikalischen Theater, in der Einheit von Musik und Szene, die nicht nur die Summe beider Komponenten ergibt, sondern sie auf eine höhere Ebene hebt. Felsensteins Antworten sind längst Geschichte, heute suchen wir die Wahrheit des Theaters nicht in dieser Frage allein, wie die Inszenierungen Harry Kupfers und anderer zeigen.

Für die Komische Oper gelten bestimmte Grundsätze, die aus unserer Zeit heraus überprüft und neu formuliert werden können, um das Haus weiter in die Zukunft zu tragen. Felsenstein nennt als Grundwerte seines Theaters Wahrheit, Klarheit, Menschlichkeit – Werte, die getrost als Grundpfeiler nicht nur eines Theaters auch bis ins nächste Jahrtausend stehen können. Doch sie wollen nicht nur behauptet, sondern auch gefunden werden: im Konzept einer Inszenierung wie in der einzelnen Aktion auf der Bühne, im Umgang der Menschen am Theater untereinander und mit ihrer Geschichte. Auf der Bühne vor allem die problematischen Seiten und das Nichtfunktionieren menschlichen Zusammenlebens zu zeigen, um vielleicht das Bedürfnis nach Menschlichkeit im Publikum zu wecken, ist ein Ansatz, aber nicht der einzige. Felsenstein spricht fast gleichrangig auch von Poesie. Der Zauber des Theaters, der Wunsch, Phantasie und Träume auf die Bühne zu bringen, Leben in seinen Möglichkeiten zu zeigen und zu erproben, das ist ein Aspekt, der wieder wichtiger werden sollte. Dazu gehört, gerade an einem Haus, das sich Komische Oper nennt, ein thea-

Die Meistersinger von Nürnberg
1981
Siegfried Vogel
als Hans Sachs

terspezifisch kultivierter Humor – nicht im Sinne häufig oberflächlicher Fernsehunterhaltung, sondern als Mittel, Sichtweisen zu relativieren und eine Flexibilität des Denkens zu eröffnen.

Aus den drei Grundwerten abgeleitet sind konkrete Faktoren, die das Profil der Komischen Oper bis heute bestimmen: die Verbindung, ja Durchdringung von Musik und Theater, die aus dem Anspruch an Wahrhaftigkeit des auf der Bühne singenden und agierenden Menschen erwächst. In den letzten fünfzig Jahren sind, angeregt durch Felsensteins Ansatz und Anspruch, verschiedene Konzepte von Musiktheater erprobt und entwickelt worden, obwohl auch an Bühnen von internationalem Rang noch heute »kostümierte Konzerte« zu erleben sind. Felsensteins historische Tat läßt sich heute etwas verallgemeinern: Regisseur, Dirigent und Sänger müssen sich darüber klar sein, wie sich Gesang und Darstellung zueinander verhalten. Heute scheint mir weniger eine ganz bestimmte Art ihrer Verbindung notwendig, als ein Bewußtsein über ihr Verhältnis, die Bandbreite der Möglichkeiten spiegeln so unterschiedliche Inszenierungen der Komischen Oper wie *Orpheus und Eurydike*, *Lucia di Lammermoor* oder *Giustino*.

Das Konzept eines wahrhaftigen Musiktheaters steht nicht in einem Musentempel isoliert, sondern es hat eine klare Zielrichtung – sein Publikum. Daraus erwächst – durchaus im Einklang mit dem damals sozialistischen Umfeld, aber auch aus der Geschichte der Opéra comique – der Anspruch an Volksnähe und Verständlichkeit, der auch in einer anderen politischen Situation seine Notwendigkeit behalten hat. Bis heute ist das ein wesentliches Kennzeichen der Komischen Oper, von ihrer Art der Inszenierungen, dem Singen in deutscher Sprache bis zu ihrer Darstellung nach außen. Freilich bedeutet gerade dieser Anspruch mehr als das in heutigen Zeiten notwendige Denken in Einnahmeresultaten und Werbewirksamkeit. Er fordert die immerwährende Beschäftigung mit den Menschen und gerade den jungen Menschen von heute, mit ihren Gedanken, Bedürfnissen und Äußerungsformen, die quasi das Material für die künstlerische Auseinandersetzung auf der Bühne sind.

Weitere wichtige Grundlagen, wie ausführliche Probenarbeit, die Pflege von Ensemble und Nachwuchs, verstehen sich angesichts eines Anspruchs von Professionalität eigentlich von selbst, auch hier will die Komische Oper weiterhin Modell sein und den Defiziten des internationalen Opernbetriebs entgegenarbeiten.

Zurück zu der Frage, wo heute eine Komische Oper ansetzt – eine Frage, die offen bleiben muß, weil sie sich nicht auf dem Papier, sondern in der konkreten Arbeit beantworten muß. Deshalb seien hier nur einige Richtungen formuliert, in die wir heute denken:

– Im Theater, das Musiktheater eingeschlossen, geht es vor allem darum, beispielhaft menschliches Leben unter historischen, gesellschaftlichen, persönlichen Vorbedingungen darzustellen in einer ästhetischen Verarbeitung. Der treffende, aber umständliche Begriff des »Sängerdarstellers« im Felsensteinschen Musiktheater zielt darauf, daß aus einer Rolle in einem Stück eine Figur wird, die in ihrer Ganzheit Ausdruck des Menschen ist und nicht in einzelne ästhetische Ausdrucksformen wie Singen, Spielen, Tanzen etc. zerfällt. Diese Ganzheit gilt es, aus unserer Zeit heraus immer wieder neu zu suchen – in ihr steckt auch ein ganz tiefer Wunsch des Menschen nach Einheit mit sich selbst, der in der Kunst wenigstens partiell geschaffen werden kann.

– Unsere Gesellschaft ist mehr denn je geprägt von einer allgegenwärtigen Präsenz der Medien von Presse und Fernsehen bis Internet sowie einer Bandbreite verschiedenster Veranstaltungsformen. Auch in diesem Spannungsfeld müssen sich Theater und Musiktheater definieren, neue ästhetische Ausdrucksformen von Videoclip bis zu virtuellen Welten kritisch hinterfragen und, wo künstlerisch sinnvoll, in sein Spektrum integrieren. Allgemeiner gesagt, geht es um die Relevanz der ästhetischen Mittel, die nicht aus vordergründiger Aktualität, aber als das Bewußtsein der Zeit prägende Faktoren Eingang finden müssen in künstlerische Prozesse.

– Die permanente Spannung zwischen historischem Werk und der Gegenwart fordert eine immer wieder neue Auseinandersetzung. Da im letzten Jahrzehnt zumindest im Musiktheater die Bedeutung von Avantgarde und zeitgenössischer Kunst nicht nur aus wirtschaftlichen Gründen immer mehr in den Hintergrund gerückt ist, brauchen wir einen neuen Ansatz für gegenwärtige Kunst. Gerade im Bereich des unterhaltenden Musiktheaters liegt hier ein großes Defizit. Es ist an der Zeit, die heutigen Erscheinungsformen von »unterhaltendem« Musiktheater wie das Musical, aber auch Film, Kabarett etc. zu einer neuen künstlerischen Verdichtung und Wahrhaftigkeit zu führen, stärker als das in den kommerzorientierten privaten Musicaltheatern möglich und intendiert ist.

– Die Öffnung für verschiedenste Kulturen weit über den europäischen Horizont hinaus prägt heute das Selbstverständnis unserer Gesellschaft. Das ist kein ganz neues Phänomen – man denke an die Exotismen der französischen Oper im 19. Jahrhundert oder Wolfgang Amadeus Mozarts *Entführung aus dem Serail* –, geschieht aber in einer neuen Qualität und in einer Weise, die uns heute menschliche und ästhetische Umgangsformen anderer Kulturen in unser Leben mehr und mehr integrieren läßt. Das Zusammenrücken der Menschen auf diesem Planeten und das langsam wachsende Verständnis einer multikulturellen Gesellschaft von Weltbürgern muß sich mehr und mehr auch im Musiktheater wie in anderen Künsten niederschlagen. In der Verarbeitung von musikalischen wie darstellerischen Formen aus der ganzen Welt liegt heute die große Chance, die abendländische Kultur in ihrer künstlerischen Erschöpfung neu zu beleben und weiterzuführen.

– In engem Zusammenhang mit der Entwicklung der Gesellschaft steht auch die Art der Vermittlung von Theater und der ihm zugrunde liegenden Botschaften und Inhalte. Im heute weit entwickelten Verständnis von politischer, religiöser und geistiger Freiheit braucht es keine belehrende, pädagogisierende, in irgendeiner Weise festlegende Äußerung von

Kunst, sondern den Raum zur Freisetzung von Ideen und Phantasie, mit denen die Interpretation eines Werkes wie auch die eigene Wirklichkeit erfaßt werden können. Theater öffnet heute Horizonte, in denen sich der Zuschauer frei bewegen kann, in denen er seine Erkenntnisse selbst entwickeln und erfahren kann, um mit ihnen in Kommunikation mit den Mitmenschen zu treten. Theater muß heute diese Freiheit gewähren und Formen entwickeln, Forum zu sein für diese Kommunikation.

– Nicht zuletzt muß Theater weiterhin als ein sinnliches Ereignis Spaß machen, nicht um vom Leben abzulenken, aber um Lebensfreude zu transportieren und zu vermehren. Mit unserem Theater bauen wir unsere geistige Zukunft: Kunst schafft Realität – schaffen wir jeden Tag die Komische Oper neu.

Falstaff
1996
Johannes Schmidt als Bardolfo und Victor Braun als Falstaff

Helmut Engel

Gedanken zur Baugeschichte der Komischen Oper

I. Der Aufstieg der Komischen Oper aus der Katastrophe des Zweiten Weltkrieges ist untrennbar mit dem Namen ihres ersten Intendanten Walter Felsenstein verbunden. Seine künstlerische Handschrift machte das Haus in der Behrenstraße seit seiner Wiedereröffnung im Dezember 1947 zu einer fast schon von ihrem Wirkungsort abgehobenen »Institution«. Und unter diesem herausragenden Ruf geriet die eigentliche Bühne Felsensteins selber fast zur Nachrangigkeit; denn nur so läßt sich erklären, warum bis heute der baugeschichtlich bedeutsame Wiederaufbau des Hauses aus dem Trümmerfeld des Krieges nahezu unbekannt geblieben ist. Die jetzige, nicht mehr dem Zustand der vierziger Jahre entsprechende Eingangsfront in der Behrenstraße dürfte das Vergessen an die Bauleistung der Nachkriegsjahre noch verstärkt haben, und der Zuschauerraum, der den Krieg tatsächlich nahezu unbeschädigt überstanden hatte, mag schließlich den Eindruck hervorrufen, als handele es sich im wesentlichen immer noch um das alte Haus, das von den Architekten Fellner & Helmer 1891 entworfen worden war.

Die Bedeutung Felsensteins blieb auch in der geteilten Stadt anerkannt, selbst wenn die von den Offizieren der Alliierten Besatzungsmächte betriebene Kultur- und Theaterpolitik von der politischen Großwetterlage nicht unberührt blieb und unvermeidlich in die ideologisch-politischen Auseinandersetzungen der beiden Systeme kam – ähnlich wie dann nach 1950 die Wiederaufbautätigkeit in Städtebau und Architektur in die Mühle des politischen Streits zwischen Stalinismus auf der einen und avantgardistischer Moderne auf der anderen Seite – oder im östlichen Sprachgebrauch: zwischen Realismus und Formalismus geriet.

Das Besondere am Wiederaufbau der Komischen Oper: Er fand bereits – weit vor Gründung der DDR – zu einem Zeitpunkt statt, als die ideologischen Positionen noch keineswegs auch die innerdeutschen politischen Auseinandersetzungen bestimmt hatten. Das begann erst zu diesem Zeitpunkt.

Doch zunächst Friedrich Luft als unverdächtiger Zeuge in der Rückerinnerung im Jahre 1972: »*Deutsche und Russen adorieren [anbeten] die Bühne. Sie hat bei beiden hohen Stellenwert ... Theater ist bei beiden, Russen und Deutschen, ein Hätschelkind der öffentlichen Hand. Die nun einziehenden und ihre Sektoren in Besitz nehmenden Engländer und Amerikaner, oder auch die Franzosen, kennen dafür eine so hohe Wertschätzung nicht. ... Aber sie machten sie, nolens volens, mit. Theateroffiziere wurden deputiert. Es begann, während die Berliner Nutznießer waren, im Parkett (oder auf welchen harten Zuschauerstühlen immer), es begann eine Art kultureller Wettlauf. ... Theater war bis zum Jahr der Währungsreform, 1948, in Berlin von einer unvorstellbaren Wichtigkeit. ... Der ›Kalte Krieg‹ – er spielte sich auf den Brettern ab. Er*

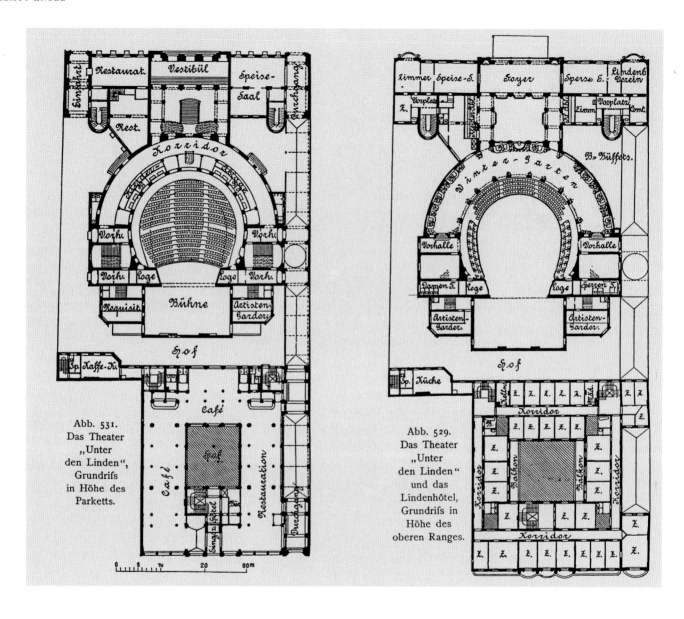

Abb. 531.
Das Theater
„Unter
den Linden",
Grundriß
in Höhe des
Parketts.

Abb. 529.
Das Theater
„Unter
den Linden"
und das
Lindenhôtel,
Grundriß in
Höhe des
oberen Ranges.

Grundrisse des Ursprungs-
baus des
Theaters Unter den
Linden mit Hotel

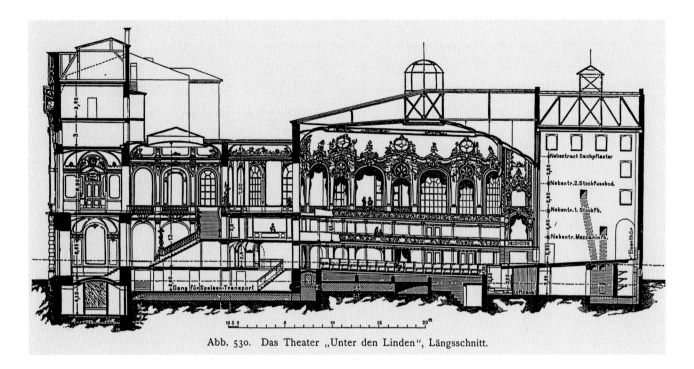

Abb. 530. Das Theater „Unter den Linden", Längsschnitt.

Längsschnitt des
Ursprungsbaus des
Theaters Unter den
Linden

begann kraß, als Wolfgang Langhoff, der, aus Schweizer Emigration heimgekehrt, die Inten-
danz des ›Deutschen Theaters‹ übernommen hatte, Simonows ›Russische Frage‹ spielen ließ ... Es
Ende 1947 spielen zu lassen, bedeutete die volle Kriegserklärung auf dem Berliner Theater-
schauplatz ... Heute ist das kaum mehr vorstellbar: in welcher Vereinsamung, wie beargwöhnt,
wie isoliert und hartnäckig Brecht seine große, produktive Theaterzeit in den letzten Jahren sei-
nes Lebens zustande brachte. ... Sein Theater war, zusammen mit Walter Felsensteins ›Komischer
Oper‹, die Attraktion unter den Bühnen Ost-Berlins. Beide, Brecht und Felsenstein, haben gesorgt,
daß Berlin als Theaterstadt weit über die Grenzen Europas hinaus gewirkt hat.«

Die Russische Frage – vom 3. Mai an unter der Intendanz von Wolfgang Langhoff in
der Regie von Falk Harnack aufgeführt – spaltete nicht nur das Berliner Publikum, die Inszenierung sorgte für Konfrontation bis in die Alliierten Kommandanturen, gipfelnd in
einem Disput zwischen General McClure, dem Leiter der Informationsverwaltung bei der
US-Militäradministration, und seinem sowjetischen Gegenpartner in der SMAD, Oberst Sergej Tjulpanow. Beide Seiten begannen sich nun offen Indoktrination des jeweils anderen
vorzuwerfen. Der gleiche Oberst Tjulpanow unterschrieb in diesen Tagen der ersten
großen öffentlichen Konfrontation auf dem Theater, am 12. Mai 1947, die Urkunde der
»Sowjetischen Militärverwaltung in Deutschland – Propaganda-Leitung«, mit der der »*Regis-*
seur Walter Felsenstein mit der Leitung des städtischen Operetten-Theaters unter dem Namen
›Komische Oper*«* beauftragt wurde. Ausgehändigt wurde diese Lizenz-Urkunde aber erst

anläßlich eines Festaktes am 5. Juni durch den sowjetischen Kulturoffizier Alexander Dymschitz im Zuschauerraum der Komischen Oper, der möglicherweise erst jetzt – drei Wochen nach der Unterfertigung des Schriftstückes – fertiggestellt war.

Die Komische Oper eröffnete am 23. Dezember 1947 das wiederaufgebaute Haus mit der Operette *Die Fledermaus* unter der Regie Felsensteins, das Bühnenbild hatte Heinz Pfeiffenberger entworfen, den Felsenstein vom Hebbel-Theater mitgebracht hatte. Felsenstein schlug jedoch nicht wie Langhoff im Deutschen Theater – wie es die Zeitumstände vermuten lassen könnten – laute gesellschaftspolitische Töne an: *»Abseits vom belanglosen Amüsement und abseits vom unpopulären Experiment soll die Komische Oper Freude bereiten«*, verkündete er als sein Credo im ersten Programmheft, zur Eröffnung am 23. Dezember 1947. Und zur *Fledermaus* schrieb er an gleicher Stelle: *»Der mitunter hintergründige Humor, die stellenweise sogar revolutionär-gesellschaftskritische Ironie dieses dennoch stets sprühend übermütigen und lebensbejahenden Werkes ... erweisen, daß nur der bedeutende Spaß, ernst genommen, zur wahren und unvergänglichen Heiterkeit führt«*. Das waren keine verbalen Platitüden, und so konnte man zwischen den Zeilen bereits die Verpflichtung zum realistischen Musiktheater, möglicherweise aber auch die Absage an Tendenzwerke wie *Die Russische Frage* lesen. Die künstlerische Perfektion Felsensteins dürfte sein Haus bei aller Verpflichtung gegenüber einem sozialistischen Realismus schließlich aus den Verstrickungen indoktrinierender, vordergründig ideologischer Auseinandersetzungen herausgehalten haben.

Daß sich die politische Linie der KPD in der Kulturarbeit am großen sozialistischen Bruder ausgerichtet hatte, war in der Unsere kulturpolitische Sendung betitelten Rede Anton Ackermanns auf der »Ersten Zentralen Kulturtagung der KPD in Berlin« am 4. Februar 1946 deutlich geworden: *»Unser Ideal sehen wir in einer Kunst, die ihrem Inhalt nach sozialistisch, ihrer Form nach realistisch ist. Wir wissen aber auch, daß diese Kunst erst in einer sozialistischen Gesellschaft zur Geltung kommen kann und selbst dann noch lange Zeit zu ihrer Entwicklung braucht«*. Das war ein nahezu wörtliches Zitat von Jossif Wissarionowitsch Stalin. Nach Auffassung Walter Ulbrichts vom Mai 1945 gehörte die Volksbildung zusammen mit dem Posten des Ersten Stellvertretenden Bürgermeisters und dem des Personaldezernenten zu den Schlüsselressorts des Berliner Magistrats – und damit war die Besetzung der entsprechenden Ämter mit einem zuverlässigen Kommunisten zwangsläufige Folge.

Die Realismus-Debatte ging an Felsenstein nicht vorbei; anläßlich der Maxim-Gorki-Feier 1953 setzte er sich mit der Parteidoktrin folgendermaßen auseinander: *»Seit Theater gespielt wird, war es darum bemüht, auf möglichst breite Volksschichten zu wirken, von ihnen verstanden zu werden und Erfolg zu haben. Wo diese Bemühung gelungen ist, war es realistisches Theater. Wo es glaubte, auf den Kontakt mit dem Volk verzichten zu können, konnte eine allgemeine Wirkung nicht eintreten, und es war unrealistisch. Ich gebrauche diese herausfordernd primitive Formulierung, um darzulegen, daß die Vokabel Realismus in der heute notwendig vordergründigen Bedeutung nicht als Stilbegriff angewendet werden kann, sondern als gesellschaftlich bezogener Inhalt und für unsere Entwicklung unentbehrliche*

Eingangsfront des
Metropol-Theaters zur
Jahrhundertwende

Die Behrenstraße mit dem
Metropol-Theater 1943

Forderung. ... Realismus ist ein Inhalt, realistische Darstellung in weitestem Sinne die Verbundenheit unseres Tuns mit dem ganzen Volk.«

Der Gründungsbau des Theaters Unter den Linden, ab 1898 Metropol-Theater und nunmehr Haus der Komischen Oper, war ein mehr als kennzeichnendes Kind seiner Zeit, als er am 24. September 1892 nach zweijähriger Bauzeit eröffnete – zumal das Theater mit einem *»echt weltstädtischem«* Anspruch auftreten wollte.

Seit 1888 war Wilhelm II. deutscher Kaiser. Im Geiste eines Andreas Schlüter glaubte der Monarch, seinen Schloßbezirk in der Mitte der Stadt im Sinne eines neubarocken Hoheitsverständnisses mit den Bauten fast ausschließlich nach dem Entwurf seines Hofarchitekten Ernst von Ihne neu bestimmen zu müssen – es entstanden die neue kaiserliche Wohnung und der Neubau des Weißen Saales im kaiserlichen Schloß, der Dom, der Marstall, das Kaiser-Friedrich-Museum (Bode-Museum), die Staatsbibliothek – alles Bauten, die der Monumentalisierung des Hoheitsbezirkes im Umfeld des Schlosses dienten.

Der Neubarock wurde zur bevorzugten Stilart nicht nur des Hofes, sondern auch einer bestimmten Klientel in der Stadt, nicht zuletzt der Millionäre, die am Kurfürstendamm in der Umgebung der Kaiser-Wilhelm-Gedächtniskirche wohnten – mithin: er war d e r Repräsentationsstil. Die Formenwelt des Barock wurde indessen auch zur Kennzeichnung ganz bestimmter Gebäudegattungen, wie besonders des Theaters, zumal in diesem Fall des Theaters Unter den Linden, hatte es doch tatsächlich seinen Standort nahe an der kaiserlichen Staatsstraße gefunden, wenn auch – aber das war gar nicht ungewöhnlich, wie das Beispiel auch der alten Philharmonie in der Bernburger Straße belegt – im Blockinneren und mit seinem Haupteingang in der Behrenstraße.

Der Habitus des Barock durchzog das Haus von der Fassade in der Behrenstraße bis in den Zuschauerraum. Auch das zu den Linden hin fast zeitgleich entstandene Linden-Hotel, von dem eine Passage zum Zuschauerraum und weiter zur Behrenstraße führte, folgte dieser Zeitströmung. »Berlin und seine Bauten« urteilte 1896 über den Baustil des Theaters so: *»Die Decoration des Saales ist höchst geschmackvoll in den Formen des Barocks gehalten, ohne überladen zu sein. Die Stuckornamente sind freihändig modelliert und daher von lebendigster Wirkung. Die Farbgebung beschränkt sich auf weiß, gold und roth, wozu in dem Wandelraum noch der tiefe Mahagoniton der Holzvertäfelungen hinzutritt. Kräftiger in der Farbe ist das von E. Veith in Wien gemalte Deckengemälde. Den Schwung der Barockplastik zeigen die von Th. Friedl modellierten Halbkaryatiden, die, denen von Sanssouci verwandt, die Pfeiler in das Deckengewölbe überleiten.«* Mochte im Zuschauerraum dem preußischen Sanssouci gehuldigt werden, die Fassade in der Behrenstraße verriet dagegen deutlich das Vorbild des Belvedere in Wien und damit die Herkunft des in Wien ansässigen Theater-Unternehmers Anton Ronacher, der mit seinem in der Reichshauptstadt gestarteten Unternehmen trotz der hervorragenden Lage jedoch bereits nach wenigen Jahren Schiffbruch erlitt – das Theater Unter den Linden rentierte sich nicht.

Der Theaterbau von Fellner & Helmer folgte nur in Grundzügen dem feststehenden Typus eines Theaters, denn da dieses Unternehmen – mit einem Aktienkapital finanziert –

Das Foyer bis 1945

Der Zuschauerraum mit
dem Deckengemälde vor
der Zerstörung 1945

kein Staatsbetrieb war, mußte es wirtschaftlich arbeiten und folglich eine Attraktion für das vorwiegend auf Touristen abzielende Publikum sein. *»Das Theater sollte für Berlin etwas neues ›echt weltstädtisches‹ bieten, da in das Programm nicht bloß Theater-Aufführungen, sondern im Wechsel damit Concertmusik und Ballett und andere für die Berliner Lebewelt berechnete Schaustellungen aufgenommen waren.«*

Neben und wegen der besonderen Programmgestaltung wurde deshalb um den oberen Rang ein so breiter Umgang angeordnet, daß er als Wintergarten gekennzeichnet und auch unabhängig vom Aufführungsbetrieb genutzt werden konnte. Sowohl das Parkett wie der Rang hatten unmittelbaren Zugang zu den im Kopfbau an der Behrenstraße in den beiden entsprechenden Stockwerken untergebrachten Speisesälen, einer ausgedehnten Gastronomie. Der Umgang um den Zuschauerraum im Parkett war dagegen in seinen räumlichen Abmessungen nur ein Korridor, ein deutlicher Hinweis darauf, daß das obere Ranggeschoß die gesellschaftlich vornehmere Ebene war. Der vorne im Linden-Hotel logierende Gast konnte auf kurzem Wege in das Theater Unter den Linden gelangen, denn von dem in der Linden-Passage gelegenen Hoteleingang bedurfte es – unabhängig vom Theater-Haupteingang in der Behrenstraße – nur weniger Schritte zu einem ebenfalls in der Passage angeordneten Eingang in das Parkett; nur aus bauaufsichtlichen Gründen waren Hotel und Theater durch einen schmalen Hof getrennt.

Das Metropol war kein Tempel klassischer Kunst, es wollte – anders als die wenig entfernte Staatsoper am Opernplatz – das die Linden aufsuchende Publikum attraktiv bedienen. Mutmaßlich gehörten Hotel- und Theaterbau in ein in sich schlüssiges Unternehmenskonzept, wobei kennzeichnenderweise das Hotel und nicht das Theater zu den Linden ausgerichtet wurde.

II. Die Zerstörungen, die der Zweite Weltkrieg in der Stadtmitte und am Metropol-Gebäude selber angerichtet hatte, sind nur durch einige wenige Fotografien dokumentiert. So zeigt ein Foto, mutmaßlich aus dem Jahr 1946, welches bereits den Zustand der Enttrümmerung belegt (weil in der Ruine das Firmenschild von Philipp Holzmann aufgestellt ist), daß die Ruine des ehemaligen an der straßenseitigen Bauflucht stehenden Kopfgebäudes mit seiner östlichen Hälfte bereits nahezu vollständig abgetragen wurde, denn im Hintergrund des Bildes erscheinen die Außenwände des Umganges um den Zuschauerraum mit den rundbogigen Fenstern des oberen Ranges. Selbst der dreiachsige Haupteingang ist weitgehend abgetragen: Im Obergeschoß steht offensichtlich gerade noch das linke Bogenfenster, im Erdgeschoß mutmaßlich die linke und erkennbar die mittlere Eingangsarkade, während die rechte fehlt. Stehen blieben wohl lediglich die inneren Arkaden, die das eigentliche Treppenhaus umgaben.

Das Fazit: Beim wiederaufgebauten Eingangsbauwerk, das bei flüchtiger Betrachtung anmutet, als sei es ein erhalten gebliebener Rest des alten Hauses, sind lediglich die jeweils drei rundbogigen Öffnungen in Erd- und Obergeschoß sowie die Eckpfeiler in ihrer ganz allgemeinen Anordnung, damit lediglich motivisch und nicht in der Bausubstanz, aus

Das zerstörte Eingangs-
bauwerk

Das zerstörte Treppen-
haus

dem Vorgängerbau abzuleiten, denn auch die Stockwerkshöhen zumindest im Obergeschoß und die gesamte Fassadendekoration sind neu aufgebracht; neu ist auch die Führung der Haupttreppe im Inneren. Und damit stellt sich notwendigerweise die Frage, warum ein in diesem Umfang zerstörtes Haus nicht dann auch als Zeichen eines geistigen Neubeginns nach 1945 gerade in diesen Jahren modern gestaltet worden ist, sondern der Aufbau ganz offensichtlich in historisierenden Formen gehalten wurde. Nicht einmal der Zwang zur Wiederverwendung von bestehendem Mauerwerk und sonstigen Bauteilen erklärt dieses Verhalten. Lediglich die breite Bänderung des Erdgeschosses läßt sich noch aus der Beschaffenheit des Restmauerwerkes herleiten, denn der Ursprungsbau wies eine gleiche Gliederung von vor- und zurückspringenden horizontalen Bändern auf.

Es läßt sich nicht mit Entschiedenheit beantworten, ob bereits 1946 ein Projekt Komische Oper in Verbindung mit der Person Walter Felsensteins im Vordergrund der sowjetischen Überlegungen gestanden hat, zumal das Metropol-Theater als juristische Person noch oder schon wieder bestand und in der Zwischenzeit in einem Kino – dem Colosseum in der Schönhauser Allee, einem Ausweichquartier – im September 1945 seinen Spielbetrieb eröffnet hatte. Sein alter Aufführungsort an der Behrenstraße war wegen Kriegsschäden an Bühnenhaus und Eingangsbauwerk nicht bespielbar. Auf der anderen Seite hatte

Felsenstein mit seiner Aufführung von Jacques Offenbachs *Pariser Leben* im Hebbel-Theater am 9. Dezember 1945 seinen großen künstlerischen Durchbruch erzielt und die Öffentlichkeit auf sich aufmerksam und sich für die Sowjets und ihre Kulturpolitik besonders attraktiv gemacht. Spätestens im März 1947 hatte man Felsenstein aber bereits das Angebot zur Übernahme des Metropol-Theaters unterbreitet. Felsenstein mußte sich sogar seines Stellenwertes gegenüber der Sowjetischen Militäradministration klar gewesen sein, denn sein Schreiben vom 9. Juni 1947 »An die Kulturabteilung der sowjetischen Zentralkommandantur« machte unter Berufung auf die Vorgeschichte seiner Intendanz vor umfangreichen und präzise formulierten Forderungen nicht halt, um die Eröffnung des Hauses zu sichern, denn: *»Das Projekt der Komischen Oper habe ich auf Veranlassung und nach einer Idee der SMA entwickelt ... «*

Die Sowjetische Militärverwaltung in Deutschland übte mit Regierungsbefugnissen die oberste Gewalt in der sowjetischen Besatzungszone aus; sie hatte nur die Weisungen der Regierung der UdSSR entgegenzunehmen. Die Entwicklung kultureller Tätigkeiten in dem besiegten Deutschland, für deren Durchführung vor Ort die sowjetische Stadtkommandantur zuständig war, lag auf der Linie der sowjetischen Regierungspolitik. Mit der Erneuerung des kulturellen Lebens würde die Entwicklung einer neuen deutschen Gesellschaft befördert werden, wobei in diese Entwicklung die sowjetischen gesellschaftspolitischen Vorstellungen sicherlich mehr oder weniger offen einfließen sollten. Die herausgehobene Lage des Metropol-Theaters an der Straße Unter den Linden dürfte bei den Planungen darüber hinaus noch eine zusätzliche Bedeutung im Sinne einer zentralen und deshalb die neue Entwicklung demonstrativ propagierenden Einrichtung in der ehemaligen Bedeutungsmitte der alten Reichshauptstadt gehabt haben, zumal in räumlicher Nähe mit der Staatsoper, die zerstörungsbedingt im Admiralspalast in der Friedrichstraße untergebracht war, bereits eine weitere Musikbühne existierte. Erst die zunehmende politische Konfrontation veränderte die ursprüngliche Funktion auch des alten Metropol-Theaters.

Die Entwurfsbearbeitung für den Wiederaufbau kam noch in der ersten Jahreshälfte 1946 in der Entwurfsabteilung des Hauptamtes für Hochbau in Gang, Mitte des Jahres war sie abgeschlossen. Der »Kostenanschlag für die Wiederinstandsetzung des Metropoltheaters, Berlin, Behrenstr.« ist vom 20. Juni 1946 datiert. Am gleichen Tage wurde auch die bauaufsichtliche Genehmigung erteilt. Mit der Fertigstellung der Hauptbauarbeiten rechnete man zunächst sehr optimistisch zum 15. Dezember des gleichen Jahres. Im Dezember arbeitete auch ein Graf Luckner an Entwürfen für das Deckengemälde im Zuschauerraum, aber noch 1947 bestanden Schwierigkeiten in der Beschaffung von Materialien, unabhängig davon, daß Vertreter der SMAD dem Theater gehörende Beleuchtungskörper aus der Werkstatt heraus, in die sie zur Reparatur verbracht waren, beschlagnahmten. Der Entwurf für den Wiederaufbau entstand in der Entwurfsabteilung der Hauptabteilung Hochbau. Da der wesentliche Schriftverkehr an den zur Entwurfsabteilung gehörenden Baurat Bruno Grimmeck gerichtet war und dieser auch die Entwurfspläne unterzeichnet hatte, darf von dessen Urheberschaft ausgegangen werden. Anzunehmen ist aber auch, daß sich die Entwurfsab-

GEDANKEN ZUR BAUGESCHICHTE

teilung mit sowjetischen Vorstellungen zur architektonischen Gestaltung des Wiederaufbaus auseinanderzusetzen hatte.

III. Die Wiedereröffnung des Theaters in der Behrenstraße blieb kennzeichnenderweise dann auch nicht die einzige Wiederaufbaumaßnahme Unter den Linden: 1947 begründeten die Sowjets im ehemaligen Preußischen Finanzministerium am Kastanienwäldchen das Haus der Kultur der Sowjetunion, im gleichen Jahr öffnete die wiederaufgebaute Singakademie als sowjetisches Theater mit einem Sowjetemblem im Dreiecksgiebel, wurde das Zeughaus einer deutschen Verwaltung zugeordnet, richteten sich deutsche Dienststellen in – wenn auch noch unzulänglich aufgebauten – Häusern Unter den Linden ein, bezog die SPD noch vor dem Vereinigungsparteitag das Gebäude der ehemaligen Dresdner Bank am Opernplatz als ihren Parteisitz (der Opernplatz wurde in Bebel-Platz umbenannt), wurde der Weiße Saal im Schloß für Ausstellungszwecke hergerichtet und wurde mutmaßlich 1947 der Entschluß gefaßt, an der Stelle der alten zaristischen Botschaft die neue Botschaft der UdSSR zu errichten. Schon 1945 war die Entscheidung gefallen, daß die Universität an ihrer traditionsreichen Stelle Unter den Linden bleiben sollte. Die Sowjets pochten gegenüber ihren westlichen Alliierten auf den historischen Standort, und so blieben die Hinweise der britischen und amerikanischen Alliierten auf die in ihren Sektoren gelegenen Einrichtungen der Berliner Universität ohne Echo – die Universität wurde auch nicht an den Stadtrand auf die Köpenicker Schloßinsel verlagert.

Wiederaufbau seit 1945 und Inbetriebnahme der Komischen Oper Ende 1947 müssen also auf der Linie der sowjetischen Besatzungspolitik gegenüber Deutschland gelegen haben. Und diese Politik erhielt deshalb einen unmittelbar sichtbaren Ausdruck, weil nur die SMAD die Zuordnung der dringend benötigten Baumaterialien anordnen konnte.

IV. Der Eingang des wiedereröffneten Hauses stand 1947 als Solitär an der Straßenflucht, eine Mauer grenzte das öffentliche Straßenland von den von seinen Trümmern freigeräumten Grundstücksflächen ab. Hinter dieser übermannshohen Mauer ragten der Zuschauerraum mit seinem Außenmauerwerk der Umgänge hervor. Höherer gestalterischer Aufwand war fast ausschließlich dem dreiachsigen Eingangsbauwerk zuteil geworden. Im Erdgeschoß wurde es an seinen Außenkanten jeweils von einem mächtigen Eckpfeiler eingefaßt, der eine waagerechte Gliederung durch vor- und zurückspringende Putzbänder aufwies. Die Pilaster, die die drei rundbogigen Eingangstüren gegeneinander absetzten, waren in ihren Oberflächen gleichermaßen aufgeteilt. Die tiefen Türgewände suggerierten wie die Eckpfeiler ein außerordentlich mächtiges Mauerwerk. Im Obergeschoß wiederholte sich das dreifache Bogenmotiv, auch hier wurde die Abfolge der drei Fensteröffnungen durch jetzt undekorierte Pilaster unterteilt. Oberhalb folgte ein insgesamt kastenartiger, in sich dreigeteilter und lagerhaft wirkender Fries, in dessen einzelnen Feldern jeweils ein Tuchgehänge drapiert war. Die Pilaster der Fensteröffnungen wiederholten sich gedoppelt auf den Stirnflächen der Eckpfeiler. Ein betonter Dreieckgiebel mit

33

Wiederaufgebautes Ein-
gangsbauwerk 1947

Ochsenauge und umgebendem Tuchgehänge schloß den Aufbau des Eingangsbauwerkes kompositorisch ab. Im Umgang des Zuschauerraumes wurde nach Vermauern der Fenster das Außenmauerwerk verputzt und eine dem Eingang verwandte Dekoration angebracht, ohne jedoch den Detaillierungsgrad des vorderen Bauwerkes zu erreichen.

So sehr das Eingangsbauwerk in seinem äußeren Erscheinungsbild mit einigen Einzelheiten motivisch durch den Vorgängerbau beeinflußt worden sein dürfte, insgesamt wird sich der Architekt an das Vorbild der Baugeschichte und eben nicht an die Gestaltungsmaxime der Moderne gehalten haben, wobei ganz offensichtlich der Gesamteindruck des Klassischen gewollt worden war. Das verrieten die Details der Dekoration, besonders aber die Umwandlung der Pilaster, die ihrer barocken Elemente entkleidet wurden. Die Bindung an den Formenvorrat der Baugeschichte machte deutlich, daß der Architekt im sozialistischen Sinne eine realistische und keine westlich formalistische Architektur entwerfen wollte. Und damit wird die kulturgeschichtliche Stellung des Hauses insgesamt deutlich: Die Aufführungspraxis des realistischen Musiktheaters und der Habitus des Bauwerkes selber stimmten überein, sogar das Bühnenbild folgte dieser Doktrin, das in einem Szenenbild mehr oder weniger realistisch die Innenarchitektur des Zuschauerraumes spiegelte.

Im Treppenhaus wurden funktionale Unzulänglichkeiten des Vorgängerbaus – beginnend mit einer anderen Anordnung der Stufen im Eingangsbereich und endend mit

Das Foyer nach dem
Umbau 1966

einer veränderten Führung der beiden oberen Treppenläufe – beseitigt; die seitlichen Arkaden im Erdgeschoß setzte man zu und entbarockisierte generell das Erscheinungsbild. Die neue Treppenführung erlaubte eine direkte Erreichbarkeit des oberen, zur Behrenstraße gelegenen Foyers, das spätestens jetzt nicht mehr wie noch im Ursprungsbau ausschließlich Teil der Gastronomie war. Das Türgewände vom Treppenpodest in den Umgang des ersten Ranges wurde erneuert, die schmiedeeisernen Treppengeländer präsentierten sich im damals aktuellen Rautenmuster. Vor allem aber: Die zum Treppenhaus gerichteten Innenflächen der Arkadenpfeiler erhielten in Höhe des oberen Ranges eine Dekoration mit Pilastern und einen waagerechten Gebälkabschluß und standen nun, nachdem die seitlichen Erdgeschoßarkaden zugesetzt worden waren, über einem gebänderten Sockelmauerwerk. – Mithin: Auch im teilzerstörten Treppenhaus war eine realistische Architektur mit klassisch anmutendem Zuschnitt gewollt.

V. Die westlichen Alliierten brachten – vor Gründung der Bundesrepublik – in ihren Sektoren keinen Wiederaufbau eines Theaters zustande. Von Berliner Seite wurde dagegen für den Neubau des Schillertheaters 1948 ein Wettbewerb ausgeschrieben, der Bau selber konnte nur unter großen Schwierigkeiten 1950 begonnen werden. Als das Theater 1951 eröffnet wurde, war auch der kalte Krieg auf dem Theater offenkundig – Boleslav Barlog mußte seine zur Eröffnung des Hauses bereits eingeladenen Intendantenkollegen aus Ostberlin, darunter auch Felsenstein, wieder ausladen. Erst recht verriet die Architektur des neuen Theaters an der Bismarckstraße, daß man sich mit einem sozialistischen Realismus

Der Zuschauerraum heute

nicht gemein machen wollte und den Anschluß an die westliche Moderne gesucht hatte. 1951 wurde im Osten der Stadt mit großem politischem Aufwand die Stalinallee in Szene gesetzt. Kennzeichnend auch: Baurat Bruno Grimmeck ging in den Westen und wurde bei der Senatsverwaltung für Bau- und Wohnungswesen Leiter der Hochbauabteilung.

Aus den zeitgeschichtlichen Umständen ergibt sich die Bedeutung des Wiederaufbaus: die Einzigartigkeit der Bauaufgabe, denn die Komische Oper war das erste Theatergebäude, das aus den Trümmern des Zweiten Weltkrieges in Deutschland überhaupt entstand, die Singularität ihrer im sozialistischen Verständnis realistischen Architektur, die weit vor der Stalinallee entstand, zumal aus den Zeitumständen auf keine breite Bautätigkeit in Berlin verwiesen werden kann. Die Spielstätte des der Werktreue verpflichteten Intendanten kommt als drittes Kriterium der historischen Bedeutung hinzu. Einzige zeitliche Parallele zur Komischen Oper ist die ebenfalls wiederaufgebaute Singakademie.

Verwendete nichtpublizierte Quellen:
Archiv der Komischen Oper,
Landesarchiv Berlin Rep. 110 No.
896 und 898, Rep 120 No. 3281

Hans-Jochen Genzel

MUSIKTHEATER GESTERN UND MORGEN

Otto Reutter sang einstmals: »*In 50 Jahren ist alles vorbei!*«, und sein Publikum schlug sich begeistert und unbekümmert auf die Schenkel. Jawohl! Heute ist heute! Man lebt nur einmal! Was kümmert uns das Gestern? Was das Morgen? »*Das gibt's nur einmal, das kommt nicht wieder.*« Und »*Jedes Leben hat nur einen Mai!*«

Und ein Theater? Ist es vorbei in fünfzig Jahren? Erstarrt es in sich selbst und wird es zu seinem eigenen Denkmal? Lohnt es sich, etwas zu tun, damit es am Leben bleibt? Und was soll am Leben bleiben? Die Erinnerung an eine glanzvolle Vergangenheit, und das, was sich aus ihr in die Gegenwart retten konnte? Oder vielleicht nur eine Idee, die tagtäglich daraufhin zu befragen ist, ob sie noch etwas bewirken kann, und die, wenn sie es kann, immer wieder neu bestätigt werden muß?

»*Theater ist etwas Einmaliges und Unwiederholbares*«[1], hat Walter Felsenstein gesagt. Und Harry Kupfer bestätigte den Satz: »*Theater ist Kunst für den Augenblick. Nachdrücklich zu sein in der Zeit ist die Bestimmung des Theaters.*«[2] Erinnerung verklärt sich. Zukunft ist ein oft unerfüllbarer Traum. »*Hic Rhodos! Hic salta!*« Hier und jetzt hast du dich zu bewähren. Das Gestern haben andere gemacht. Die Zukunft machen wieder andere. Wir sind angetreten für die Gegenwart.

Aber Gegenwart wird gespeist aus der Vergangenheit, und sie wirkt in die Zukunft. Das »*Einmalige*« des Theaters baut darauf, daß es Erinnerungen weckt, und sein »*Augenblick*« will fortleben, verarbeitet von dem, der ihn erlebt. Theater ist Leben. Und Leben hat eine Geschichte und eine Perspektive.

Die Komische Oper wurde für die Zukunft geschaffen. 1947 existierte sie nur im Kopf eines einzigen Mannes. Unermüdlich hat Walter Felsenstein erläutert, was er mit seinem Theater wollte, und dafür gewirkt, daß aus der Idee Realität wurde.

Die Komische Oper sollte der Ort sein, an dem das Musiktheater gegen Routine, Oberflächlichkeit und Gedankenlosigkeit selbstgefälliger Regisseure und gegen an der Musik schmarotzende Sänger verteidigt werden sollte. Walter Felsenstein wollte die Oper im Sinne ihrer besten Komponisten wieder ernst genommen wissen. Dazu mußte er wiederentdecken, was sie mit ihrer Kunst zu sagen hatten, und diese ihre »Wahrheit« einer demokratischen Bewertung aussetzen. Oper sollte nicht mehr eine Angelegenheit von mehr oder weniger gewichtigen »Musikkennern« sein, die als Stimmfetischisten ausschließlich auf die Beurteilung von Tonproduktionen fixiert sind, sondern sie sollte eine Botschaft an diejenigen vermitteln, die ihre Inhalte verstanden. Und zwar diejenige Botschaft, die ihr ihre Komponisten und Autoren auf den Weg gegeben hatten. Er suchte dem kostümierten

1 Ansprache an das Ensemble der Komischen Oper am 3. 9. 1974 (Mitteilungen der Akademie der Künste der DDR 2/1976)

2 »Sonntag«, 1985/44

37

Konzert das theatralische Kunstwerk entgegenzusetzen, in dem
Menschen ihre Konflikte austragen – in der besonderen Form des
überhöhenden Gesangs und mit Hilfe des Orchesters – und in
dem die Zuschauer eine Geschichte erleben, an der sie Anteil
nehmen und die sie durch ihre eigenen Lebenserfahrungen als
wahr oder unwahr beurteilen können.

Der Schwerpunkt der Arbeit Walter Felsensteins lag nicht
auf dem Gebiet neuer Opernwerke, obwohl er wußte und sich
auch mehrfach dazu bekannte, daß eine Entwicklung des
Musiktheaters ohne das neue Werk unzureichend ist. Er konzen-
trierte sich auf eine grundsätzliche Erneuerung der Operninterpretation: *»Es gibt sehr viele bedeutende Werke der Opernliteratur,
denen eine echte theatralische Vision zugrunde liegt und deren
Durchführung den Gesetzen des Theaters lückenlos entspricht. Die
Musik solcher Werke dient ausschließlich der dramatischen Handlung und Situation, der Gesang ausschließlich dem Ausdruck des
handelnden Menschen. Die gültige Wiedergabe solcher Werke im
Sinne der Autoren erfordert freilich künstlerische Persönlichkeiten
und Arbeitsmethoden, die im Opernberuf leider nur selten anzutref-
fen sind. Die Interpretation bleibt daher in den meisten Fällen hinter den Intentionen des Komponisten und Autors zurück. ... Aus diesen Faktoren entsteht das Paradoxon, daß Meisterwerke der
Opernliteratur großen Erfolg haben und trotzdem zum großen Teil
unbekannt geblieben sind, weil die Intentionen des Komponisten
und des Autors nur unvollständig mitgeteilt wurden.«*[3]

Ritter Blaubart
1963
Hanns Nocker als Ritter
Blaubart

Diese Ehrenrettung der Oper war kein formaler Akt. Nur durch sie konnte die Oper
wieder zu einer Kunstgattung werden, die auf ihre ganz besondere und wunderbar uner-
setzliche Weise in der Welt etwas zu sagen hat. Denn: *»Wir sind durch Entbehrungen,
Schmerz und Not vieler Jahre alle in einer Situation, die wie keine andere geeignet ist und
dazu herausfordert, das, wozu man auf der Welt ist, in Ordnung zu bringen. Ich persönlich
möchte gestehen, daß ich von einer ständigen Angst erfüllt bin, die richtige Zeit könnte ver-
säumt werden.«*[4] Es war viel in Ordnung zu bringen nach dem Zweiten Weltkrieg, materiell
und ideell. Die Kunst konnte dazu beitragen, Humanität zu befördern, die Lüge zu entlarven und die Wahrheit zu verbreiten. *»Theater heißt in erster Linie künstlerische Wahrheit.
Wir wollen Unklarheit, Täuschung, Verstellungskunst beseitigen.«*[5] Das war eine Aufgabe der
unmittelbaren Gegenwart. Darüber hinaus aber nennt Felsenstein hier eine Grundaufgabe
der Kunst. Die Oper und die Mühen um ihre Erneuerung waren damit eingebunden in die
Mühen einer Erneuerung auch des Lebens. Durchaus in Übereinstimmung mit Bertolt
Brecht, der meinte, daß *»das Denken das größte Vergnügen der menschlichen Rasse«* sei,
wurde dem Theater eine in die politische Entwicklung eingreifende Funktion zugebilligt.

3 Einleitungsreferat anläßlich einer
Diskussion zum Gastspiel der Komischen Oper in Paris, 29. 5. 1957, in
»10 Jahre Komische Oper«, Berlin
1958, S. 38 ff.

4 Theater der Zeit, September 1948

5 Ansprache an das Ensemble der
Komischen Oper, 21. 12. 1949

Die Zauberflöte
1954

Die Zauberflöte
1986
Dagmar Schellenberger
als Pamina mit den drei
Knaben

Hierin ist auch der Grund zu sehen, warum sich die sowjetischen Kulturoffiziere mit Moskauer Unterstützung fast vorbehaltlos hinter die Brechtsche und Felensteinsche Theaterreform stellten. Sie erwarteten von denkenden und politisch handelnden Menschen eine Abkehr von faschistischer Ideologie und ein Bekenntnis zu einer demokratischen Ordnung mit utopischen Zielen. Erst später wurde deutlich, daß sie die Geister, die sie gerufen hatten, nicht wieder loswurden. Sowohl Brechts als auch Felsensteins Demokratieverständnis und ihre Unduldsamkeit gegen sich versteinernde dogmatische Machtstrukturen kollidierten mit den neuen Manipulationsmethoden des »realen Sozialismus«. Den sich immer mehr zuspitzenden Widersprüchen in der Gesellschaft konnte und wollte sich das Musiktheater nicht verschließen. Während es Walter Felsenstein dank seiner Autorität immer wieder gelang, im poetischen Bild einen Kompromiß zugunsten seines aufklärerischen Humanismus zu finden, holten Götz Friedrich, Joachim Herz und Harry Kupfer das Konfliktpotential der Gesellschaft später unmittelbar auf die Bühne.

Die Humanisierung des Lebens durch die Kunst setzte eine Humanisierung der Kunst selbst voraus. Ein kostümiertes Konzert kann bestenfalls eine erbauliche Unterhaltung bieten, aber auf keine der unzähligen Fragen des Publikums eine Antwort geben. Antworten wurden gebraucht, nicht nur ideell, sondern auch im Sinne einer emotionalen Lebensbestätigung.

Das war keine neue Erfindung. Solange es Kunst gibt, sucht sie »der Welt den Spiegel vorzuhalten«, Lebenserfahrungen zu verallgemeinern und an das Leben zurückzugeben. Die großen Künstler der Vergangenheit haben sich dieser Aufgabe gestellt, auch die Komponisten der Oper. Sie können nichts dafür, wenn das, was sie der Welt mit ihrer Kunst mitteilen wollten, in der Gedankenlosigkeit oberflächlicher Interpretation verlorengeht, wenn es durch Routine und Schlamperei des herkömmlichen Opernbetriebs bis zur Unkenntlichkeit verfälscht oder auf ein Nichts reduziert wird. Immerhin ist bekannt, mit welcher Energie Christoph Willibald Gluck, Georg Friedrich Händel, Wolfgang Amadeus Mozart, Giuseppe Verdi, Richard Wagner und viele andere Opernkomponisten bis in unsere Zeit darum kämpften, das von ihnen geschaffene musikalische Drama auf die Bühne zu bringen. Walter Felsenstein griff in die Vergangenheit zurück und holte sich aus ihr Anregung und Legitimation für seinen künstlerischen Auftrag.

Er wollte das »Musik-Theater«, in dem beide Teile des Wortes gleichberechtigte Bedeutung haben, und setzte es als Kampfansage der »Oper« entgegen, die das »Theater« aus ihrer Genrespezifik verloren hatte. Dafür schuf er die »Komische Oper«. Den Namen nahm er aus der Tradition der Opéra comique, der volksverbundenen, Konflikte des alltäglichen Lebens in der Sprache des Publikums darstellenden Opernform des 19. Jahrhunderts, der seinerseits bereits um die Jahrhundertwende von Hans Gregor aus ähnlichen Gründen für ein Berliner Theater gewählt worden war. Aber von Anfang an durfte die Komische Oper nicht an der vordergründigen wörtlichen Übersetzung des Namens gemessen werden, der »zum großen Teil im musikalischen und geistigen Anspruch«[6] hinter dem weiterreichenden Konzept zurückbleibt,wenn er nicht die Opernreformen von Gluck bis

6 Walter Felsenstein, Zum Beginn. Aus dem Programmheft der »Fledermaus« in der Komischen Oper, 23. 12. 1947

Siegfried Matthus mit einbezieht. Die Komische Oper sollte Kontinuität ermöglichen, nicht einen einmaligen Höhepunkt einer Premiere oder einer Gastspielaufführung, sondern Premierenqualität in jeder Vorstellung. Daran arbeitete Felsenstein praktisch, organisatorisch und methodisch. Er wußte wie jeder gute Regisseur, daß der Theaterabend von ihm zwar angeregt und vorbereitet werden kann, daß sich das wirkliche Theatererlebnis aber in jeder Vorstellung ausschließlich in der Begegnung der auf der Bühne und im Orchester wirkenden Ensemblemitglieder mit dem im Zuschauerraum auf ihr Spiel reagierenden Publikum vollzieht. Ensemble und Publikum wurden deshalb als Voraussetzung seiner künstlerischen Produktivität die Zielpunkte seiner Theaterreform. In ihr sah er sein Lebenswerk.

Walter Felsenstein entwickelte seine Idee von der Humanisierung der Oper komplex. Er schuf sich sein Ensemble, motivierte es für die »große Aufgabe«, befähigte es durch unermüdlichen persönlichen Einsatz, seinen Intentionen bis ins kleinste Detail zu folgen und entwickelte es durch nicht nachlassende konkrete Kritik und geradezu gnadenlose Unzufriedenheit zur Fähigkeit, ein Verhältnis zu den eigenen Leistungen zu erlangen.

Er kümmerte sich um den Tanz, holte sich Tom Schilling als Chefchoreograph an die Komische Oper und ließ ihn nach seinen, Felsensteins Musiktheater-Erfahrungen, ein Tanztheater schaffen, das sich schnell erfolgreich als selbständige künstlerische Sparte entwickelte – praktisch wie theoretisch. Er förderte das Orchester der Komischen Oper, das sich über die abendlichen Theatervorstellungen hinaus auch ein vielseitiges Konzertreper-

Othello
1959
Anny Schlemm als Desdemona und Hanns Nocker als Othello

La Traviata
1960
Irmgard Arnold als
Violetta

toire erarbeitete und Partner für viele zeitgenössische Komponisten wurde. Und er bildete sich sein Publikum heran. Großzügig verzichtete er auf diejenigen Zuschauer, die sich mit dem Opernabend alten Stils zufrieden gaben. Um so mehr aber bemühte er sich um den Zuschauer, der *»auch im musikalischen Theater mit anteilnehmender Spannung eine Handlung miterleben«* will, *»die seine Erkenntnisse bereichert«*.[7] Wie Brecht mühte er sich um die Erziehung zur Zuschaukunst. Eine seiner ersten offiziellen Ansprachen als Theaterleiter richtete er an sein Publikum; er suchte die Verbindung zur Volksbühnenorganisation. Die Komische Oper hatte den ersten Freundeskreis eines Theaters, die Gesellschaft »Freunde der Komischen Oper« (1967). Felsenstein kümmerte sich um Kontakte zu den Arbeitern in den Betrieben und zu jungen Menschen in den Schulen und beförderte die Gründung eines Jugendklubs der Komischen Oper. Er war in vielen Veranstaltungen dieser Art persönlich präsent. Das war für ihn keine agitatorische Arbeit, sondern unabdingbarer Teil des Gesamtkonzeptes der Komischen Oper. *»Das Publikum erwartet nicht die Mitteilung von Tatsachen, sondern ein Spiel, das stark genug ist, es zur Teilnahme zu zwingen, und das – vom Publikum erwidert – zur höheren Wirklichkeit gelangt.«*[8] Dr. Horst Seeger, Felsensteins langjähriger Chefdramaturg, begann ein umfangreiches Publikationsprogramm, das die theoretischen Erfahrungen und Grundsätze des »Musiktheaters« weltweit verbreitete.

Siebenundzwanzig Jahre hatte Walter Felsenstein Zeit gehabt für seine Opernreform. Es gab große Erfolge und große Zustimmung. Aber nicht auf den einmaligen Erfolg hatte er gesetzt. Den hatte er bald erreicht. Im zwölften Jahr der Komischen Oper erhielt sie beim Gastspiel zum »Theater der Nationen« in Paris den 1. Preis des »Cercle International de la Jeune Critique« für die deutsche Version von *Hoffmanns Erzählungen*.

7 Theater der Zeit 1962/8

8 »World Premières Mondiales«, Paris, Beitrag zum »Welttag des Theaters 1960«

Schon zwei Jahre vorher hatten die Franzosen dem *Schlauen Füchslein* zugejubelt. Gastspielangebote kamen jetzt aus der ganzen Welt. Felsensteins Inszenierungen der *Zauberflöte*, von *Othello*, *La Traviata*, Paisiellos *Barbier von Sevilla*, des *Sommernachtstraums*, von *Ritter Blaubart*, *Fiedler auf dem Dach* und *Carmen* waren Sternstunden europäischer Theaterkunst. Auch seine jungen Mitregisseure Joachim Herz und Götz Friedrich waren außerordentlich erfolgreich, der eine u. a. mit *Albert Hering, Der fliegende Holländer, Der junge Lord, Katja Kabanowa*, der andere mit *La Bohème, Jenufa*, der Uraufführung des *Letzten Schuß, Porgy und Bess, Don Quichotte*.

Es gab auch Widerstand. Die Tabus, die Felsenstein mit unduldsamer Konsequenz anging, wurden von den Vertretern der alten Oper erbittert verteidigt. Und auch die Genügsamkeit vieler seiner Mitarbeiter machte ihm zu schaffen, die stolz auf das Erreichte blickten und dachten, nun sei es geschafft.

Die Komische Oper mußte und muß sich gegen Anfeindungen ständig wehren. Viele Kritiker berufen sich heute auf eine Vergangenheit, die sie verklären, und wollen damit die notwendige Weiterentwicklung ebenso verhindern, wie sie einstmals die Arbeit Felsensteins behinderten. Felsenstein mußte auch mehr oder weniger gezielte Angriffe der staatlichen Administration abwehren, die sich immer wieder bemühte, die »Privilegien« der Komischen Oper abzuschaffen. Walter Felsenstein führte den Kampf mit dem Einsatz seiner ganzen Persönlichkeit.

Schwieriger als diese normalen Auseinandersetzungen sind jedoch die Probleme zu bestehen, die sich ergeben, wenn Theaterentwicklung und Zeitentwicklung nicht übereinstimmen.

Im Maßstab der sich verändernden Zeiten werden Erfolge relativ. Theater muß immer wieder neu erschaffen werden. Was gestern revolutionär war, kann heute schon überholt sein. Niemand wußte das besser als Walter Felsenstein. Er suchte seine künstlerische und konzeptionelle Arbeit zu vervollkommnen, um mit den veränderten Bedingungen seiner Umwelt Schritt zu halten. Niemand wollte ihn verstehen, als er 1963 auf dem Höhepunkt ihres Erfolges seine berühmte *Zauberflöte* nach der 202. Vorstellung absetzte, weil sie seiner Meinung nach nicht mehr den neuen Ansprüchen, auch seinen eigenen, entsprach. 1964 bis 1966 hatte er durch den Um- und Erweiterungsbau der Komischen Oper aus einem langjährigen Provisorium ein Theater gemacht. Die Wiedereröffnung nahm er zum Anlaß, in einem Presseinterview darüber zu klagen, daß der Begriff des Musiktheaters weltweit so sehr mißbraucht werde, daß in diesem *»babylonischen Begriffswirrwarr«*[9] die Spezifik seines Inhalts verloren gehe. Er hatte es durchgesetzt, daß nach dem Mauerbau 1961 gegen Interventionen aus Ost und Anfeindungen aus West ein großer Teil der Westberliner Mitglieder seines Ensembles, wenn sie es wollten, bei ihm bleiben konnte. Er hatte ein Tanztheater geschaffen, das international zu Ruhm gelangte. In den Konzerten des Orchesters der Komischen Oper dirigierten bedeutende Dirigenten und Komponisten aus aller Welt. Das Publikum war bereit, auch weniger Gelungenes zu akzeptieren, weil es auch darin das Gesicht und die Absichten der Komischen Oper erkannte. Dennoch nahmen die Fragen

9 »Theater der Zeit«, 1966/22

Walter Felsensteins an das Erreichte und zu Erreichende zu: »*Ich frage mich immer wieder: ›Warum bist du bei aller Dankbarkeit für das, was war und was ist, unglücklich? Warum wächst mit der Liebe zu dem, was uns vorwärts bringt und bestätigt, die Verzweiflung über das, was uns fehlt?‹ Die Antworten darauf, die ich finde, deuten nicht auf Unbescheidenheit oder grenzenlosen Ehrgeiz, sondern führen zu ganz realen Erkenntnissen. Ein Teil dieser Erkenntnisse enthält Unlösbares. Der größere Teil aber besteht aus Mängeln und Versäumnissen; die veränderbar und zu beseitigen sind. Daß ich dies nur sehr unvollkommen oder gar nicht fertigbringe, zwingt mich zu Selbstanklagen, die weit umfangreicher und schwerer sind als alle Vorwürfe, die Sie mir – ausgesprochen oder unausgesprochen, berechtigt oder ungerechterweise – alltäglich machen.*«[10] Die Utopie ist an die Grenzen der Realität gestoßen. Objektive und subjektive Hindernisse türmen sich vor dem Ideal eines Theaters der Wahrheit auf. Es ist nicht gelungen, die aus den Fugen geratene Welt mit dem Musiktheater zu ordnen. Die Welt griff in das wunderbare künstlerische Gebilde ein und prägte es gegen den Willen seines Schöpfers. Andere übernahmen aus dem System, was sie für eigene Erfindungen und für neue Systeme brauchen konnten. Die Zeit hatte begonnen, über ein Lebenswerk hinwegzuschreiten. Dabei gab es die Gefahr, daß grundsätzlich Errungenes verlorengeht. Vom Krankenbett sendet Walter Felsenstein seinen Mitarbeitern einen letzten Gruß und einen letzten Maßstab für die weitere Arbeit: »*Die Gesinnung, zu der wir uns erzogen haben und zu der wir uns weiter erziehen, ist ein heikles Ding, vielen Prüfungen unterworfen und immer erkennbar, ob es sauber ist.*«[11] Das aber legt er in einer unsauber gewordenen Welt in die Hand der nach ihm Kommenden: zu entscheiden, was »sauber« ist.

Was war zu verteidigen? Wo war ein Theater vielleicht zu einem Hemmnis weiterer Entwicklung geworden? Wo drohte möglicherweise sogar ein System zum Dogma zu werden? Mit der Welt änderten sich Menschen. Neue Erfahrungen führten zu neuen Herausforderungen an die Kunst. Das Morgen hat das Gestern eingeholt.

Götz Friedrich hatte Felsensteins künstlerische Arbeit viele Jahre lang begleitet. Sehr früh hatte er in seinen Inszenierungen aber auch seinen individuellen Stil gefunden und durchgesetzt, oft unter dem neugierig zweifelnden Blick des »Meisters«, der *Così fan tutte*, *Salome* oder *Aida* nicht für geeignete Opern für das Musiktheater hielt und der die auf eine direkte politische Aussage zielenden Bilder auf der Bühne als einen Gegensatz zu seinem Konzept wahrhafter Menschendarstellung empfand. Friedrich erkannte als erster, daß erst die Abnabelung vom übermächtigen Lehrer ihm die eigenständige künstlerische und politische Entwicklung ermöglichte. Er ist seinen Weg gegangen, im Umfeld seiner Zeit und mit den Aufgaben seiner Generation. Er prägte das Musiktheater im letzten Viertel unseres Jahrhunderts im Geiste Felsensteins, es aus seinen Wurzeln speisend und es dennoch erneuernd.

Als Joachim Herz nach Walter Felsenstein Intendant der Komische Oper wurde, besann er sich sowohl auf sein eigenes künstlerisches Wirken in den vergangenen Jahren wie auch auf seine künstlerische Formung durch seinen Lehrer Heinz Arnold. Jetzt holte er das moderne Werk in die Komische Oper. *Aufstieg und Fall der Stadt Mahagonny*, *Lulu* in der unvollendeten und später in der von Friedrich Cerha vollendeten Fassung, *Peter Grimes*

10 Ansprache an das Ensemble der Komischen Oper zum zwanzigjährigen Bestehen , 22. 12. 1967

11 Aushang in der Komischen Oper zum Beginn der Spielzeit 1975/76

La Bohème
1959
Irmgard Arnold als Mimi
und Victor Koci als Rudolf

La Bohème
1982
Klemens Slowioczek als
Schaunard, Günter Neu-
mann als Rodolphe und
Roberta Alexander als
Mimi

von Benjamin Britten und die Uraufführung der politisch außerordentliche brisanten Kinderoper *Das Land Bum-Bum* von Georg Katzer forderten das Musiktheater zu ungewöhnlichen neuen Formen heraus. Die phantasievolle Bildersprache von Joachim Herz blieb jedoch immer dem Grundprinzip des Felsensteinschen Musiktheaters verbunden: der Verpflichtung gegenüber dem Anliegen des Komponisten und der an den Lebenserfahrungen der Zuschauer überprüfbaren Wahrheit der menschlichen Beziehungen auf der Bühne.

Im Gegensatz zu den beiden ehemaligen Mitarbeitern Walter Felsensteins kommt Harry Kupfer nicht aus der Komischen Oper. Walter Felsenstein hat ihn zur Kunst gebracht. Er hat ihm Maßstäbe vermittelt, zu denen er sich bekennt. Aber er kann und will sich nicht als »Schüler« Felsensteins bezeichnen. »*So bewahrte er sich davor*«, wie Annerose Schmidt es in der Laudatio anläßlich der Verleihung des Frankfurter Musikpreises 1993 formulierte, »*dem Vorbild nachzulaufen, und hielt sich offen, eigenständige Wege und Betrachtensweisen zu finden.*«[12]

Mit solcher Unbefangenheit, aber mit hoher Professionalität verhinderte Harry Kupfer, gemeinsam mit dem seit 1981 neuen Intendanten Prof. Dr. Werner Rackwitz, daß die Komische Oper zum Museum wurde. Er nahm die Herausforderungen Walter Felsensteins an, sich den Aufgaben der Zeit zu stellen und Musiktheater als in die Zeit wirkende theatralische Botschaft von Komponisten und Librettisten zu verstehen. Allerdings hatte sich die Zeit verändert. Die Aufbruchsstimmung der Nachkriegsjahre war von einer Skepsis abgelöst worden, die dem Sinn von Utopien nicht mehr vertrauen mochte. Hinter Felsensteins Jubelruf aus seiner *Zauberflöten*-Inszenierung »*Die Strahlen der Sonne vertreiben die Nacht*« erschien nun der Zweifel über die moralische Gerechtigkeit der »*Sonne*« und das neue Wissen, daß nicht nur »*der Heuchler erschlichene Macht*« »*zernichtet*« wird, sondern daß die ganze Welt in Gefahr ist. Der Traum, daß »*Mann und Weib und Weib und Mann*« in intimer menschlicher Gemeinschaft »*an die Gottheit*« heranreichen, war zu bewahren. Aber das, was jeder sah, die Bedrohung von Mann und Weib und Weib und Mann in der gegenwärtigen Welt, war nunmehr weder zu verschweigen noch zu verdrängen. Die Verklärung des Dichters Hoffmann durch Walter Felsenstein, des Dichters, der im Sumpf des Lebens versank und sich in seiner Dichtung die Unsterblichkeit errang, war 1993 nicht mehr zu akzeptieren. Hier, auf der Erde, in der Bewältigung auch der elendesten Konflikte hat sich der Künstler, so wie jeder andere Mensch auch, zu bewähren, und nicht in den Phantastereien unerfüllbarer Wünsche.

Harry Kupfer ging den Weg Walter Felsensteins erneut: zurück zu den Quellen. Er suchte dort Antworten auf seine Fragen, die Fragen also seiner Generation. Und weil das andere Fragen waren als die des aufklärischen Humanisten Felsenstein, fand er auch andere Antworten. In den Meisterwerken Glucks, Händels, Mozarts, Verdis, Wagners war die Welt in ihrer Totalität vorhanden. Man mußte sie nicht verfälschen, um andere Seiten des in ihnen verborgenen Lebens zu entdecken, um in ihnen den Himmel singen zu hören und um zugleich den Verzweiflungsschrei der gequälten Kreatur zu vernehmen. Kupfers Mozart-Zyklus ist ohne die Mozart-Inszenierungen Felsensteins nicht denkbar. Aber er ist

12 Rede anläßlich der Verleihung des Frankfurter Musikpreises 1993 an Harry Kupfer

nicht mehr der Mozart Felsensteins. Es gab Tränen und Vorwürfe, als die Leitung der Komischen Oper 1984 beschloß, Felsensteins letzte Inszenierung, seine *Hochzeit des Figaro*, aus dem Spielplan zu nehmen, um Platz zu machen für eine neue Inszenierung durch Harry Kupfer. Die Entscheidung war unumgänglich. Erst Kupfers Neudeutung ließ dem Alterswerk des großen Walter Felsenstein wirklich Gerechtigkeit widerfahren. Was Felsenstein am Ende seiner Inszenierung vergeblich herbeizuzwingen versuchte, die Verzeihung und Versöhnung als Weltgesetz, das löste Kupfer, auf Mozarts Musik lauschend und die Erfahrungen seines Lebens einbringend, in das Bewußtsein auf, daß noch unerhört viel getan werden muß, um den beglückenden Augenblick selbst für die hier handelnde kleine menschliche Gemeinschaft zu erhalten. Die Konflikte der Welt aber sind mit dem »*Rosina, verzeih mir!*« noch lange nicht gelöst.

Kupfer eroberte sich und seinem Publikum auf ähnliche Weise die Opern der scheinbar unübertreffbaren Meisterinszenierungen Walter Felsensteins: *Die Zauberflöte, Hoffmanns Erzählungen, Carmen, Die Fledermaus, La Traviata.* Erst der große Respekt vor der Arbeit Felsensteins gab ihm das Recht zur respektlosen eigenen subjektiven Interpretation. Dabei war ihm der Wille des Komponisten, dessen Werk er inszenierte, ebenso heilig wie seinem Vorgänger Felsenstein. Eine Fälschung der aus der Partitur analysierten erkennbaren und erkannten Absicht ist auch ihm ein Sakrileg. Wie Felsenstein verdrängte auch Kupfer die wie auch immer gearteten Erfahrungen der Interpretationsgeschichte der zu insze-

Boris Godunow
1983
Siegfried Vogel als Zar
Boris und Jochen Kowalski
als Fjodor

nierenden Opern zugunsten eigener analytischer Erfahrungen mit dem Werk. Inzwischen aber gehörten auch Felsensteins Inszenierungen zur Interpretationsgeschichte. In manchen Details begegneten sich die beiden Regisseure, wie in der jungen aktiven Partnerschaft von Susanna und Rosina im *Figaro*. In manchen Deutungen schienen sie weit voneinander entfernt zu sein. Und doch waren sie beide immer sehr nahe beim jeweiligen Werk und verbunden mit den Positionen ihrer eigenen unterschiedlichen Gegenwart.

Harry Kupfer fand Methoden, die es ihm ermöglichten, auch solche Opern für das Musiktheater zu gewinnen, die in der Komischen Oper Felsensteins unaufführbar zu sein schienen. Hier führte er Erfahrungen von Götz Friedrich und Joachim Herz weiter, die zum Beispiel mit *Così fan tutte*, *Aida* und *Mahagonny* das Terrain der Felsensteinschen Personenführung verlassen hatten. Kupfer, von Bertolt Brecht und Wieland Wagner beeindruckt und beeinflußt, suchte auf seine Weise die ihn berührenden Konflikte innerhalb der und zwischen den Personen und den von ihnen zu bewältigenden Situationen. Er machte Widersprüche zwischen gesungenem Text und der Musik deutlich. Er fand kommentierende szenische Lösungen, die dazu führten, daß der Zuschauer nicht, wie Walter Felsenstein es forderte, »mit der Bühne eins ist«, so daß »eine Kritik im Augenblick der Darstellung gar nicht möglich ist«,[13] sondern er suchte geradezu die Konfrontation, die kritische Distanz, durch die es dem Zuschauer möglich ist, mit seiner Meinung zwischen und hinter die Meinung der Bühne zu kommen. Kupfer verkündet nie »absolute Wahrheiten«, sondern er stellt ein Bild der Welt dar und zur Diskussion, so wie es ihm aus seinen Erfahrungen, seinen Vorlieben und seinen Vorurteilen erscheint. Seine Interpretation soll als subjektiv erkennbar bleiben und von den Zuschauern bewertet werden können. Die Felsensteinsche Forderung nach Demokratisierung des Theaters wird hier in neuer, weiter gefaßter Form verwirklicht.

Die Komische Oper hat heute keinen einheitlichen Stil. Kupfers Inszenierungen, z.B. von *Orpheus und Eurydike*, *Giustino*, *La Traviata* und *Die Legende von der unsichtbaren Stadt Kitesch* sind trotz der unverkennbaren künstlerischen Handschrift in ästhetischer und konzeptioneller Hinsicht außerordentlich verschieden. Das Tanztheater folgt nicht etwa dem ästhetischen Konzept des Musiktheaters, sondern es sucht das Experiment, das in die Zukunft weist. Die Komische Oper ist offen für Anregungen junger und durch andere Erfahrungen geprägter Regisseure. Harry Kupfer arbeitet partnerschaftlich mit Dirigenten und Sängern zusammen und ist neugierig auf deren Ideen. Obwohl das Gesicht der Komischen Oper über Jahrzehnte in erster Linie von den fest mit ihr verbundenen Regisseuren bestimmt wurde, von Felsenstein, Friedrich, Herz, Tom Schilling, Kupfer, Christine Mielitz und Jan Linkens, sind immer auch neue Regisseure und Cho-

Romeo und Julia
1972
Hannelore Bey als Julia
und Roland Gawlik als
Romeo

reographen dazugestoßen, die das Theater in ungewohnte Bewegung setzten und sein Konzept herausforderten. In den letzten Jahren waren das unter anderem Jérome Savary, David Pountney, Günter Krämer, Friedrich Meyer-Oertel, Andreas Homoki, Birgit Scherzer, Arila Siegert, François Raffinot. Auch in Zukunft muß und wird sich die Komische Oper solchen neuen künstlerischen Konzepten öffnen. Harry Kupfer und die Leitung der Komischen Oper treten ganz konsequent allen mit faulen Traditionsargumenten begründeten dogmatischen Einengungen entgegen. Denn jede Kunst nährt sich von der Gegenwart und greift in die Zukunft voraus. Die Vergangenheit liegt als Wurzel unsichtbar im Boden verborgen. Leben erhält sie von den Blättern des Baumes, die sich den Stürmen des Tages entgegenstrecken.

Eine Bedingung allerdings gilt nach wie vor für die Arbeit der Komischen Oper: Sie soll unterhaltsam die Wahrheit über die Welt und die Menschen vermitteln, soweit sie in der Lage ist, die Wahrheit zu erkennen. *»Die Komische Oper muß mit Vehemenz und ganz aggressiv den Anspruch von Inhalten in der Kunst verteidigen«*, betont Harry Kupfer[14]. Das Musiktheater in diesem Sinn soll unterhaltsam sein und Brücken bauen zu den Problemen unserer Welt. Dafür gibt es unendlich viele Möglichkeiten. Lüge aber, Manipulation und dogmatische Besserwisserei haben im Musiktheater Komische Oper nichts zu suchen. Wenn Maßstäbe dieser Art verloren gehen sollten, dann hätte das Musiktheater Walter Felsensteins, Kurt Masurs, Horst Seegers, Tom Schillings, Werner Rackwitz', Rolf Reuters, Jan Linkens, Yakov Kreizbergs, Harry Kupfers und der Sänger, Tänzer und Musiker der Komischen Oper den nach wie vor zu führenden Kampf gegen Scharlatanerie und politische Vereinnahmung verloren. Die Komische Oper aber hat ihre Maßstäbe und verteidigt sie.

Neue Namen werden sich des Musiktheaters annehmen. Sie werden bewahren und verwerfen, was sie vorfinden. Sie werden ihrerseits auf Entdeckungsreisen in das wunderbare Land des Theaters gehen. Ihre Fragen werden die Fragen des 21. Jahrhunderts sein. Und sie müssen Methoden finden, wie sie diese Fragen am überzeugendsten vermitteln können. Wie immer kann die Geschichte Anregungen geben. Sie kann aber nicht die eigene schöpferische und geistige Arbeit der Zeitgenossen zur Bewältigung ihrer Zeit ersetzen. Musiktheater ist so lebendig, wie es von seinen Zuschauern aufgenommen wird. Wenn es sein Publikum nicht erreicht, hat es seine Berechtigung verloren.

Und *»in 50 Jahren ist alles vorbei«*? So sang Otto Reutter. Ja, vieles ist tatsächlich vorbei. Und das ist gut so. Vieles, was uns heute bewegt, wird morgen vorbei sein. Auch das ist gut. Und dennoch gibt es etwas, was aus der Vergangenheit über das Heute in das Morgen zu bringen ist, reicher gemacht und überzeugender durch das, was neu erfahren und neu entdeckt wird. Bereit zu sein, solche Erfahrungen und Entdeckungen zu machen und damit auch in Frage zu stellen, was überholt ist, verringert die Gefahr, daß ein Dogma sich schematisch vor das Leben und die Kunst setzt. Aber der Respekt vor ernsthaft erworbenen Leistungen verringert andererseits auch die Gefahr, daß die Wurzeln unseres Lebens und unserer Kunst verloren gehen.

Otto Reutter sang sein Couplet vor siebzig Jahren. Es hat seinen Inhalt bereits um zwanzig Jahre überlebt.

13 Ansprache an des Ensemble der Komischen Oper am 3. 9. 1974, a.a.O.

14 Wochenendkurier, Berlin 13. 2. 1993

DIE WIEDERGEBURT DER KOMISCHEN OPER IN BERLIN

Wer heutzutage von Ost nach West oder von Nord nach Süd die Hauptstadt Berlin durchwandert oder durchfährt, vermöchte es – trotz mancher Unzulänglichkeiten, städtebaulichen Ärgernissen oder immer noch sichtbaren Kriegsschäden, denen er auf seinem Weg begegnet – schwerlich, sich vorzustellen, wie diese lärmende, pulsierende Stadt mit ihrem für jegliche Tätigkeit rauhen Pflaster nach dem »totalen Krieg«, den Bombardements der Alliierten und ihrer Eroberung durch die Rote Armee Ende April 1945 ausgesehen hat. Dokumente, Bilder und Filme können nur eine Ahnung von dem vermitteln, was Walter Gropius bei einem Besuch im August 1947 noch als »zerfallener Leichnam« erschien und ihn veranlaßte, den Aufbau einer neuen Hauptstadt in Frankfurt am Main zu empfehlen.[1]

Dennoch gab es unter den Deutschen nicht nur Apathie, sondern Hoffnung. Die Waffen schwiegen, die Menschen atmeten trotz einer ungewissen Zukunft auf, es herrschte Frieden, oder zumindest schien es so. Nach neuen Ufern zu streben, bekam nichts weniger als allgemeingültige Bedeutung. Nicht leicht zu erklären bleibt aber dennoch, daß noch im Monat der totalen Niederlage und der Kapitulation sich in Berlin die Künste regten, die Theater und Orchester wieder zu spielen begannen.

Nach dem Zeugnis des namhaften Kritikers und Feuilletonisten Friedrich Luft glaubten die russischen Kulturoffiziere, die mit den ersten Truppen nach Berlin kamen wirklich, sie könnten durch die Künste »die verwüsteten Seelen der Besiegten reinigen, klären und am Ende aufrichten ... könnten diese Deutschen wieder zu Deutschen machen, indem sie ihnen ein deutsch-humanistisches Theater wieder und möglichst bald vor Augen stellten«.[2] Waren es Friedrich Schillers Gedanken aus dem Jahre 1784, »die Schaubühne als eine moralische Anstalt betrachtet«, von denen sie sich leiten ließen, oder waren eher die Vorstellungen Konstantin Sergejewitsch Stanislawskis von einem allgemein zugänglichen Theater bestimmend, das die Menschen zu erregen und sie über ein schlechtes Alltagsleben zu erheben vermochte? Wer weiß?

Gleichermaßen sollte man sich aber auch daran erinnern, daß sehr bald von Berliner Künstlern Bestrebungen ausgingen, wieder eine Kunstszene zu etablieren, die geistig an die Jahre vor 1933 anknüpfte, und bescheidene Versuche zu unternehmen, sich selbst zu verwirklichen, ästhetischen Sinn und Gefühl für das Schöne zu wecken.

Das Berliner Kammerorchester hatte bereits am 13. Mai 1945 im Rathaus Schöneberg ein erstes Konzert gegeben, die Berliner Philharmoniker spielten am 26. Mai unter Leitung von Leo Borchard im Titania-Palast Werke von Felix Mendelssohn Bartholdy, Wolfgang Amadeus Mozart und Pjotr Iljitsch Tschaikowski.

Für Hinweise auf Bestände des Landesarchivs Berlin (LAB) bin ich Herrn Dr. Dieter Hanauske dankbar. Ebenso danke ich dem Geheimen Staatsarchiv Preußischer Kulturbesitz (GSTA PK) sowie dem Walter-Felsenstein-Archiv der Akademie der Künste (Berlin-Brandenburg) für die Möglichkeit ihrer Nutzung.

1 Brief vom 5. 8. 1947 an Ise Gropius, zitiert nach Schivelbusch, 1995, S. 29

2 Vorwort, in: 25 Jahre Theater in Berlin, Theaterpremieren 1945-1970, Berlin 1972.
Berlin stand nach seiner Eroberung durch die Rote Armee ab 28. April 1945 unter der Verwaltung des Militärkommandanten der Stadt Berlin, ab 1. Juli 1945 unter der Drei-Mächte-Kontrolle, am 12. August wurde ein französischer Sektor gebildet.

Советская
Военная Администрация
в
Германии

Управление Пропаганды Телефоны · Fernrufe
50 11 83, 50 17 44
50 13 13

БЕРЛИН-КАРЛСХОРСТ
Эренфелсштрассе 12

Sowjetische
Militär-Verwaltung
in
Deutschland

PROPAGANDA-LEITUNG

BERLIN-KARLSHORST
Ehrenfelsstraße 12

№ 5/и

„12 май   194 7 г.

ЛИЦЕНЗИЯ.

Настоящим Советская Военная Администрация в Германии поручает режиссеру Вальтеру ФЕЛЬЗЕНШТЕЙН руководство городским театром оперетты под названием " Комическая опера" и разрешает начало работы театра с сентября 1947 г. в помещении театра "Метрополь" на Бэренштрассе в Берлине.

Учрежденный настоящим театр "Комической оперы" осуществляет свою деятельность согласно общих правил для работы театров, находящихся под контролем Советской Оккупационной Власти.

LIZENZ

Hiermit beauftragt die Sowjetische Militär-Verwaltung in Deutschland den Regisseur Walter FELSENSTEIN mit der Leitung des städtischen Operetten-Theaters unter dem Namen "Komische Oper" und erlaubt den Anfang der Tätigkeit des Theaters am September 1947 im Gebäude des Theaters "Metropol" in der Behrenstrass in Berlin.

Das hierdurch errichtete Theater der "Komischen Oper" funktioniert laut allgemeinen Regeln für die Arbeit der Theatern, die unter der Kontrolle der Sowjetischen Besatzungmacht stehen.

CHEF DER PROPAGANDA- LEITUNG DER SOWJETISCHEN MILITÄR-ADMINISTRATION IN DEUTSCHLAND

OBERST

/TJULPANOW/

НАЧАЛЬНИК УПРАВЛЕНИЯ ПРОПАГАНДЫ СОВЕТСКОЙ ВОЕННОЙ АДМИНИСТРАЦИИ В ГЕРМАНИИ ПОЛКОВНИК

/ТЮЛЬПАНОВ/

Die Gründungsurkunde
der Komischen Oper

Die erste Theateraufführung in Berlin fand im Renaissance-Theater am 27. Mai 1945 statt, es wurde *Der Raub der Sabinerinnen*, inszeniert von Egon Brosig mit Hans-Herrmann Schaufuß als Striese, gespielt. Die Deutsche Oper eröffnete Mitte Juni mit einem Ballettabend im Theater des Westens, das Deutsche Theater etwa eine Woche später mit Schillers *Der Parasit*. Im August folgten dann das Metropol-Theater im Colosseum sowie das Hebbel-Theater in der Stresemannstraße. Die Staatsoper hatte am 16. Juni ein Opernkonzert im Funkhaus in der Masurenallee gegeben und die erste Vorstellung *Orpheus und Eurydike* dann Anfang September im Admiralspalast.

Theaterangelegenheiten wurden auch frühzeitig durch den vom Militärkommandanten der Stadt Berlin Nikolai Erastowitsch Bersarin eingesetzten Magistrat behandelt, der nur sehr eingeschränkte Befugnisse und wenig Handlungsspielraum besaß. Am 11. Juni 1945 erließ er eine Verordnung über die Genehmigung von Theatern und Theaterunternehmungen und stellte ausgewählte Theater Berlins als Berliner Stadttheater organisatorisch unter die Verwaltung der Abteilung Volksbildung. Gleichzeitig erhielt das »Deutsche Opernhaus«, das bis 1934 die Bezeichnung »Städtische Oper« geführt hatte, den früheren Namen wieder.

Vierzehn Tage später, am 25. Juni, wurde auf Vorschlag des Präsidialrates der ebenfalls von Bersarin ins Leben gerufenen Kammer der Kunstschaffenden, dem der große Schauspieler Paul Wegner vorstand, vom Magistrat folgender Beschluß gefaßt:

»Das Deutsche Theater, Kammerspiele und die Staatsoper Unter den Linden werden unter der Verwaltung des Herrn Legal zusammengefaßt. Verwaltungsdirektor für die 3 Theater soll Clemens Hornberg [richtig: Herzberg] *sein. Künstlerischer Direktor des Deutschen Theaters und der Kammerspiele soll Jürgen Fehling sein; Direktor der Staatsoper Fritz Soot. Für das Theater des Westens, in dem die Charlottenburger Oper spielen soll, ist als Leiter vorgesehen Michael Bohnen; für das Theater in der Stresemannstraße Herbert Maisch. Das Theater am Schiffbauerdamm, das künftig Lessing-Theater heißen soll, soll unter der Leitung des Intendanten Gustav von Wangenheim stehen; als Oberregisseur ist vorgesehen Karl-Heinz Martin. Das Renaissance-Theater Charlottenburg soll unter der Leitung von Heinz Rühmann stehen; die Tribüne Charlottenburg unter Fritz Wisten.«*[3] Dieser Beschluß erfuhr bald wesentliche Veränderungen, was aber in unserem Zusammenhang im einzelnen nicht erörtert zu werden braucht.

Bereits am 27. August 1945 brachte der Stadtrat für Bau- und Wohnungswesen, Professor Hans Scharoun, einen Antrag zur Instandsetzung von acht Berliner Theatern ein, der zur weiteren Beratung an den Bauausschuß verwiesen wurde. Vier Wochen später dann erklärte sich der Magistrat zu einer Instandsetzung des Renaissance-Theaters, des Theaters am Schiffbauerdamm, des Hebbel-Theaters, des Deutschen Theaters und der Kammerspiele, des Metropol-Theaters, des Theaters des Westens (1. Baurate) und des Admiralspalastes (1. Baurate) bis zu einer Summe von 1 140 000 RM bereit.[4]

Daß Kunst und Geld ein Klassiker jeglicher Haushaltsdebatte ist, dürfte inzwischen ruchbar geworden sein, auch, daß sich dieses Thema über die Zeiten stetig wiederholt.

3 Sitzungsprotokolle des Magistrats der Stadt Berlin 1945/46, Teil I, Schriftenreihe des Landesarchivs Berlin, bearbeitet und eingeleitet von Dieter Hanauske, Berlin 1995; siehe auch LAB(STA) Rep. 100 No. 760

4 LAB(STA) Rep. 120 No. 3281

Walter Felsenstein auf der
Probe

Andererseits sollte man nicht außer acht lassen, daß 1945 die Beseitigung der Trümmer des Krieges, der Aufbau einer Kommunalwirtschaft, die Ernährung der Menschen, die Schaffung von Wohnraum, die Versorgung mit Strom und Brennstoffen, die Wiederherstellung von Verkehrsverbindungen, die Bekämpfung von Seuchen und vieles andere mehr schier unlösbare Probleme darstellten, die den Magistrat Tag und Nacht beschäftigten und die einer vordringlichen Lösung zugeführt werden mußten. Deshalb kann es nicht allzusehr verwundern, daß es für manche Stadträte das Hauptanliegen war, die Zuschüsse für die Theater auf ein Mindestmaß zu senken. Für den Stadtrat für Handel und Handwerk, Josef Orlopp, war die Staatsoper ein »Luxusinstitut«, welches »in der heutigen Zeit hinter dem Schauspiel zurücktreten« müsse. »Es sei dahin gestellt, ob es in der heutigen Zeit überhaupt notwendig sei, in Berlin 2 Opernbühnen zu haben.« Gemeint sind die Städtische Oper im Theater des Westens und die Deutsche Staatsoper, die diesen Namen unter der Intendanz von Ernst Legal im Herbst 1945 erhielt, seitdem sie im Admiralspalast spielte. Zur Sprache kam auch, daß der Magistrat wohl oder übel die Opernhäuser subventionieren müsse, die Schauspieltheater sich aber grundsätzlich selbst erhalten sollten. Andererseits erkannte man sehr wohl die Bedeutung aller Theater für die Befindlichkeit der Menschen und damit die Verpflichtung zu ihrer Erhaltung, eine Position, die neben anderen auch der Stadtrat für Volksbildung, Otto Winzer, einnahm.[5] Ende Dezember 1945 wurde dann eine selbständige Abteilung für Kunstangelegenheiten beim Magistrat gebildet, nachdem zuvor auf Befehl der Alliierten Kommandantur die Kammer der Kunstschaffenden ihre Tätigkeit einzustellen hatte.[6]

5 Winzer war von Mai 1945 bis Oktober 1946 Stadtrat, ihm folgte nach der Wahl am 20. Oktober 1946 Dr. Siegfried Nestriepke, dessen Nachfolger als Stadtrat im Juli 1947 Walter May wurde.

6 LAB OMGBS (Office of Military Government, Berlin Sector) 4 / 8-2 / 1

Von einem forcierten Wiederaufbau des Metropol-Theaters ist zunächst keine Rede, geschweige denn von einer Neubestimmung seiner Aufgaben als Komische Oper. Auch im Befehl Nr. 18, der die durch die Russische Zentralkommandantur gewünschten Theaterbauten benennt, wird das Metropol-Theater nicht mehr aufgeführt. Allerdings blieb das Thema unterschwellig auf der Tagesordnung. Einem Brief des stellvertretenden Leiters der Abteilung Volksbildung, gleichzeitig Hauptdezernent für Theater, Film, Funk, Erich Otto, vom 14. Januar 1946 an den im November 1945 berufenen Intendanten des Metropol-Theaters, Hanns Hartmann, ist zu entnehmen, daß bereits seit etwa einem halben Jahr Gespräche über einen Wiederaufbau dieses Theaters im Gange waren:

»Ich habe«, so Otto, *»mich immer nachdrücklichst für die beschleunigte Wiederherstellung des Metropoltheaters in der Behrenstraße eingesetzt und habe dahingehende Vorschläge auch in vielen offiziellen Besprechungen gemacht, weil ich glaubte, dazu berechtigt zu sein aufgrund einer Zusage, die der Herr Generalmajor Barinow von der Sowjetrussischen Zentralkommandantur, wenn ich nicht irre, Ende Juni, Anfang Juli 1945, hinsichtlich dieser Wiederherstellung des genannten Theaters gegeben hatte.*

Ich hoffe zuversichtlich, dass es Ihren Bemühungen gelingen wird, nunmehr in der so wichtigen Angelegenheit weiterzukommen, da ich nach wie vor fest davon überzeugt bin, dass wir bei der Wiederaufnahme der Spieltätigkeit im alten Metropoltheater Überschüsse erzielen werden, die zur Abtragung der Zuschüsse der übrigen städtischen Bühnen verwendet werden können.« [7] Der als Gewährsmann von Erich Otto benannte Alexandr Iwanowitsch Barinow besaß insofern einiges Gewicht, da er zu besagter Zeit Stellvertretender Chef des Stabes der SMAD [Sowjetische Militäradministration in Deutschland] war. Ende Juli 1945 kam es auch zu einer Besichtigung des Metropol-Theaters durch den Dezernenten der Entwurfsabteilung des Hauptamtes für Hochbau, Baurat Bruno Grimmeck, bei der u. a. seitens der Theaterleitung mitgeteilt wurde, daß bereits das Bezirksbauamt Mitte auf Befehl des russischen Stadtteil-Kommandanten Ugromow mit der Angelegenheit befaßt sei.[8] Von Stadtrat Hans Scharoun war im Zusammenhang mit dem Magistratsbeschluß zur Instandsetzung von verschiedenen Theatern vom August 1945 ebenfalls angemerkt worden, daß der Wiederaufbau des Metropol-Theaters *»auf ausdrücklichen Befehl der Russischen Kommandantur erfolge«.*

Alle diese bisherigen Aktivitäten beruhten offensichtlich auf mündlichen Zusagen oder Absichtserklärungen, die erst zum Ende des Jahres ein höheres Maß an Verbindlichkeit erhielten. Soweit sich aus den Akten des Magistrats ermitteln ließ, berief der Chef der Garnison und Militärkommandant des sowjetischen Besatzungssektors der Stadt Berlin, Generalleutnant Dmitri Iwanowitsch Smirnow, am 30. Dezember 1945 eine Besprechung über die Instandsetzung des Gebäudes des Metropol-Theaters ein, an der neben Stadtrat Scharoun der Leiter des Hauptamtes für Hochbau, Schulze, der für Planungen im Magistrat zuständige Friedrich Lange sowie Intendant Hartmann teilnahmen. *»General Smirnow«*, so Stadtkämmerer Dr. Hanns Siebert in einem Vermerk, *»wünschte möglichst baldigen Bericht darüber, ob die Stadt bereit und in der Lage ist, die Wiederherstellung des Metropol-Theaters zu übernehmen«.*[9] Scharoun hatte bereits während der Besprechung darauf hingewiesen,

7 LAB(STA) Rep. 109 215/59 No. 322. Die Transkription der russischen Namen wird nach dem System des Duden, Rechtschreibung der deutschen Sprache, Bd. 1, 20. Auflage, Mannheim, Leipzig, Wien, Zürich 1991 gegeben.
Erich Otto schied im Mai 1946 aus dem Magistrat aus, um den Vorsitz der Genossenschaft Deutscher Bühnenangehöriger zu übernehmen.

8 LAB(STA) Rep. 109 215/59 No. 322

9 LAB(STA) Rep. 120 No. 1465

Walter Felsenstein erhält am 5. Juni 1947 aus der Hand des sowjetischen Majors Alexander Dymschitz die Lizenz für die Komische Oper

»daß die Notmaßnahmen unter Berücksichtigung der baupolizeilichen Vorschriften doch erheblich größer seien, als es ursprünglich im Monat Juli durch den Bezirk Mitte ... angenommen wurde«, und die Kosten dafür auf mindestens 1 000 000 RM geschätzt.

Durch diese Besprechung wurden erhebliche Aktivitäten in allen zuständigen Abteilungen des Magistrats ausgelöst. Eine Baubeschreibung der Entwurfsabteilung des Hauptamtes für Hochbau vom 10. Januar 1946 bezeichnet die Schäden am Gebäude als »mittelschwer« und benennt ziemlich genau die Kosten für die einzelnen Bauabschnitte mit 1 720 000 RM, einschließlich der für Enttrümmerung. Diese Grundeinschätzung und die Voraussetzung, es handle sich um »Notmaßnahmen«, erklärt auch die Annahme einer relativ kurzen Bauzeit. Wenngleich ein detaillierter Kostenvoranschlag des Hauptamtes für Hochbau erst vom Juni 1946 vorliegt, so scheint der Rücklauf an D. I. Smirnow – wie wohl nicht anders zu erwarten – zustimmend gewesen zu sein, so daß ein nochmaliges Gespräch, das von Smirnow für den Fall »unüberwindlicher Schwierigkeiten« seitens des Magistrats in Aussicht genommen war, sich nicht mehr als notwendig erwies.

Am 5. Februar 1946 erläßt dann Generalleutnant Smirnow den nachfolgenden Befehl 75/11 an den Oberbürgermeister der Stadt Berlin, Dr. Arthur Werner, der in der offiziellen Übersetzung aus dem Russischen lautet:

Das Theater »Metropol« ist gegenwärtig in einem wenig geeigneten Gebäude untergebracht, wodurch unnormale Arbeitsbedingungen entstehen.

1.) Es ist sofort mit den Wiederaufbauarbeiten in dem früheren Gebäude des Theaters »Metropol« in der Behrenstraße 55 zu beginnen.

2.) Zur Durchführung dieser Arbeiten sind 250 Bauarbeiter und 5 Lastkraftwagen für die gesamte Zeit der Wiederherstellung einzusetzen.

3.) Bei der Zuteilung und Versorgung mit Baumaterial ist jede mögliche Hilfe zu erweisen.

4.) Alle Arbeiten zur Wiederherstellung des Theatergebäudes sind bis zum 20. August fertig zu stellen.

5.) Von den von Ihnen getroffenen Maßnahmen und von dem Arbeitsbeginn bitte ich, mich spätestens bis zum 10. 2. 46 in Kenntnis zu setzen.

Generalleutnant/SMIRNOW/ [10]

10 LAB(STA) Rep. 109 No. 322

Der Wiederaufbau begann am 11. Februar 1946 mit Enttrümmerungsarbeiten, die insofern gleich auf Hindernisse stießen, da zunächst drei auf der Baustelle abgestellte schwere Flakgeschütze abtransportiert werden mußten.

Über den Zustand des Theaters gibt ein Bericht des Hochbauamtes Auskunft. Im einzelnen heißt es in dem Kostenanschlag: »*Das Vordergebäude in der Behrenstraße mit der Haupttreppe, Kassenhalle usw. wird – soweit zerstört – wieder in den alten Zustand versetzt bzw. erneuert. Das zerstörte Dach des Vorbaues wird aus Bretterbinder mit Schalung und doppelter Papplage hergestellt. Die übrigen Dachflächen werden instandgesetzt und mit einer Lage Dachpappe versehen. Die Außenwände, Fassaden, werden entsprechend dem früheren Zustand verputzt. Die halb zerstörte Treppe wird vollständig abgebrochen und durch eine neue Treppe ersetzt ... Der Zuschauerraum sowie die Umgänge werden in den alten Zustand versetzt, wobei die stark beschädigte Stuckdecke des Zuschauerraums vereinfacht, d. h. die schweren aus Gips bestehenden Figuren, die stark beschädigt sind, entfernt werden. Desgl. wird die Decke im Umgang des 2. Obergeschosses als glatte Decke ausgebildet, wogegen die Decken im 1. Rang und Parkett ihre alte Stuckverzierung, die ergänzt werden muß, behalten. Sämtliche Wandverzierungen, Rangbrüstungen und drgl. im Zuschauerhaus sowohl als in den Umgängen werden ausgebessert bzw. ergänzt. Die Decke im Zuschauerhaus soll eine künstlerische Ausmalung erhalten. Wand- und Deckenflächen erhalten einen Binderfarbenanstrich ohne Verwendung von Gold. Ob die Türen einen Ölfarbenanstrich erhalten können, hängt von der Zuweisung von Ölfarbe ab. Die Fenster sollen einfach verglast werden. Die Fenster der Umgänge sowie die Türen im Zuschauerhaus erhalten wie früher belegte Scheiben (Spiegel) ... Das Bühnenhaus erhält ein neues fahrbares Portal mit Beleuchterstand. Der Fußboden wird wa[a]gerecht hergestellt, der eiserne Vorhang wieder hergerichtet. 20 vorhandene Prospektzüge werden in Ordnung gebracht ... Das Garderobenhaus (Quergebäude im Hof), verbunden mit dem Bühnenhaus durch eine Brücke, wird wieder hergerichtet, das Dach instandgesetzt, Fenster verglast, Wände und Decken gestrichen ... Das zerstörte Kulissenhaus wird wieder aufgebaut. Aus feuertechnischen Gründen ist ein massives Dach vorgesehen. Die Gesamtkosten betragen 1 600 000,-RM.*«

In die Aufstellung nicht aufgenommen wurden die Kosten für die Beseitigung der Trümmermassen in der Behrenstraße sowie im unmittelbaren Umfeld und auf dem rechts an das Theater angrenzenden Grundstück. Dafür wurden nochmals 200 000 RM veranschlagt.[11]

In unserem Zusammenhang dürfte es nicht notwendig sein, den Fortgang des Baugeschehens im einzelnen zu beschreiben. Es mag genügen, daß unendliche Schwierigkeiten von allen Beteiligten zu überwinden waren. Das Hauptamt für Hochbau schreibt am 11. Mai 1946 an den ungeduldigen Intendanten des Metropol-Theaters, Hanns Hartmann, den beinahe kafkaesken Satz: »*Wie allgemein bekannt, ist der Baustoffmangel auf die Transportkrise zurückzuführen. Bevor nicht die Transportschwierigkeiten, die wiederum auf Treibstoffmangel zurückzuführen sind, behoben werden können, muß mit einem Baustoffmangel gerechnet werden.*« Immer wieder wird der Befehl des Garnisonschefs und Militärkomman-

11 LAB(STA) Rep. 110 No. 322

danten der sowjetischen Zone Berlins ins Spiel gebracht, um mit Hilfe dieser Autorität Baustoffe, Farbe, Stoffe, Elektromaterial, Scheinwerfer, eine teilweise neue Bestuhlung u. a. zu beschaffen.

Während verschiedener Lokaltermine, an denen auch Stadtrat Scharoun beteiligt ist, wird versucht, den Fortgang der Arbeiten zu beschleunigen und die größten Hemmnisse aus dem Weg zu räumen. Dennoch ist an eine Fertigstellung des Theaters auch unter dem Aspekt eines »Kommandanturbefehlsbaus« bis August 1946 nicht zu denken.

Am 1. November 1946 tritt eine überraschende Wendung ein. Der Geschäftsführende Direktor des Metropol-Theaters, Wolf, informiert das Hauptamt Theater-Film-Musik beim Magistrat, daß Intendant Hanns Hartmann seit dem 28. Oktober 1946 nicht mehr im Theater erschienen sei. Eine Vermißtenanzeige wird bei der Polizei aufgegeben. In einem Brief vom 4. November 1946 teilt Wolf dem nach den Neuwahlen noch amtierenden Oberbürgermeister Dr. Arthur Werner mit, daß Hartmann nach Meinung *»fast aller«* in der Englischen Zone oder in England selbst sei.[12] Bis zu einer anderweitigen festen Besetzung der Intendanz erklärte sich Ernst Legal bereit, die kommissarische Leitung des Metropol-Theaters zusätzlich zu übernehmen. Das Theater sollte nun endgültig Anfang März 1947 mit der Uraufführung von Friedrich Schröders Operette *Nächte in Shanghai* eröffnet werden.[13]

Auf jeden Fall war es notwendig, einen neuen Intendanten für das Metropol-Theater zu finden. Ende März 1947 wendet sich der Dezernent des Amtes für Theater, Film, Musik, Tanz und Artistik, Kurt Bork, an Major Alexandr Grigorjewitsch Mossjakow, zu dieser Zeit seitens der Zentralkommandantur für die Kultur im Sowjetischen Sektor Berlins zuständig, um zu erinnern, daß die Bestellung eines neuen Intendanten immer dringender werde. Sollten die Vorschläge, die Stadtrat Dr. Siegfried Nestriepke nächstens unterbreiten würde, nicht gefallen, möge er selbst einen Intendanten benennen.[14]

In einem Brief vom 18. März 1947 an Inge-Maria von Leddihn, Regieassistentin und Schauspielerin am Burgtheater Wien, äußert sich Walter Felsenstein zu seiner damaligen Situation u. a.: *»Ich sollte Generalintendant der Städtischen Bühnen in Leipzig werden, in Berlin wurde mir das wieder neu aufgebaute Metropol-Theater angeboten (da es sich um Operette handelt, könnte ich es keinesfalls machen, jedenfalls nicht ausschließlich). Ein Projekt, dessen Ablehnung mir schwerfällt, ist, mir die Leitung der Städtischen Oper zu übertragen. Dies wäre keine Bedrängnis, wenn die Angelegenheit Wien bereits völlig klar wäre.«*[15]

Wie aus dem 1986 veröffentlichten Briefwechsel Walter Felsensteins hervorgeht, hatte er damals nicht nur die Möglichkeit, in Wien zu inszenieren, sondern die Direktion des Burgtheaters zu übernehmen, worauf man zu einem späteren Zeitpunkt noch einmal zurückkam. Freilich gab es auch eine Reihe offener Fragen und eine gewisse Unentschiedenheit des damaligen Leiters der Bundestheaterverwaltung in Wien, Egon Hilbert, die Felsenstein in Entscheidungsschwierigkeiten brachte.

Alexandr Mossjakow berichtet aus seiner Sicht in einem im Felsenstein-Archiv aufbewahrten Rundfunkinterview aus dem Jahre 1975 über diese Zeit. Ausgangspunkt aller Überlegungen in der sowjetischen Zentralkommandantur war ganz offensichtlich eine

12 LAB(STA) Rep. 120 No. 2479

13 LAB(STA) Rep. 120 No. 2479

14 LAB(STA) Rep. 120 No. 1465

15 Walter Felsenstein, Theater muß immer etwas Totales sein, Berlin 1986, S. 50

hochkarätig besetzte Inszenierung Walter Felsensteins von Jacques Offenbachs *Pariser Leben* im Hebbel-Theater, die besonders auf ihn aufmerksam gemacht hatte: »*Dann brauchte es also drei Monate Diplomatie, um ihn zum Intendanten zu bringen.*«

Aus der Sicht von Walter Felsenstein klingt das so: »*Sie traten an mich heran, aber ich lehnte ab und sagte: ›Ich bin doch nicht dumm; alles, was aus den Trümmern noch zu retten war, ist schon aufgeteilt. Wo soll ich die Leute hernehmen?‹ Nach drei Monaten hatten sie mich dann weichgekriegt. Das bereits für das Metropol-Theater im Wiederaufbau befindliche Haus wurde umfunktioniert in die Komische Oper, die ich dann nach langem Zögern gegründet habe.*«[16]

Auch in einem Vermerk von Kurt Bork für Stadtrat Dr. Nestriepke über eine Besprechung mit Mossjakow am 29. April 1947 ist noch zu lesen, »*daß es zu einer verbindlichen Absprache mit Felsenstein noch nicht gekommen sei. Es besteht aber das lebhafteste Interesse, Felsenstein für die Führung des Theaters in der Behrenstraße zu gewinnen. Die von Herrn Felsenstein hierfür genannten Bedingungen sollen von der sowjetischen Zentralkommandantur erfüllt werden ... Die finanziellen Voraussetzungen für das neue Haus sind wesentlich andere. Herr Felsenstein glaubt allerdings, den Betrieb ohne Zuschuß führen zu können. Notwendig wäre meines Erachtens nur ein Anlaufzuschuß, der von Major Mossjakow mit etwa RM 300 000,- benannt wird*«.[17]

Welcher Art waren nun die Bedingungen, von denen hier die Rede ist? Sie betrafen in erster Linie das Theater, sein Profil und seine bühnentechnische Beschaffenheit. Ein Gutachten des renommierten Ingenieurbüros für Theatertechnik Dipl.-Ing. Walther Unruh, welches von Felsenstein mit einer Untersuchung beauftragt worden war, schlägt Veränderungen am Bühnenboden und an der Vorbühne vor, fordert die Nutzbarmachung der Unterbühne einschließlich der Drehscheibe, Verbesserungen an den maschinentechnischen Anlagen, vor allem an den Aufzugsvorrichtungen, eine deutliche Erweiterung der Bühnenbeleuchtungsanlage und eine höhere Disponibilität des Bühnenstellwerks. Außerdem sollte der gemauerte Rundhorizont entfernt werden. Als Ergebnis verschiedener Besprechungen der zuständigen Dezernenten des Magistrats mit dem Ingenieurbüro Unruh wird folgendes am 17. Juni 1947 fixiert:

1.) Die neue Disposition, daß statt des Metropoltheaters eine neu gegründete Komische Oper in das Haus in der Behrenstr. einzieht, hat bisher unvorhergesehene Mehr- und Neu – Aufwendungen zur Folge, für welche finanzielle Nachforderungen entstehen.

2.) Die theatertechnische Disposition muß überprüft und für die neuen Zwecke ergänzt werden.

3.) Die gewünschte Erweiterung des Bühnenhauses kann nicht ausgeführt werden.[18]

Nun ist erstmals der Begriff »Komische Oper« offiziell ins Spiel gekommen, der in unserem Zusammenhang als Synonym für eine Art und Weise Theater zu spielen verwandt wird, der beiden Bestandteilen des Wortes Musik-Theater gleichermaßen Gerechtigkeit widerfahren läßt und alle Absichten und Bestrebungen dieser Art an einem Hause vereint. Felsenstein hat in vielen Äußerungen immer wieder betont, daß es solcher Art Versuche,

16 Walter Felsenstein, a. a. O., S. 579

17 LAB(STA) Rep. 120 No. 1466

18 LAB(STA) Rep. 109 No. 323

Oper als dramatisches Gesamtkunstwerk zu begreifen, bereits in früheren Jahren, mehr oder weniger breit entfaltet und gelungen, gegeben hat. Dabei ist meines Erachtens, wenn man ad fontes vordringen will, nicht nur an das 20. Jahrhundert zu denken.

Sicherlich kann der folgende Exkurs nur Marginalien bieten, und je weiter sich der Blick vom Detail entfernt, um so erhabener wird die Sicht und damit auch das Urteil.

Seinen Aufsatz »Über die Deutsche comische Oper nebst einem Anhange eines freundschaftlichen Briefes über die musikalische Poesie«, Hamburg 1774, beginnt Johann Friedrich Reichardt, der sich damals erst anschickte, Königlich preußischer Kapellmeister zu werden, mit der als allgemeine Meinung ausgegebenen Feststellung, *»daß die Deutschen in den Künsten nur Nachahmer sind.«* Einerseits ist das auf den in Berlin herrschenden *»vermischten Geschmack«* gemünzt, der nach Johann Joachim Quantz, dem jüngst verstorbenen Flötenmeister Friedrich des Großen, aus den musikalischen Leistungen verschiedener Völker das Beste zu wählen weiß; andererseits als eine zwar partiell zutreffende These aufgestellt, die dann aber insgesamt um so kräftiger widerlegt werden sollte.

Da für Reichardt die Oper das Zentrum der neuen Musikentwicklung ist, geht es ihm vordringlich um die Entkräftung der Meinung, daß die *»ganze artige Welt«* nur die italienische und französische heitere Oper bewundere, die deutsche aber nicht zur Kenntnis nehme. Auch für Reichardt ist unbestritten, daß die aus den Vaudeville-Dichtungen in Frankreich hervorgegangene Opéra comique, deren Entwicklung der Dichter Charles Simon Favart (1710-1792) ausgelöst hatte und als deren erste namhafte Repräsentanten gemeinhin Komponisten wie Egidio Romoaldo Duni (1709-1775), Pierre-Alexandre Monsigny (1729-1817) und François-André Philidor (1726-1795) gelten, über Frankreich hinaus gewirkt hat. Ebenfalls in der ersten Hälfte des 18. Jahrhunderts fanden aber in Hamburg diese Bestrebungen in den heiteren Opern Reinhard Keisers oder Georg Philipp Telemanns eine deutsche Entsprechung wie wiederum natürlich auch Stücke der Opéra comique das deutsche Singspiel beeinflußten. In Wien komponierte Christoph Willibald Gluck unter dem Einfluß der Pariser Opéra comique in den Jahren 1758-1761 sieben Werke dieser Gattung, darunter *La Cythère assiégée* nach Favart.

Die Freie Reichs- und Hansestadt Hamburg war insofern ein geeigneter Platz für derlei Unternehmungen, da im Opernhaus am Gänsemarkt Eintritt erhoben wurde, Komponisten und Theaterunternehmer also auf die Wirkung ihrer Produktionen und auf breiten Zulauf zu ihren Vorstellungen setzen mußten. Ähnlich verhielt es sich mit der Oper am Brühl in Leipzig, und auch die Prinzipale in der Behrenstraße in Berlin waren auf zahlendes Publikum angewiesen. Allerdings muß Reichardt einräumen, daß die deutsche Poesie und Singart in bezug auf die Oper zurückgeblieben war, zum einen, weil die italienische Opera seria noch mächtig ihren Platz behauptete, zum anderen, weil in den deutschsprachigen Opern oder Singspielen vielfach Schauspieler oder Laien beschäftigt wurden, selbst in gesanglich und musikalisch schwierigen Partien wie etwa in Mozarts *Belmonte und Constanze.*

In Frankreich wie in Deutschland wurde die Opéra comique von Anfang an als Gegenströmung zur höfischen Opernrepräsentation begriffen, was nicht ohne Folgen auf das Spannungsfeld der Theater untereinander blieb. Von der italienischen Buffa unterschied sich die Comique vornehmlich durch den gesprochenen Dialog, was in ihrer künstlerischen Zielsetzung begründet ist.

Die institutionelle Etablierung dieser Entwicklung in Berlin erfolgte, als Friedrich Wilhelm II. nach seiner Thronbesteigung 1786 die französische Komödie am Gendarmenmarkt in ein Königliches Nationaltheater umwandelte, was meinte, daß dort hinfort in deutscher Sprache gespielt wurde.

Der König gestattete Carl Theophil Doebbelin mit kräftiger Unterstützung aus seiner Privatschatulle, die Intendanz zu übernehmen und sich dort zu etablieren. Doebbelin hatte bereits Friedrich den Großen um diese Gunst in einem Brief vom 1. April 1778 gebeten, war aber nicht erhört worden:

»Das hiesige Theater zu deutschen Schauspielen, ist das schlechteste in Deutschland, und sollte billig das erste und beste sein, weil es in der Residenz des größten Königs stehet. Das auf dem Gens d'armes Markt von Ew. Königl. H. erbaute Haus hört nunmehro auf von den französischen Schauspielern gebraucht zu werden, und ich flehe Höchst Dieselben aller unterthänigst an:

Ew. K. M. wollen allergnädigst geruhen, mir dieses Haus nebst Zubehör huldreichst zu schenken, allenfals so lange zum Gebrauch zu überlassen biß Ew. K. M. wieder französische Schauspiele aufführen lassen.«[19]

Mit der Übernahme der Leitung des Theaters durch Doebbelin begannen das deutsche Singspiel und die Oper in deutscher Sprache – und nur von diesen Gattungen ist in unserem Zusammenhang die Rede – hoffähig und damit gesellschaftlich anerkannt zu werden, zumal der König durch seine Anwesenheit bei der Eröffnung der ersten Spielzeit am 5. Dezember 1786 die Bedeutung des Ereignisses unterstrich. Die Folgen dieses historischen Momentes, Oper und Operette unabhängig von ihrer Provenienz absichtsvoll in deutscher Sprache zu geben, bewegen noch heute die Gemüter nicht nur in der Berliner Theaterszene.

Zuvor wurden bereits im Hof der Behrenstraße mit der heutigen Nummer 55 Singspiele in deutscher Sprache aufgeführt. Das von Franz Schuch jr. erbaute Theater, das nur über einen Durchgang im Wohnhaus zu erreichen war, verfügte im Parterre und in den zwei Logenrängen über etwa 700 Plätze und besaß eine Bühne von etwa 9,50 m Tiefe und einer Breite von etwa 7,60 m. Es grenzte an die Hintergebäude eines Hauses Unter den Linden, das Ende der siebziger Jahre der Generalmajor Georg Friedrich von Tempelhoff in unmittelbarer Nachbarschaft des Hauses, das dem berühmten Theatermaler Bartolomeo Verona gehörte, errichten ließ und das auch die Königliche Artillerie-Akademie beherbergte. Insbesondere in der Zeit von Heinrich Gottfried Koch (1703-1775) gab es nicht nur Gotthold Ephraim Lessings *Miß Sara Sampson* und *Emilia Galotti* sowie am 12. April 1774 die Uraufführung von Johann Wolfgang Goethes *Götz von Berlichingen* zu bewundern, sondern die von Reichardt beschriebene Entwicklung fand in den Singspielen von Johann Adam Hiller ihre Bestätigung. Am 12. Juni 1771 spielte Koch *Lottchen am Hofe*, ein Singspiel von Johann Adam Hiller nach einem Text von Christian Felix Weisse, einer Adaptation der

19 GSTA PK I, Rep. 36 No. 2399

Favartschen Komödie *Ninette à la cour*. Ein für diese Gelegenheit gedichteter Prolog von Karl Wilhelm Ramler hebt selbstbewußt hervor, daß die deutsche Kunst vollkommener zurückgeben werde, was sie von der französischen geliehen habe.

Am Königlichen Nationaltheater wurden später Singspiele und Operetten von Carl Ditters von Dittersdorf, Nicolas Dalayrac, Vicente Martin y Soler, von Johann Friedrich Reichardt, Domenico Cimarosa u. a. aufgeführt. So erklang dort Martins berühmte *Una cosa rara* in der Fassung von Johann André als *Lilla, oder die Schönheit und Tugend,* und die damals viel bewunderte Oper *Axur, König von Ormus* von Antonio Salieri nach einem Libretto von Pierre Augustin Caron de Beaumarchais wurde in der Adaptation von Lorenzo da Ponte und mit deutschem Text von Heinrich Gottlieb Schmieder gegeben. Das also, was rund hundertfünfzig Jahre später dann als »*In der Fassung der Komischen Oper*« auf vielen Programmzetteln gedruckt steht, hat seinen Ursprung in Praktiken des späten 18. Jahrhunderts, ohne daß sie etwa aus urheberrechtlichen Gründen besonders apostrophiert werden mußten. Auch Mozarts Opern kommen verhältnismäßig früh auf den Spielplan des Nationaltheaters, *Belmonte und Constanze, Die Hochzeit des Figaro, Don Juan* und *Eine macht's wie die Andere (Così fan tutte).*

Für weiterwirkende Auffassungen im 19. Jahrhundert mögen Richard Wagners Sätze aus einem Brief vom 25. Juni 1868 an Hans von Bülow stehen, die anstehenden Repetitionsproben der *Meistersinger* betreffend. Von günstigen oder ungünstigen Nachrichten über den Charakter der weiteren Aufführungen will Wagner abhängig machen, ob er »*für den endlichen Gewinn der Grundlagen eines wahrhaft deutschen Opernstyles in Betreff des Vortrages, Hoffnung fassen, oder jede Hoffnung gänzlich aufgeben soll. Unsere werthen Freunde und Meistersingergenossen kennen genügend meine Grundsätze hierin, sie wissen, daß sie durch die vollste Wahrhaftigkeit der dramatischen Auffassung und Wiedergabe ihrer Aufgaben diesmal nicht Operngesangspartien, sondern wirkliche, deutlich erkennbare und in jedem kleinsten Theile verständliche dramatische Charaktere hinzustellen haben: wie diese Charakteristik gerade nur durch die Musik ermöglicht wird, möge das Geheimnis des Eingeweihten bleiben: für den Erfolg genüge meinen Darstellern, daß sie jedenfalls aufhören, eigentliche ›Opernsänger‹ zu sein.*«

Ein von allen Chronisten gern hervorgehobener direkter Vorläufer der Komischen Oper in der Behrenstraße ist die von Hans Gregor in der Friedrichstraße 104 an der Weidendamm-Brücke begründete und betriebene »Komische Oper«, die am 17. November 1905 mit *Hoffmanns Erzählungen* eröffnet wurde und am 14. Februar 1911 mit einer Aufführung von Franz Neumanns *Liebelei* wieder ihre Pforten schloß.

Für Kenner der Szene mutet das Repertoire sehr vertraut an: Hierzu gehörten u. a. Werke wie *Die Fledermaus, Carmen, Figaros Hochzeit, Werther, Tiefland,* aber auch weniger gespielte Stücke wie *Der Corregidor, Pélleas und Mélisande* oder die Uraufführung von *Romeo und Julia auf dem Dorfe,* einer Oper von Frederick Delius. Insgesamt brachte Gregor in seinen sechs Berliner Jahren sechsundvierzig Werke heraus, vorrangig aus dem deutschen, französischen und italienischen Repertoire, wobei hinwiederum Buffo-Opern an erster Stelle standen. *Hoffmanns Erzählungen* wurde in dieser Zeit gegen sechshundertmal gegeben. Erstaunlich ist, daß Gregor ohne Subventionen und ohne Unterstützung durch öffentliche Mittel die Oper so lange auf hohem Niveau halten konnte. Sein Chronist, Fritz Jacobsohn, bemerkt 1911 mit einiger Bitterkeit: »*In unserer großzügigen, amerikanischen Dreimillionenstadt, die für die vulgärsten Vergnügungen Millionen aufbringt, fand sich keine Schicht, die diesem Manne eine künstlerisch und finanziell erträgliche Position schaffen konnte oder wollte.*«[20] Nach dem Bankrott seines Berliner Unternehmens wurde Hans Gregor von 1911-1918 Direktor der Wiener Hofoper.

Walter Felsenstein 1949

Nicht weniger erwähnenswert als die Tatsache, daß ein solches Theater auf Dauer nicht ohne Zuschüsse existieren kann, sind Gregors Kunstauffassungen, die weiterwirkten. Für ihn gab es keinen grundsätzlichen Unterschied zwischen Schauspiel und Oper, ebenso wie er allein die Partitur nicht für die Oper, den Darsteller nicht für die Aufführung und den Kehlkopf nicht für den Künstler hielt. »*Ich träumte*«, so Gregor, »*von einem aristokratischen Dreiklang der musikalischen, dramatischen, szenisch-malerischen Wirkung: Ohr, Herz und Auge sollten schwelgen, und keines dem anderen Rechenschaft geben und keines dem andern das Genießen neiden, Ohr, Herz und Auge die stummen Kanäle sein zu einem einheitlichen Erlebnis in der Brust des Zuschauers.*«[21] Es versteht sich, daß Gregor seine Vorstellungen nur mit gleichgesinnten Mitarbeitern, Sängern, Regisseuren und Dirigenten zu verwirklichen suchen konnte.

Bestrebungen, die Oper als musikalisches Drama zu erneuern, gingen bis Anfang der dreißiger Jahre auch von Karl Ebert, Josef Gielen, Georg Hartmann u. a. aus, wobei die Phase der Kroll-Oper von 1927-1931 in unserem Zusammenhang insofern stärker beachtet werden muß, weil verschiedene Prinzipien Otto Klemperers wie der Ensemble-Gedanke, die Darstellung der Musik in Bewegungen und Haltungen, agierende Sänger oder der Primat der Musik von ihrem geistig-emotionalen Zentrum aus durchaus fortwirkten. Hinzu kommt, daß hier Regisseure wie Jürgen Fehling und Gustaf Gründgens ihr Operndebüt gaben. Auch die Versuche Bruno Walters und Karl-Heinz Martins, die Oper an das moderne Schauspiel anzunähern, sollten nicht außer acht gelassen werden.

Natürlich hatte auch Walter Felsenstein nicht erst mit seiner Inszenierung von *Pariser Leben* seine Absichten, die Oper zu erneuern und zum Musik-Theater vorzustoßen, unter Beweis gestellt. Hier sei nur an die Zusammenarbeit mit Caspar Neher in Frankfurt am Main 1934/35 erinnert, über die er selbst, die eigenen Verdienste zurückstellend, in einem Akademiegespräch im Juli 1971 sagt: »*Unsere Antritts-Inszenierung in Frankfurt war der ›Tannhäuser‹ ... Es wurde eine unerhört interessante Aufführung, denn er war ein sehr guter Dramaturg ... Er hat Operninszenierungen besonders dazu benutzt, um handelnde Atmosphäre und Optik zu erzeugen mit äußerster Sparsamkeit – und kein Bühnenbild zu machen, keine Dekoration. ›Euryanthe‹ zum Beispiel war von einer unglaublichen optischen Poesie ... Er wußte mit den einfachsten Mitteln Träume zu erzeugen*«. Hierher gehört auch der 1937 von Felsenstein ausgearbeitete und 1986 von Ilse Kobán veröffentlichte »Entwurf zur Gründung einer Lehrstätte für Opernkunst«.

20 Fritz Jacobsohn, Hans Gregors Komische Oper, 1905-1911, Berlin 1911

21 Ebenda, Vorwort

Das Eröffnungsplakat der Komischen Oper 1947: *Die Fledermaus*

Obwohl am Anfang lediglich die Instandsetzung des zerstörten Metropol-Theaters zu seinem früheren Bestimmungszweck als Revuetheater stand, war nunmehr eine Komische Oper im Begriff, wiedergeboren zu werden, eine Berliner Opéra comique.

Die Finanzierung der Baukosten hatte der Magistrat bereits mit seinem Beschluß Nr. 160 vom 21. April 1947 geregelt, den die Stadtverordnetenversammlung am 20. Juni 1947 als Vorlage Nr. 44/311 ohne Wortmeldungen zur Kenntnis nahm.[22]

Am 28. Mai 1947 segnete dann der Magistrat das Unternehmen durch Beschluß zwar endgültig ab, hielt sich aber noch eine Hintertür offen: »*Unter der Voraussetzung, daß es möglich wird, das Metropol-Theater (Operettenbetrieb) an seinem jetzigen Sitz, d. h. im ehemaligen Colosseum an der Schönhauser Allee, fortzuführen, so daß die bereits abgeschlossenen Verträge erfüllt werden können und wie bisher keine städtischen Zuschüsse erforderlich werden, erklärt der Magistrat seine Zustimmung zu folgendem Vorschlag: In dem neu hergerichteten Gebäude in der Behrenstraße, das früher der Sitz des Metropol-Theaters war, wird nach den Vorschlägen und unter Leitung des Regisseurs Walter Felsenstein ein neuer Theaterbetrieb in städtischer Regie errichtet, der den Namen Komische Oper erhält und der, gestützt auf die klassische Operette von Offenbach bis Strauß und unter bewußtem Ausschluß der heute den Operettenspielplan beherrschenden süßlich-sentimentalen Schablonen, wahre neue Wege einer künstlerischen Verlebendigung heiterer musikalischer Werke einschlägt.*«[23] Als einmaligen Zuschuß bewilligte der Magistrat zur Aufnahme der Spielzeit am 1. Oktober 1947 300 000 RM. Würden weitere Mittel nötig, müßten sie im Laufe der Spielzeit zurückgezahlt werden. Sollte das Colosseum durch das Operettentheater aus vertraglichen Gründen nicht weiter benutzt werden können, würde es in die Behrenstraße zurückverlegt und die Errichtung der Komischen Oper um ein Jahr vertagt. Dazu kam es aber nicht.

Als am 5. Juni 1947 in dem noch mit Baugerüsten und einem Bretterboden ausgestatteten Zuschauerraum in kleinerem Kreis die Lizenzübergabe durch Major Alexandr Lwowitsch Dymschitz im Auftrag der Sowjetischen Militär-Verwaltung in Deutschland an Walter Felsenstein erfolgte, waren gedanklich im Kopfe Felsensteins die künstlerischen und technischen Vorbereitungen für die Eröffnung des Hauses im Oktober bereits weit gediehen. Bei dieser Gelegenheit wurde in seiner bekannten Rede ein Konzept vorgetragen, das von erheblicher Tragfähigkeit war und das nichts weniger als eine Veränderung zumindest der deutschen Theaterlandschaft bedeutete. Nach Felsenstein war es für Deutschland ein Novum, »*daß die Kunstgattung, der dieses Haus unter dem Namen ›Komische Oper‹ nunmehr dienen soll, ein eigenes Theater beanspruche*«. Der Zustimmung seiner anwesenden Intendantenkollegen Boleslav Barlog, Karl-Heinz Martin oder Wolfgang Langhoff konnte er sicher sein. Ob sich über diese Tragweite aber auch Oberst Sergej Iwanowitsch Tjulpanow im klaren war, der im Auftrag der SMAD die Lizenzurkunde unterschrieben hatte, die Felsenstein »*mit der Leitung des städtischen Operetten-Theaters unter dem Namen ›Komische Oper‹*« beauftragt, sei dahingestellt. Es ist auch nicht auszuschließen, daß zunächst in stillem Einvernehmen an überkommenen Bezeichnungen festgehalten wurde, um nicht schlafende Hunde zu wecken. Hans Heinz Stuckenschmidt entschlüsselt in seiner *Fledermaus-*

22 LAB(STA) Rep. 100 No. 791, Bd. 2; Jahresbericht der Stadtverordneten-Versammlung von Gross-Berlin 1946/47, 1. bis 45. Sitzung vom 26. November 1946 bis 16. Oktober 1947

23 LAB Rep. 228, Magistratsprotokolle

Die Fledermaus
1947

Kritik schon mehr, wenn er meint, daß Felsenstein sein Theater als Bühne für einen Opern-typ verstanden wissen will, »*der von Mozart bis Milhaud, von Offenbach bis Orff den rein mimischen mit dem rein musikalischen Ausdruck vermählt*«.[24]

Es gab aber durchaus auch Stimmen, die dem Projekt zweifelnd gegenüberstanden. Der Musikschriftsteller Rudolf Bauer resümiert in seiner Besprechung der Premiere im »Tagesspiegel«: »*Die Notwendigkeit, Berlin ein drittes Opernhaus zu geben, besteht grundsätz-lich nicht. Die Aufgabe der neuen Musikbühne kann höchstens sein, Werke aufzuführen, die im Admiralspalast oder in der Kantstraße nicht erscheinen, und mit vornehmer Rivalität eine all-gemeine Hebung des künstlerischen Niveaus zu bewirken. Abzuwarten bleibt, wieweit der Intendant Walter Felsenstein sie erfüllen und ob er den Beweis für die Daseinsberechtigung sei-nes Hauses bringen wird.*«[25] Auch der Rezensent der Berliner Abendzeitung »Der Kurier« meint u. a.: »*Früher gab man die ›Die Fledermaus‹ zu Silvester oder zu Fasching, weil die*

24 Hans H. Stuckenschmidt, Das dritte Haus, in: Die Neue Zeitung, Berliner Blatt, 30. Dezember. 1947

25 Rudolf Bauer, in: Der Tagesspie-gel, 25. Dezember. 1947

Musik moussiert. Die Aufführung Felsensteins eignet sich eher für die Tagung eines theaterwissenschaftlichen Kongresses.«[26]

Wie man sieht, fehlte es für Felsensteins Absichten und hochfliegende Pläne noch vielfach an Verständnis, auch bestanden bei weitem noch nicht alle Voraussetzungen für ihre schrittweise Verwirklichung, im Gegenteil, vielerlei, mitunter unüberwindlich erscheinende Probleme türmten sich auf.

Einerseits waren nicht nur notwendigste Arbeitsmöglichkeiten für den Intendanten zu schaffen, sondern Musikinstrumente, Materialien für Dekorationen und Kostüme, Holz, Gußeisen, Scharniere und Schrauben zur Herstellung einer Drehscheibe, Beleuchtungs- und Installationsmaterial und vieles mehr mußte besorgt werden. Nicht zuletzt galt es, rechtzeitig Reisepapiere für die auswärtigen Künstler sowie Wohnräume und Probenmöglichkeiten bereitzustellen.

Alle diese Notwendigkeiten unterbreitete Felsenstein in einem mehrseitigen Brief vom 9. Juni 1947 der Kulturabteilung der sowjetischen Zentralkommandantur, die wiederum den deutschen Stellen in Beratungen am 23. und 24. Juni 1947 die Zusicherung gab, *»daß von dort alles getan wird, um durch die Bereitstellung des Materials die termingemäße Eröffnung des Hauses sicherzustellen.*«[27] Freilich wurden nicht alle Zusicherungen, vor allem die, welche den weiteren Ausbau des Hauses betrafen, erfüllt. Immerhin war aber die Komische Oper in den Verband der städtischen Bühnen aufgenommen worden, so daß damit auch der Versorgung ihrer Mitglieder mit Lebensmittelkartengruppen für »führende Theater« nichts mehr im Wege stand.

Andererseits spitzten sich die politischen Gegensätze in den Auffassungen und machtpolitischen Zielen der Sowjetunion und der westlichen Alliierten immer mehr zu, und somit auch die ihrer deutschen Parteigänger, die ihr Schicksal an das der jeweiligen Besatzungsmacht geknüpft hatten. Bereits auf der Potsdamer Konferenz im Sommer 1945 herrschte ein spürbares gegenseitiges Mißtrauen. Die Spannungen wuchsen, der »kalte Krieg« brach aus; er beschleunigte die Integration der Besatzungszonen in die jeweiligen Machtblöcke und ihre bipolare Konfrontation. Die kulturelle Entwicklung jedoch besaß zu dieser Zeit noch immer eine gewisse Abgehobenheit von der politischen.[28] Die Theater kamen in der für viele Deutsche schwierigen geistig-moralischen Situation in eine merkwürdige Lage, in der sie wie schon zu Zeiten Lessings zur Kanzel, oft zur Nische, nicht selten aber auch zu Repräsentanten der jeweils herrschenden politischen Strukturen wurden. Gegenwart und Geschichte hielten Einkehr in das Theater und mit ihnen die Utopie. Mancherorts bildete sich ein Zustand heraus, in dem Kunst so oder so die Politik, und ästhetische Schönheit die politische Freiheit ersetzte. Sicherlich lenken die Künstler durch ihre Werke und durch ihr Wirken das Kunstleben letztlich selbst, nur kann durch die jeweils Herrschenden ihr Tun erleichtert, erschwert oder gar unmöglich gemacht werden. Nicht selten verhalf Unzufriedenheit mit den politischen Zuständen zu bemerkenswerten Kunstleistungen. Die Komische Oper im Ostteil Berlins lebte und arbeitete von Anfang an in diesem Spannungsfeld.

26 »Zur Mitte hin«, Der Kurier, 27. Dezember 1947

27 LAB(STA) Rep. 120 No. 1466

28 Dietrich, Gerd, Politik und Kultur in der Sowjetischen Besatzungszone Deutschlands (SBZ) 1945-1949, Berlin 1983, S. 99

Auf Wunsch der Zentralkommandantur und der SMAD sollte das Haus bis zur Festwoche anläßlich des dreißigjährigen Bestehens von Sowjetrußland, Mitte November, eröffnet sein. Das kam nicht zustande, zu groß waren die Schwierigkeiten. Der Eröffnungstermin wurde mehrfach verschoben. Er war von Felsenstein schließlich auf den 19. Dezember festgesetzt worden. Wegen Maschinenschadens ließ sich auch dieses Datum nicht einhalten. Die erste Vorstellung sollte nunmehr am 22. Dezember über die Bühne gehen. Infolge technischer Pannen mußte sie erneut verlegt werden. Sie fand endlich am Dienstag, dem 23. Dezember 1947 statt: *Die Fledermaus* hatte Premiere. Sie »*trug alle Anzeichen eines echten Erfolges. Vivant sequentes.*«[29] Berlin hatte wieder ein Musiktheater.

29 Stuckenschmidt a. a. O.

Dieter Feddersen

FÖRDERKREIS FREUNDE DER KOMISCHEN OPER E.V. – BINDEGLIED ZWISCHEN THEATER UND BESUCHERN

Ohne unseren Förderkreis überzubewerten: der Zusammenhang zwischen der Vereinigung unseres Vaterlandes und dem Entstehen unseres Vereins ist nicht zu übersehen. Das fünfzigjährige Jubiläum der Komischen Oper, der künstlerischen Institution, deren Unterstützung wir uns verschrieben haben, ist ein Anlaß, diese Entwicklung streiflichtartig in Erinnerung zu rufen und gleichzeitig nochmals unsere Ziele für die Zukunft zu definieren.

Für den Verfasser beginnt die Bekanntschaft mit der Komischen Oper als Student im Winter 1956/57. Dieser Winter war von politischen Ost-West-Spannungen besonderer Art bestimmt, die sich in der geteilten Stadt Berlin naturgemäß am schärfsten ausdrückten. Der Einmarsch der Sowjetarmee in Ungarn und die Suezkrise fielen zusammen. Niemand, der es miterleben konnte, wird vergessen, wie in den ersten Novembertagen 1956 Bischof Otto Dibelius in der damals noch Ostberliner Marienkirche den Einmarsch in Ungarn geißelte. Niemand, der es erlebt hat, wird auch vergessen, wie andererseits die künstlerischen Institutionen der geteilten Stadt, unter ihnen besonders die Komische Oper und das Deutsche Theater, die Einheit der Kultur soweit wie möglich aufrechterhielten.

Jedenfalls war eine erste Begegnung mit der Opernwelt in der Sicht Walter Felsensteins ein unauslöschliches Jugenderlebnis.

Die Errichtung der Berliner Mauer im Jahre 1961 hatte erhebliche Auswirkungen für die Arbeit der Komischen Oper; wesentliche Teile von Ensemble und Orchester lebten in Westberlin. Auch im übrigen ergaben sich schwerwiegende Konsequenzen. Die Reisetätigkeit der Bewohner der DDR wurde fast vollständig verhindert, aber auch die Häufigkeit der

Gründungsmitglieder des Förderkreises Freunde der Komischen Oper e. V. Claudia Reuter und Prof. Dr. Dieter Feddersen

Einreisen von Bundesbürgern in die DDR und nach Ostberlin verminderte sich; die Einreise von Westberlinern war für mehrere Jahre unmöglich.

So dauerte es für den Verfasser immerhin bis in den Herbst 1989, bis ein weiterer Besuch in der Komischen Oper stattfinden konnte.

Der Oktober 1989 hatte wiederum eine aufregende politische Agenda: In der Prager Botschaft wartete eine große Zahl von Landsleuten aus der DDR auf ihre Weiterreise in die Bundesrepublik; die Stimmung in der DDR, insbesondere in Dresden, von wo der Verfasser und seine Frau nach Berlin anreisten, war gespannt, die nächsten Nachrichten wurden mit Erregung erwartet. Würden den DDR-Bürgern nun auch noch die letzten Reisemöglichkeiten genommen werden? Skepsis und ein wenig Angst, aber auch Hoffnung und Selbstbewußtsein bestimmten die Äußerungen unserer Freunde und Gesprächspartner in der DDR.

Ein von unseren Mitgliedern Renate und Dieter Wolfram vorbereiteter Familienbesuch im Hause Reuter schaffte den Anlaß, am 1. Oktober 1989 den Generalmusikdirektor Rolf Reuter und das Ensemble der Komischen Oper in Aktion zu erleben, und zwar bei der Aufführung des *Freischütz* von Carl Maria von Weber, eingerichtet von einem bundesdeutschen Gast (Günter Krämer). Selbst bei dieser Oper gab es auf der Bühne versteckte politische Anspielungen, die das Publikum, das jahrelange Erfahrungen bei der Aufnahme von ein- und zweideutigen Zwischentönen hatte, wohlwollend begrüßte. So waren die Fahnen aller deutscher Länder in Ost und West auf der Bühne ausgehängt; weitere Anspielungen machten deutlich, daß DDR-Kunst und DDR-Bürger ihre Hoffnungen für eine gemeinsame Zukunft nicht aufgegeben hatten.

Dieses sensible politische Flair einer im übrigen musikalisch und sängerisch gekonnten Opernaufführung war neu für den bundesdeutschen Besucher. Es war eben ein Unterschied, politisch wache Inszenierungen in der freien Atmosphäre einer westlichen Demokratie zu erleben oder physisch und psychisch wahrzunehmen, wie sich in der indoktrinierten Umgebung eines dogmatischen Regimes ganz andere, viel intensivere Empfindungen einstellen.

Daß einer solchen Aufführung bis in die Nacht hineinführende Diskussionen zwischen DDR-Freunden und West-Freunden folgten, war in jener Zeit und ist zum Teil bis zum heutigen Tage selbstverständlich. Daß diese letzte intensive Vorwendereise in die DDR mit einer unerfreulichen Auseinandersetzung mit dem Zoll der DDR an der Grenze endete, paßte in das aufregende Klima jener Tage. Die dort tätige Zollbeamtin hatte gerade noch zwei Monate Zeit, ihre Knute zu schwingen.

Montags-Demonstrationen in Leipzig und an anderen Orten, die Ereignisse des vierzigsten Jahrestages der DDR-Gründung am 9. Oktober 1989 und schließlich die unerwartete Öffnung der Mauer am 9. November 1989 bestimmten die nächsten Wochen.

Durch die Öffnung der Mauer wurde nach heftiger und zum Teil kontroverser Diskussion über die Zukunft der DDR die Wiedervereinigung Realität; Kampf und Mut der Landsleute östlich von Mauer und Stacheldraht setzten sich durch. Die Gegenwart eines wiedervereinigten Deutschlands und die Arbeit des Förderkreises Freunde der Komischen Oper Berlin e.V. konnten beginnen.

Im politisch heißen Jahr 1990 – Volkskammerwahlen, Verhandlungen über Staats- und Einigungsvertrag, Diskussionen über Wiedervereinigung nach Artikel 23 oder 146 Grundgesetz und vor den Volkskammerwahlen die »Runden Tische«, der Wegfall der Zoll- und Grenzkontrollen zwischen den beiden noch existierenden deutschen Staaten, die Wiederaufnahme des öffentlichen Nahverkehrs zwischen den beiden Teilen Berlins und schließlich der Tag der Wiedervereinigung – besteht kaum Raum für die kleinen Erlebnisse in dieser aufregenden Zeit.

Dennoch finden sie statt, auch um die Komische Oper herum. Von Chefdirigent Rolf Reuter angeregt und von Intendant Werner Rackwitz und der gesamten sonstigen Leitung der Komischen Oper unterstützt, beginnt der Vorbereitungsprozeß für die Gründung des Förderkreises.

Hintergrund dieser Aktivität ist die Erwartung, daß die Vereinigung Berlins und damit das Vorhandensein von drei Opernhäusern in der Stadt Diskussionen über den Fortbestand der Häuser auslösen wird. Es erscheint daher angebracht, von vornherein durch die Schaffung eines cordon sanitaire um dieses besondere Haus Komische Oper Vorkehrungen dafür zu schaffen und die öffentliche Meinung dafür einzunehmen, daß die Komische Oper nicht das kulturelle Opfer auf dem Altar der Wiedervereinigung unserer Hauptstadt wird. Es wird daher zwischen der Leitung der Komischen Oper, dem Verfasser dieser Zeilen und unserem heutigen Kurator Matthias Kleinert sehr schnell Einigkeit darüber erzielt, daß ein Förderkreis gebildet werden soll.

Matthias Kleinerts Anfrage bei Edzard Reuter, dem damaligen Vorstandsvorsitzenden der Daimler Benz AG, führt dazu, daß sich Daimler Benz trotz Reuters persönlichen Engagements bei der Deutschen Oper hinter die Gründung des Förderkreises stellt. Ein Brief des Intendanten Werner Rackwitz an den Sprecher des Vorstandes der Deutschen Bank führte zu unserer großen Freude und unserem großen Glück dazu, daß sich aus dem Vorstand dieses Hauses Rolf-E. Breuer zur Verfügung stellt und mit Unterstützung und Wohlwollen seines Hauses im Förderkreis mitwirkt. Unmittelbar nach dieser grundsätzlichen Bereitschaft erklärt er sich darüber hinaus bereit, den Vorsitz im Vorstand unseres Förderkreises zu übernehmen, eine Aufgabe, die er zu unser aller Freude auch weiterhin erfüllt, nachdem er die Funktion des Sprechers des Vorstandes seines Hauses übernommen hat.

Am 14. Juli 1990 kommt es zu einer ersten informellen Zusammenkunft zur Vorbereitung der Gründung eines Förderkreises.

In dem » ›Kitsch‹ as ›Kitsch‹ can« – Saal Diana des Grand Hotels Berlin treffen sich SKH Dr. Friedrich Wilhelm Prinz von Preußen, Frau Lissi Falk als Vertreterin der Daimler Benz AG, Herr Hartmut Kaske, damals Hauptgeschäftsführer vom Grand Hotel, Harry Kupfer, Rolf Reuter, Tom Schilling, Claudia Reuter und Werner Rackwitz zu einer ersten Runde, um die Gründung des Vereins in Gang zu setzen. Ihre Mitwirkungsbereitschaft erklären viele weitere später aktive Förderkreismitglieder wie Manfred Lahnstein und Horst Klinkmann, der damalige Präsident der Akademie der Wissenschaften der DDR in Berlin.

Freunde der Komischen Oper, Gerda Rother und Inge Dieckhaus, bei ihrer freiwilligen Arbeit im Foyer

Am 25. November 1990 folgt dann die offizielle Gründung des Vereins im Foyer der Komischen Oper. Die Mitgliederversammlung wählt Rolf-E. Breuer, Ulrich Urban, Peter Keilbach und den Verfasser zu Mitgliedern des Vorstandes, dem Werner Rackwitz ex officio angehört.

Rolf-E. Breuer wird bei dieser Gelegenheit zum Vorsitzenden des Vorstandes gewählt. Später tritt noch Barbara Hoelk, aus Vancouver nach Berlin zurückgekehrt, in den Vorstand ein.

In das später in »Beirat« umbenannte Kuratorium werden die Herren Gisbert zu Putlitz, Manfred Lahnstein, Prinz von Preußen, Horst Klinkmann, Matthias Kleinert und Guido Goldmann gewählt. Es nimmt gleichzeitig mit dem Vorstand seine Arbeit auf.

Aus Anlaß eines Gastspiels in Japan wird von der Kajima Corporation, die in der DDR für die Interhotelgruppe das Grand Hotel in Berlin (Nachbar der Komischen Oper) und das Hotel Bellevue in Dresden errichtete, eine Großspende geleistet, die den Grundstock des Vereinsvermögens des Förderkreises darstellt.

Der Mitgliederversammlung am 25. November 1990 geht am Vorabend eine großartige *Idomeneo*-Aufführung voraus, eine Inszenierung Harry Kupfers, die im darauffolgenden Jahr auch während der Maifestspiele in Wiesbaden gezeigt wird.

Diese Aufführung ist Anlaß für unseren Vorstandsvorsitzenden, einen größeren Kreis von Persönlichkeiten aus dem Rhein-Main-Gebiet einzuladen, aus dem sich weitere neue Mitglieder rekrutieren.

Nach diesen aufregenden und weitgehend beglückenden Erlebnissen der ersten Zeit tritt auch bei dem Verein die Alltagsarbeit in den Vordergrund.

Noch einmal kommen Politik und künstlerische Arbeit der Komischen Oper sehr nahe zusammen.

Am Tage der Wiedervereinigung, dem 3. Oktober 1990, findet im Hause der Komischen Oper ein Konzert des Orchesters der Komischen Oper statt, das unter Rolf Reuters Leitung mit der Leonoren-Ouvertüre von Ludwig van Beethoven dieses Freiheitserlebnis in beeindruckender Weise begleitet.

Der Verfasser nimmt die Möglichkeit wahr, vor diesem Konzert – zum ersten Mal seit 1961 – nicht ohne innere Bewegung zu Fuß durch das Brandenburger Tor und zurück zur Komischen Oper zu gehen, sich dabei daran erinnernd, daß während der Studienzeiten der späten fünfziger Jahre dieser Gang zwar möglich, aber häufig von unerfreulichen Ereignissen bei der »Einreise in das demokratische Berlin« begleitet war, ganz abgesehen von den achtundzwanzig Jahren, in denen das Brandenburger Tor, von Ost und West gleichermaßen versperrt, im Niemandsland lag.

Mit der Vereinigung werden die großen politischen Ereignisse vom Alltag verdrängt, einem Alltag, der insbesondere für unsere Mitbürger aus den neuen Bundesländern viele Veränderungen und neben Freuden auch sehr viele Sorgen mit sich bringt. Bis heute haben wir Mitbürger in Ost und West noch erheblichen, zum Teil kontroversen Gesprächsbedarf zur Bewältigung des Vereinigungsvorganges wie auch des politischen Alltages in unserem vereinigten Land. Das Wort von der inneren Mauer kommt auf und beschreibt eine nicht zu verdrängende Befindlichkeit vieler Menschen gerade im Osten, aber auch im Westen. Die Kunst des Zuhörens und Aufeinanderzugehens bleibt trotz eingetretener Erlebnisse weiterhin gefragt; die Kunst und das Zusammenarbeiten von Menschen aus beiden Teilen unseres Vaterlandes in einer künstlerischen

Institution – trotz aller auch hier gegebenen Spannungen – ist der einzige Weg, uns zumindest innerhalb der nächsten Generation endgültig wiederzufinden.

Es bestand keine Möglichkeit, den Modellfall Wiedervereinigung vorher zu üben, zumal er wohl von keiner Seite vorausgesehen und durchgedacht war. Im Förderkreis Komische Oper aber üben wir seit 1990 daran, einer von der sowjetischen Stadtkommandantur errichteten künstlerischen Einrichtung im Wettbewerb der kulturellen Einrichtungen Berlins den ihr gebührenden Platz zu erhalten. Der Schwerpunkt wird daher immer wieder darauf gelegt, im Konsens mit der Leitung der Komischen Oper, in deren Kompetenzen sich der Förderkreis selbstverständlich nicht einzumischen hat, Maßnahmen zur Unterstützung der künstlerischen Arbeit zu planen und durchzuführen und die dafür nötigen Mittel zu beschaffen, aber auch allen Versuchen in der Öffentlichkeit entschieden entgegenzutreten, die Komische Oper und ihre Existenz in der kulturellen Vielfalt Berlins in Frage zu stellen.

Daß dies nötig war, zeigen die Erfahrungen der letzten Jahre.

Unsere Arbeit begleitete stetige Unsicherheit über die organisatorischen Entwicklungen in der Berliner Kulturszene.

Die Situation der Komischen Oper wurde nicht dadurch erleichtert, daß auch in diesem Hause ein Wandel stattzufinden hatte. Werner Rackwitz, dessen aufopferungsvolle Arbeit zu Zeiten der DDR, aber auch in den Übergangsjahren von jedermann anerkannt wurde, hatte es nicht leicht, sich – teilweise als Vertreter des Ancien régime gesehen – zu halten. Mit bewundernswerter Ruhe gelang es ihm aber, seine Amtszeit ohne öffentliche Angriffe in Ehren und mit Erfolg zu beenden. Am 31. Dezember 1993 schied er aus der Leitung der Komischen Oper aus. Wie es sich für ein Theater gehört, geschah dies dramatisch,

Der Förderkreis hält Kontakt zu Freunden der Komischen Oper in der ganzen Welt: Aloisius Kohl, Ingetraut Sonst, Bärbel von Lehmann und Manfred Hütter bei der unentbëhrlichen aufwendigen Kleinarbeit

weil ihn am Tage seines Abschieds ein – inzwischen überwundener – Herzinfarkt ereilte. Seine Kraft und Haltung reichten aber aus, um das Haus mit erhobenem Haupte zu verlassen.

Der Förderkreis hat seine besonderen Verdienste um die Komische Oper genau wie bei Chefdirigent Rolf Reuter und Chefchoreograph Tom Schilling mit der Verleihung der Ehrenmitgliedschaft gewürdigt.

Werner Rackwitz ist auch nach Beendigung seiner ex officio Vorstandstätigkeit ein interessiertes und aktives Mitglied des Vereins geblieben. Das gleiche gilt für Rolf Reuter und Tom Schilling. Beide hatten ihre Funktionen in der Komischen Oper zum 31. Juli 1993 wegen Erreichens der Altersgrenze aufgegeben. Rolf Reuter blieb allerdings noch ein weiteres Jahr bis zum Eintritt seines Nachfolgers dem Hause mit ständigen Dirigaten verbunden und nahm die musikalische Leitung der von ihm betreuten Aufführungen weiterhin wahr.

Die Wechsel in der Intendanz und in der musikalischen Leitung verliefen glücklich; Albert Kost trat nach einer Zeit als designierter Intendant vom 1. August bis 31. Dezember 1993 sein Amt als Intendant am 1. Januar 1994 an. Yakov Kreizberg folgte ein Jahr später, am 1. August 1994.

Als Garant der künstlerischen Qualität des Hauses und Fels in der Brandung blieb Harry Kupfer dem Hause verbunden, dem Senat von Berlin und der Öffentlichkeit damit die Zuversicht in die künstlerische Zukunft des Hauses gebend.

Albert Kost, von Harry Kupfer aus Köln angeworben, übernahm mit Kraft und Einsatz sein schwieriges Intendantenamt. Daß viele seiner durch die finanzielle Situation des Landes Berlin unvermeidbaren Maßnahmen nicht überall Zustimmung fanden und daß die Transition in den Augen einiger derjenigen, die die bisherige Leitung des Hauses über mehr als ein Jahrzehnt begleitet hatten, kritisch gesehen wurde, kann bei den schwierigen Verhältnissen nicht verwundern.

Albert Kosts Arbeit hat aber aus der Sicht des Förderkreises in erheblichem Maße dazu beigetragen, daß die Position der Komischen Oper bislang gesichert ist. Nicht zuletzt tragen dazu seine erfolgreichen Bemühungen bei, das knappe, vom Senat vorgegebene Budget einzuhalten.

Die künstlerische Verbindung zwischen Harry Kupfer und Yakov Kreizberg klappte auf Anhieb. Der neue Generalmusikdirektor erfreut sich bei Orchester und Publikum sowie beim Förderkreis großer Beliebtheit. Die Förderkreiskonzerte nach der jährlichen Mitgliederversammlung sind ein besonderer Höhepunkt für alle Mitglieder des Vereins.

Die Neuprofilierung des von Tom Schilling im Geiste Walter Felsensteins geschaffenen und geformten Tanztheaters durch den Chefchoreographen Jan Linkens, der mit dem Direktor des Tanztheaters Marc Jonkers am 1. August 1994 aus den Niederlanden nach Berlin gekommen ist, führte und führt das Ballett zu neuen Formen modernen Tanzes, die sich auch neuen und vor allem jungen Zuschauern zuwendet.

Die Arbeit stützt sich auf ein technisch perfektes und künstlerisch hoch motiviertes Ensemble.

Im fünfzigsten Jahr der Komischen Oper geht unser Verein immerhin schon in das siebte Jahr seiner Existenz. Seine inzwischen fast 2 500 Mitglieder und Freunde sind ein Bollwerk gegen alle Bestrebungen, das Haus aus der Finanznot Berlins heraus in Frage zu stellen. Die Mitglieder und Freunde des Förderkreises, auch die sehr aktiven Arbeitskreise Orchester und Tanztheater sind bereit, jederzeit für »ihr« Haus anzutreten.

Mit der Zusammenarbeit zwischen Mitgliedern und Freunden des Förderkreises und der Leitung des Hauses ist es auch – jedenfalls von Idee und Grundsatz her – gelungen, die in der Öffentlichkeit immer wieder geforderte Verbindung zwischen Kunst und Wirtschaft zu schaffen. Viele Berliner und bundesdeutsche Unternehmen haben durch Firmenmitgliedschaft oder Mitgliedschaft von Damen und Herren der Führungsebene ihr Interesse an dem Wohlergehen und Bestehen einer der bedeutenden künstlerischen Einrichtungen Berlins zum Ausdruck gebracht. Möge das Anliegen, diese Verbindung zu erhalten, stets umsetzbar bleiben.

Selbstüberschätzung ist allerdings fehl am Platze; die gemeinsame Arbeit von Mitgliedern und Freunden wird nur dann Erfolg haben, wenn die künstlerische Arbeit der Leitung des Hauses und aller Ensemblemitglieder und Gäste weiterhin die Rechtfertigung dafür schafft, daß an der Behrenstraße jeden Abend der Vorhang zu Aufführungen aufgeht, die das Publikum erreichen. Nach den vielen großen künstlerischen Ereignissen der letzten Jahre – ohne Anspruch auf Vollständigkeit seien die Produktionen von *Carmen, Idomeneo, Rienzi, La Traviata, Lucia di Lammermoor, Die Fledermaus, Sonnenkönig – eine Reise, Au-delà* genannt – sind wir sicher, daß das gemeinsame Wirken von Operndirektor, Generalmusikdirektor, Ensemble, Orchester, Tanztheater und der Verwaltung des Hauses unter der Führung des Intendanten zugleich die seelische und künstlerische Kraft erzeugen wird, um Berlin mit hochwertigen und den Wettbewerb der Kunst fördernden Inszenierungen und Aufführungen im Geiste Walter Felsensteins zu beglücken.

Die Komische Oper hat auch über den Kreis von Freunden und Förderern hinaus große öffentliche Unterstützung; die Bereitschaft der Präsidentin des Bundesverfassungsgerichts, unseres Mitglieds Jutta Limbach, Schirmherrin dieses Hauses zu werden, ist dafür Ausdruck, das Engagement unserer Kuratoren ein anderer.

Wollen wir und unsere nachfolgenden Freunde und Mitglieder auch die nächsten – hoffentlich friedvollen – fünfzig Jahre in der Behrenstraße erleben, so ist hierfür die Symbiose zwischen fortdauernder künstlerischer Leistung und einer anspornenden aktiven Unterstützung erforderlich. Daß diese Voraussetzungen erhalten bleiben mögen, dafür werden für ihren kleineren Teil die Mitglieder und Freunde des Förderkreises eintreten. Auch des uneingeschränkten weiteren Engagements aller im Hause künstlerisch Tätigen sind wir sicher. Hier wie da werden in den nächsten fünfzig Jahren Sach- und Generationswechsel unvermeidbar sein. Daß diese erfolgreich verlaufen mögen, wünschen wir alle der Komischen Oper zu ihrem fünfzigsten Geburtstag.

Die Meistersinger von Nürnberg · 1981 · Bühnenbildzeichnung von Wilfried Werz

WER FÜR DIE BÜHNE ARBEITEN WILL, STUDIERE DIE BÜHNE

JOHANN WOLFGANG VON GOETHE

Cocheville

Franz

(Antonia) SRaugburg

Hoffmanns Erzählungen
1958
Figurine des Franz von
Rudolf Heinrich

Hoffmanns Erzählungen
1958
Figurine des Pittichinaccio
von Rudolf Heinrich

Peter Grimes · 1981 · Bühnenbildzeichnung von Reinhart Zimmermann

Ritter Blaubart
1963
Figurine des Ritters Blaubart von Wilfried Werz

Das Märchen vom Zaren Saltan
Figurine des alten Mannes
von Reinhard Heinrich

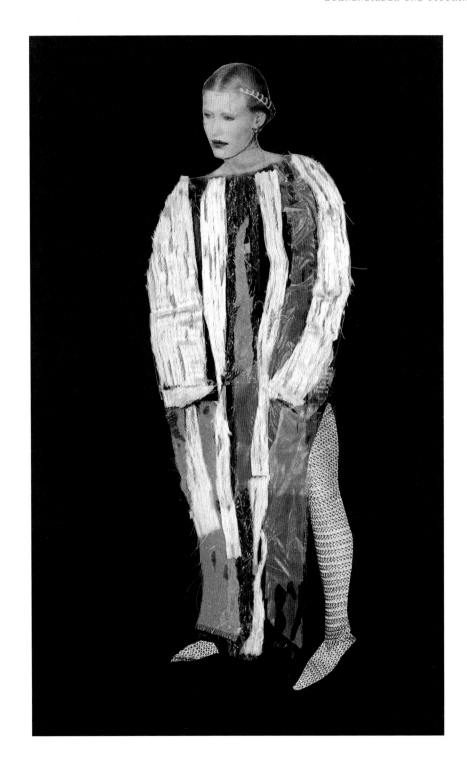

Lear
1983
Figurine der Cordelia von
Eleonore Kleiber

Die Zauberflöte · 1986 · Bühnenbildmodell von Hans Schavernoch

AUSSERHALB DER KÜNSTLERISCHEN WAHRHEIT ERKENNE ICH KEIN WERK ALS WERTVOLL AN

Modest Mussorgski

THEATER IST ETWAS EINMALIGES UND UNWIEDERHOLBARES

Es hat sich erwiesen (und wird sich in rapid zunehmendem Maße erweisen), daß die einfache Wiederholung ehemals erprobter Leistungen und das selbstsichere Auskramen erfolgreicher Wirkungen auch durch prominenteste Persönlichkeiten unserem Theater zu keinem Bestand verhelfen können, sofern die traditionellen Erfahrungen nicht auf ihre gegenwärtige Gültigkeit neu geprüft sind und sofern sie nicht vor allem aus einem in der realen Gegenwart verwurzelten künstlerischen Bekenntnis erwachsen (»Theater der Zeit«, September 1948).

Bereits die erste Probe eines Stückes läuft in einem falschen Geleise, wenn ich als ausübender Künstler voraussetze, daß dieses angeblich seit Jahrzehnten bekannte Werk doch jedem geläufig wäre. Falsches Geleis insofern, als ich nämlich dann dazu verleitet werde, mit dieser Rolle zu spielen und womöglich interessant und originell damit zu spielen, statt die Substanz dieses Werkes zu entdecken und dem Autor und Komponisten gemäß auszudeuten. ... Je erlebnisbereiter und williger ein ... Publikum ist, desto schwerer kann es verzeihen, wenn ihm von der Bühne herab Sand in die Augen gestreut wird (Ansprache an das Ensemble der Komischen Oper, 21. Dezember 1949).

Das wirkliche musikalische Theatererlebnis kann vom Regisseur nur angeregt und durch viele Kunstgriffe der Inszenierung lediglich unterstützt werden. Getragen wird es ausschließlich vom musizierenden und darstellenden Menschen. Es kommt nur zustande, wenn Musik und Gesang in einer dramatischen Funktion richtig erkannt und konsequent eingesetzt werden. Diese Funktion kann nur sein: eine Handlung musizierend und singend zu einer theatralischen Realität und vorbehaltlosen Glaubhaftigkeit zu bringen. Das Musizieren und Singen auf der Bühne zu einer überzeugenden, wahrhaftigen und unentbehrlichen menschlichen Äußerung zu machen, ist die Kardinalfrage. Solange diese Aufgabe nicht gelöst ist, gibt es kein Musiktheater.

Theater ist eine schöpferische Kunst und nicht – wie vielfach behauptet wird – eine reproduktive.

Deshalb darf der Darsteller des Musiktheaters nicht als Instrument einer bereits vorhandenen Musik wirken, sondern als ein schöpferischer Gestalter. Er darf auch nicht singen, weil er eine schöne Stimme hat und singen gelernt hat, sondern weil er in seiner dramatischen Situation singen muß (Referat zur Einleitung einer Diskussion aus Anlaß des Gastspiels der Komischen Oper in Paris 1957).

Ich glaube, der Wahrheitsbegriff, wie ich ihn verstehe, ist immer wieder neu zu erarbeiten – nicht nur im Laufe eines Dezenniums, sondern jährlich, ja manchmal in noch kür-

Das schlaue Füchslein
1956
Rudolf Asmus als Förster
und Irmgard Arnold als
Füchslein Schlaukopf

zeren Zeiträumen. Wir bleiben nie stehen. Es ist doch das ebenso anerkannte wie bekämpf-
te Grundprinzip der Komischen Oper, daß eine Repertoireaufführung als mechanische Wiedergabe nicht geduldet wird. Es wird ständig weitergearbeitet, ein höheres Entwicklungs-
ergebnis angestrebt (Interview mit Ernst Krause, »Sonntag« 20. November 1966).

EINE GROSSE LIEBE

Der Fiedler auf dem Dach
1971
Rudolf Asmus als Tewje

Der Schnellzug Vindobona aus Prag hatte Verspätung. Fast zwei Stunden. Es war meine erste Reise nach Berlin. Damals am 29. März 1956 vor einundvierzig Jahren. Manches ging mir durch den Kopf. Wie komme ich in Berlin zurecht? Viele haben mich gewarnt: Berlin wäre ein Pulverfaß, das jederzeit hochgehen kann. Na ja, meine Neugier war größer als die Angst. Es war schon ein paar Wochen her, daß Walter Felsenstein auf der Suche nach einem Förster für seine Inszenierung *Das schlaue Füchslein* über mich gestolpert war. Er kam nach Prag. Wir trafen uns im Nationaltheater und waren uns schnell einig. Er engagierte mich, ohne mich auf der Bühne zu sehen, sozusagen war ich für ihn eine Katze im Sack. Aber darüber machte ich mir keine Gedanken. Die Rolle des Försters in dieser zauberhaften Janáček-Oper glaubte ich mit dem kleinen Finger machen zu können. Hatte ich sie doch schon in Brno und Prag in verschiedenen Inszenierungen gesungen. Meine Bedenken waren eher politischer Natur. Wie komme ich mit meinen deutschen Kollegen zurecht? Noch vor elf Jahren hatten die Tschechen im Protektorat Böhmen und Mähren gejubelt, als Russen die Deutschen verjagten und wir glaubten, wieder frei zu sein. Viele Wunden waren noch offen. Manche Leute haben mich beschimpft, daß ich bereit war, deutsch zu singen. Und wieviel von dem Übermensch-Denken ist noch in Deutschland übriggeblieben?

Die Meistersinger von Nürnberg
1981
Rudolf Asmus als Nacht-
wächter

Der Zug hält in der Endstation Berlin-Friedrichstraße. Ich will meinen Augen nicht glauben: Walter Felsenstein und Václav Neumann begrüßen mich herzlich. Ich fühle mich sehr geehrt. Andererseits bekomme ich es mit der Angst zu tun. Was für Wunderdinge werden hier von mir erwartet? Mein erstes Berliner Domizil ist das Hotel Johanneshof. Ganz oben unter dem Dach ein nettes Zimmerchen. In der Nacht träume ich von brüllenden Löwen. Aber es waren nur die Löwen aus dem gegenüberliegenden Winterquartier des Zirkus Busch.

Früh holt mich der Fahrer mit dem Dienstwagen der Komischen Oper zur Probe ab. Ein Fußweg von knapp zehn Minuten. Und schon wieder bohrt der Gedanke, ob ich die Erwartungen überhaupt erfüllen kann. Es muß raus. Vor Beginn der Probe spreche ich den »Chef« in diesem Sinne an. Er meint: *»Mir reicht schon, wenn Du kein Theater spielen wirst.«* Erst geraume Zeit später habe ich begriffen, was er damit meint. Natürlich war ich verseucht. Die fünfzehn Jahre, die ich schon an drei Opernhäusern agierte, hatten Spuren hinterlassen. Falsches Opernpathos gepaart mit falschen Gestikulationen spukten damals auf den Opernbühnen. Vierzehn Tage »arbeitete« man mit dem Regisseur (die Regieproben hießen damals Arrangierproben, und so sahen sie auch aus). Partnerbeziehungen kamen meist zufällig zustande, je nachdem, wieviel spielfreudige Sänger zusammentrafen. Das Eindringen in die Rolle wurde kaum gefragt. Nach zwei Wochen kam der Dirigent und gab seinen Senf dazu, schmiß manches um und fertig war die Chose. Viele Kollegen meinten: Wozu spielen? Ich stelle mich an die Rampe, furze mein fis, die Leute klatschen und sind zufrieden.

Übrigens: meine erste Probe war ein Fiasko. Der Chef wollte es ganz genau wissen: Wo kommt der Förster her, wo geht er hin, hat er die Nacht durchgezecht, ist er beschwipst? Und viele andere Fragen. Als ich meinen ersten Satz: *»Bald kommt ein Gewitter«* zum 31. Male sang (der Inspizient Günter Mandelkow hat mitgezählt), war ich nahe an der Verzweiflung.

Im Hause hatte das Werk zunächst nicht nur Freunde gefunden. Manche meinten: So ein moderner Scheiß, viel Arbeit und dann werden wir es fünfmal spielen, weil keiner mehr reingeht. Aber dann geschah ein Wunder. Ab der ersten Probe in Dekoration, in Kostüm, Maske und Beleuchtung liefen die Leute mit feuchten Augen durch die Gegend: *»Ach, ist das schön!«* Und so durfte das *Schlaue Füchslein* acht Jahre lang seine Streiche treiben und unsere Besucher beglücken. Für mich war es der Anfang einer großen Liebe zur Komischen Oper, die noch heute andauert.

Ein Sommernachtstraum
1961
Werner Enders als Thispe, Frank Folker als Wand und
Rudolf Asmus als Pyramus

Werner Enders

ABER …

Ritter Blaubart
1963
Ruth Schob-Lipka als Königin Clémentine, Werner Enders als Bobèche, Ingrid Czerny als Fleurette und Manfred Hopp als Daphnis

»Aber« war das meistgebrauchte Wort, das Solisten und Chorsolisten von Walter Felsenstein hörten. Ganz selten fehlte das kleine Wörtchen bei einer Kritik. Beispiel: *»Du machst das großartig, aber ich verstehe an dieser Stelle keinen Text.«* Oder: *»Genau so will ich es haben, es ist ausgezeichnet, aber Du machst an dieser Stelle immer eine Pause.«* Oder: *»Sehr gut! Aber die Geste muß nicht m i t , sondern v o r dem Einsatz kommen.«*

Als er eines Tages von einer Schauspiel-Inszenierung aus Westdeutschland zurückgekommen war, sprach er mich nach einer Aufführung an: *»Ich bin jetzt besonders allergisch gegen aufgesetzte Töne; aber was Du heute gemacht hast, war hervorragend!«*

Das war ein absolutes Lob! Diesmal aber kam es erst nach seinem *»Aber«.*

Der junge Lord
1968
Werner Enders als Adam
und Ruth Schob-Lipka als
Baronin Grünwiesel

Der brave Soldat Schwejk
1960
Werner Enders als Schwejk

Der junge Lord
1968
Werner Enders als Adam

Lear
1983
Werner Enders als Narr

Joachim Herz

WIDER DIE WILLKÜR, GENANNT FREIHEIT

Gerüchten zufolge soll es einen Mann gegeben haben, der Walter Felsenstein hieß und in Berlin zwar nicht das von der Besatzungsmacht gewünschte »Muzikalny Teatr«, das er ihr versprochen hatte, sondern die Komische Oper gegründet hat – vage Bezug nehmend auf die Opéra comique als Gegengründung zur Pariser Hofoper und sorglich vermeidend jede Erinnerung an die Komische Oper Hans Gregors, die es ja nicht weit von der Behrenstraße schon mal gegeben hatte. Wenn man als geistige Ahnfrau noch die Kroll-Oper eines Otto Klemperer und Jürgen Fehling einbezieht, wird das Bezugsgeflecht deutlich.

Des Gründers künstlerische Herkunft war eher ein Expressionismus als ein Realismus, den er auch – zumindest mir gegenüber – nie als Ziel genannt hat. *»Theater ist immer realistisch.«* Punktum.

Heute haben nicht die Regisseure das Sagen und erst recht nicht die Intendanten, sondern die Presse. Das Werk als ein Traum des Autors, dem der Regisseur, während dessen in Noten und Wörtern überlieferter Text abläuft, simultan seine Traumdeutung als Bühnenwirklichkeit überstülpt. Doch auch der Kritiker scheint irgendwann geträumt zu haben: Er setzt nun seinen Traum – nicht vom Werk, sondern von dessen Sujet, von den Assoziationen, die es möglicherweise vermitteln könnte – der Traumdeutung des Regisseurs entgegen. Hat der Regisseur Gleiches geträumt, so findet der Kritiker sich bestätigt und rühmt den Regisseur ob seiner Sehergabe.

Für das Musiktheater Walter Felsensteins – ein Begriff, den heute ähnliche Anführungszeichen zu zieren pflegen wie einst den Staat, der es ermöglichte und dem Walter Felsenstein es abzutrotzen wußte – für dieses Musiktheater gab es, jenseits aller Theorien, ein Argument: die Hunderte von Vorstellungen bei vielen seiner Produktionen und die zahllosen Besucher, die nicht einmal, sondern sechs- oder achtmal das gleiche Stück, die gleiche Interpretation in gleicher Besetzung sich angehört und angeschaut haben. Qualitätsgarantie wie heute beim Musical. Pannen inklusive. Die Unwiederholbarkeit des Theaterabends bei strengem Einhalten des geistigen Konzepts. Die Quadratur des Kreises, der Kunstgattung gemäß. Müßige Haarspalterei, was denn von den volltönenden Monumentalaussprüchen des Meisters heute noch *»gültig«* sei (eines seiner Lieblingswörter). Seine *»Zielgruppe«*, genannt Lieschen Müller, war stets ein intelligibles Lieschen Müller, ein Lieschen Müller, das man sich vorstellte; nie ein empirisch, etwa durch Demoskopie zu erfassendes. Fechtend gegen die Hofoper, auch als diese in unseren Breiten längst nicht mehr war als eine Strohpuppe, sah er offenbar geringen Grund, sich – außer in ein paar gelegentlichen Äußerungen – gegen das zu stellen, was statt dessen ins Kraut schoß: die Willkür, genannt Freiheit.

*Das Land Bum-Bum
(Der lustige Musikant)*
1978
Klemens Slowioczek als
Doppel-B-Moll II., König
von Bum-Bum, und Susan-
ne Brenning als Minister
Subdomunkulus

Lulu
1980
Klemens Slowioczek als
Tierbändiger und Ursula
Reinhardt-Kiss als Lulu

»*Partitur = Regiebuch*«, oft und gern von ihm behauptet. Keine Partitur vermag zum Klingen zu bringen in seiner Totalität, was auf einer Bühne gleichzeitig und im Nacheinander sich zu ereignen hat, sucht man die Vorgänge zu realisieren, die das Werk vorgibt. Jedoch was die Partitur zum Klingen bringt, das sollte doch wohl respektiert werden.

Von ernst zu nehmenden Rezensenten las man, der Zuschauer sei – heute – nicht in der Lage, aus einem Märchen, aus einer politisch verzahnten Story des 18. Jahrhunderts herauszulesen, was ihn das anginge. Um so schlimmer, wenn das Theater seine Zuschauer dahin gebracht hat, daß nur noch ein assoziativer Holzhammer ihm ein Licht aufgehen läßt über das, was gemeint ist – ein blendendes oder auch ein Irrlicht.

Der Ur-Satz der Historiker, nämlich, daß nicht alles zu jeder Zeit möglich war, sollte – zum Nutzen von uns heute – mal wieder bedacht werden, bevor man einen Brei anrührt aus historischen Bedingtheiten, die einander ausschließen. Gretchen und die Pille.

Wenn der Zuschauer nicht nur mitträumen, sondern mitdenken soll, dann müßte er wohl verstehen können, was da gesungen wird. Wobei ich weder beim *Troubadour* noch beim *Tristan* das Bedürfnis nach einer Übersetzung habe. Wohl aber den Wunsch, wenn deutsch gesungen wird, daß dieses Deutsch auch über die Rampe kommt. Oper verkommt zum Genußmittel (eine nicht gerade neue Problemstellung), wenn nur noch die melodiöse Linie, der ins Gedärm dringende Akkord nachvollzogen und nach deren Sinn nicht mehr gefragt wird – weil man ja eh' nix versteht. Natürlich können alle Besucher einer großen Opernbühne englisch, zumindest! Aber ein englisch gesungenes, englisch ausgesprochenes Laudanum (daß damit Opium gemeint ist, findet man im Lexikon)? Aber eine Schlüsselfigur des *Peter Grimes* bleibt, versteht man das Wort nicht, unverstanden, und der Hörer goutiert reines Secco als seltsam verhindertes Belcanto.

Doch die Fremdsprache, auch mit Übertiteln, bietet einen eminenten Vorteil; denn Hinhören und Zuschauen, nach oben Gucken und Lesen und zugleich auch noch Kombi-

Madam Butterfly
1978
Günter Neumann als Pin-
kerton, Jana Smitková als
Cho-cho-san und Friederi-
ke Wulff-Apelt als Suzuki

nieren, ob das, was da oben an Text erscheint, auch zu dem stimmt, was man ein paar Szenen zuvor erlebt hat – ein Menschenschlag, der das vermöchte, muß wohl erst noch com-
putergezeugt oder genmanipuliert werden.

Was Walter Felsenstein gefordert hat, war das Einfache, das schwer zu machen ist:
daß der Sänger selbst, ohne Gängelband, in eigener Person handeln, singend sich äußern,
leidend und begehrend das Werk und seine Musik entstehen lassen solle, im Augenblick
und immer wieder neu, verständlich für jeden, der aufgeschlossen und guten Willens ist.
Das Werk, das es schon gibt, nicht seine oder eines Regisseurs Gedankenspiele, wie wohl
heute (oder nach den Erlebnissen des gestrigen Abends!) das Stück, seine Bewältigung
eines Anliegens, eines Themas aussehen könnten.

Keine Aufführung vermag auszuschöpfen in allen Facetten, was ein Werk an Möglichkeiten anzubieten hat. Der Spielraum ist gewaltig...

Deutliche Anzeichen sprechen dafür, daß ein Publikum zwischen Scharlatanerie und
Bluff, tarnend handwerkliches Unvermögen, und einem Zugriff, der das Werk neu erschließt, anstatt es zu verzerren und zu verstümmeln, wohl zu unterscheiden vermag. Von
politischen Implikationen noch gar nicht zu reden. Wenn Befreiung im kommenden Jahrhundert nur noch konzertant vorstellbar, wie man uns einreden möchte anläßlich einer
Aufführung des *Fidelio*, einem *»Muster für das kommende Jahrhundert«* – armes kommen-
des Jahrhundert!

Möge die Komische Oper weiterhin Neuland erschließen und dabei den Kern nicht
aus den Augen verlieren, den ihr Gründer – vielleicht doch noch mehr als ein Gerücht? –
einst dem Hause eingepflanzt hat.

Friederike Wulff-Apelt

»Es kann dir nicht gut gehen!«

Mit 50 Jahren Komische Oper sind dreißig Jahre meines Lebens verknüpft – unfaßbar. Der Blick zurück bringt mir dominierend ein Gefühl der Dankbarkeit. Ich bin dankbar, an einer Kulturstätte arbeiten zu dürfen, die wegweisende Operngeschichte gemacht hat, dankbar, als Mosaiksteinchen am Kunstwerk Komische Oper gebraucht worden zu sein.

Auch wenn man kein Heldenfach sang, gab einem Prof. Walter Felsenstein – auch in kleinen Rollen – stets das Gefühl, außerordentlich wichtig und nicht ersetzbar zu sein. Auf diese Art war sein ganzes Ensemble ungeheuer stimuliert und einsatzbereit bis zum letzten.

Die Anregungen, die Felsensteins Komische Oper der internationalen Opern- oder Musiktheaterwelt gegeben hat, sind vielen Menschen heute kaum noch bewußt. Andere bedeutende Regisseure haben die Stafette übernommen, und in der Komischen Oper kämpft Prof. Harry Kupfer bewundernswert in seinen interessanten Operninszenierungen den Kampf mit der heutigen Zeit, die sehr viel Unsicherheit, Hektik und Grausamkeit bringt.

Den jungen begabten Sängern, die heute an der Komischen Oper singen, wünsche ich, sie könnten sich in einem Ensemble – wie eine Familie – ebenso geborgen fühlen, wie wir es erleben durften. Eine »Sängerfamilie« wächst zusammen, wenn alle über Jahre hinweg gemeinsam Musiktheater erarbeiten. Jede Persönlichkeit wächst von Stück zu Stück, von Partie zu Partie, und kennt die Partner genau. Nur so entsteht von der Bühne herab diese ungeheuer dichte Atmosphäre, in die sich das Publikum einbezogen fühlt – ein gemeinsames, gespanntes Erlebnis!

Der heute übliche Durchgangsverkehr im internationalen Sängerleben arbeitet gegen diese Einmaligkeit von Musiktheateraufführungen.

Konsequent forderte Prof. Felsenstein die »*Verwandlung in die Rolle*«. Als junge Sängerin mußte ich das erst begreifen. Ein kleines unvergessenes Erlebnis: Ich stieg als Hermia in den *Sommernachtstraum* von Benjamin Britten ein – die erste Partie, die Prof. Felsenstein mit mir erarbeitete. Kurz vor einer Vorstellung geht der »Chef« (wie oft) durch alle Garderoben. Mich fragt er: »*Wie geht es dir?*« Ich: »*Danke, gut, Herr Professor!*« Strenger Blick seinerseits: »*Es k a n n dir nicht gut gehen! Du irrst im Wald umher, suchst verzweifelt deinen Liebsten, etc. etc.*« Er erwartete, daß man sich mit Kostüm und Maske in die zu singende Rolle verwandelte. Und dann, wenn man nicht exakt den Text m e i n t e, den man sang! Der schreckliche Vorwurf, »*du tönst*«, klingt mir noch heute in den Ohren.

Das begeisterte Echo der Menschen – auch in anderen Ländern – bestätigt die Richtigkeit dieser Art von Kunst. Sollten wir uns diese Kostbarkeit nicht bewahren?

Ritter Blaubart
1963
Helmut Polze als Graf
Oskar und Rudolf Asmus
als Popolani

Helmut Polze

»SIE SIND MEIN GRAF OSKAR!«

Der 2. Juli 1964 ist für mich der Tag, der in mein Leben den Anfang eines mehr als erfüllten Berufslebens brachte. Frau Marianne Kasel, die persönliche Referentin von Prof. Walter Felsenstein, rief bei mir in Leipzig an und erbat einen Termin, kurzfristig zu Prof. Felsenstein zu kommen. Die Komische Oper hatte mich in Leipzig in zwei Inszenierungen von Erhard Fischer, in denen ich die Hauptpartien spielte, beobachtet, ohne daß ich dies wußte – *Pariser Leben* und *Die Banditen* von Jacques Offenbach. Am Samstag, dem 4. Juli, 10 Uhr war es soweit. Ich wurde in der Komischen Oper empfangen und in den 2. Rang in das zauberhaft eingerichtete Büro zu Prof. Felsenstein gebracht. Es war eine Begegnung, die menschlich und künstlerisch unvergessen sein wird.

Nach zweistündigem Gespräch bat er mich, mit dem wunderbaren Dirigenten und Menschen Karl-Fritz Voigtmann eine erste Probe zu absolvieren. 14 Uhr dann die große Probe für den Grafen Oskar im *Ritter Blaubart* mit dem »Chef«, wie wir ihn immer nannten.

Nach dreistündiger harter Arbeit sagte er zu mir: *»Sie sind mein Graf Oskar!«* Und es wurde sofort ein Vertrag besprochen. Daraus wurden noch über elf Jahre (bis zu seinem Tod) wundervolle Arbeit mit dem großen Bühnenzauberer Felsenstein.

Die Komische Oper hat mir das gegeben, was man nur mit Dankbarkeit als Erfüllung eines reichen Lebens bezeichnen kann.

VOLKSOPER

E s sind sehr persönliche Erfahrungen und Erinnerungen, die mich an die Komische Oper binden. Zwanzig Jahre lang war sie meine künstlerische Heimat. Es war die große Zeit Walter Felsensteins. Ich durfte von ihm lernen, für ihn und mit ihm arbeiten, zuerst als Dramaturg und Regieassistent, zuletzt als sein Oberspielleiter. Er selbst sorgte dafür, daß sich die Anbetung auch kritische Distanz erwarb, bis die Abnabelung als ebenso folgerichtiger wie schmerzlicher Prozeß unvermeidlich wurde. So blieben Respekt, Zuneigung, Liebe zu ihm, Bewunderung und Dankbarkeit dauerhaft und unbeschädigt.

Als ich als Student zu einem Praktikum 1951 an die Komische Oper kam, probte Felsenstein gerade mit Hans Reinmar *Falstaff*. Ein Jahr danach begann er mit den Vorproben zur *Zauberflöte*. Ohne dazu aufgefordert zu sein, machte ich Probennotate. Vom Weimarer Theaterinstitut Maxim Valentins her war ich anfangs auf das Stanislawski-System geeicht

Don Quichotte
1971
Ulrik Cold als Don
Quichotte und Rudolf
Asmus als Sancho Panza

und glaubte, verblüffende Verwandtschaften zwischen den Reformansätzen des russischen Theatermannes und Felsensteins Praxis zu entdecken. Stanislawski: *»Lernen Sie, mit dem Ton zu handeln«.* Felsenstein: *»Zeige mir, warum Du singst, w a r u m Du als Rollenfigur so und nicht anders singen m u ß t !«* Natürlich waren auch die national- und generationsbedingten Unterschiede zwischen den beiden großen Theaterleuten beträchtlich. Gleichzusetzen ist da nichts, zumal bei Felsenstein die langjährigen Erfahrungen als Regisseur in Österreich, Deutschland und der Schweiz eingeflossen waren, besonders aber das Erlebnis Jürgen Fehling, über den er oft, abends auf der Probebühne, wenn die Sänger schon gegangen waren, im Kreise der Assistenten sprach.

Aber immerhin dienten meine Aufzeichnungen dazu, in Felsensteins I d e e vom Musiktheater, die er mit der Komischen Oper I n s t i t u t i o n werden ließ, eine M e t h o d e auszumachen. Das taugte eine Weile und verstärkte den Einfluß, den die Komische Oper auf die Veränderung und Entwicklung des Opernspielens weithin ausübte.

Porgy und Bess
1970
Carolyn Smith-Meyer als Bess und Manfred Krug als Sporting Life

Felsenstein selber war aber immer am skeptischsten gegenüber jeder Form von Schablonisierung. Trieb er *Othello* in die unmittelbar packende »Identifikation«, übte er bei *Ritter Blaubart* mit Lust die »Verfremdung«. Und während er »Werktreue« predigte und anwandte, richtete er sich nichtsdestoweniger mit dem *Schlauen Füchslein* und *Hoffmanns Erzählungen* seine eigenen Fassungen für diese so erfolgreichen Inszenierungen ein. Vielleicht half die M e t h o d e uns Jüngeren nur, sie auch anderswo anzuwenden beziehungsweise alle denkbaren Modifikationen zu erproben. Auf diese Weise wurden aus den »kleinen Felsensteins« eben wohl doch nicht nur »Kieselsteine«, wie manche der Intendanten der damaligen DDR unsereins zu bezeichnen beliebten.

Ich durfte an der Komischen Oper *La Bohème, Fra Diavolo, Tosca, Così fan tutte, Salome, Jenufa, Die Heimkehr des Odysseus, Der Troubadour, Der letzte Schuß, Aida, Porgy and Bess* und *Don Quichotte* inszenieren. Das waren meist glücklichste Erlebnisse mit dem ganzen Team, ausgenommen die zunächst letzte Regie des Peter Hacks/Siegfried Matthus-

rechte Seite:
Der letzte Schuß
1967
Jaroslav Kachel als Leutnant und Lydia Sacharenko als Marjutka

Opus' mit dem für mich sardonischen Titel *Noch ein Löffel Gift, Liebling?* Nach dem Mauerfall wurde mit Prof. Dr. Werner Rackwitz und den Schwetzinger Festspielen eine neue Annäherung vereinbart: die Koproduktion von Matthus' *Desdemona und ihre Schwestern.* Aber diese Geste zugunsten einer engeren Zusammenarbeit zwischen Komischer Oper und Deutscher Oper wurde von der Berliner Kulturpolitik Anfang der neunziger Jahre gar nicht zur Kenntnis genommen. Darüber staune ich immer noch.

Wie es meinen Kollegen Joachim Herz und Harry Kupfer nach Felsensteins Tod gelungen ist, die Komische Oper in den wechselvollen Zeitläuften künstlerisch auch auf neue Wege zu führen, habe ich von außen mit Interesse und Respekt verfolgt. Das internationale Echo auf prägende Inszenierungen hat den Ruf dieses speziellen Musiktheaters aufrechterhalten. Sein Profil ist nicht allein damit zu beschreiben, daß hier alle Werke in deutscher Sprache gegeben werden, obwohl dies natürlich eine wichtige Grundlage war und bleibt für das eigentliche Ziel: Experiment als Volksoper = Volksoper als Experiment.

Ein solches Musiktheater wird auch in einer künftigen Opernstadt Berlin seine unverzichtbare Rolle spielen, besonders dann, wenn der Atem, den das schöpferische Genie Felsensteins dem Haus eingeblasen hat, auch in seiner Ethik fortwirkt.

Und falls das zu hoch gegriffen klingt, hat sich die Komische Oper, wie wir alle, nur immer wieder der Frage Felsensteins zu stellen: WARUM?

rechte Seite:
Desdemona und ihre Schwestern
1992
(Koproduktion mit der Deutschen Oper Berlin und den Schwetzinger Festspielen)
Lucy Peacock als Desdemona und Karan Armstrong als Megara

Nach der Uraufführung von *Desdemona und ihre Schwestern* (Koproduktion mit der Deutschen Oper Berlin und den Schwetzinger Festspielen)
1992
Siegfried Matthus, Christine Brückner, Götz Friedrich, Lucy Peacock, Yvonne Wiedstruck, Karan Armstrong, Annette Zepperitz, Rolf Reuter, Peter Edelmann, Clemens Bieber, Reinhart Zimmermann, Uwe Peper, Josef Becker

Reinhart Zimmermann

ERLEBNISSE AM RANDE

Zu den Spuren, die die Komische Oper hinterließ, gehören auch Ereignisse und Erlebnisse am Rande, offizielle und ganz persönliche. Dazu zählt für mich, auch nach fast vier Jahrzehnten unvergeßlich, unser Gastspiel 1959 in Moskau, das erste eines deutschen Opernhauses nach dem Zweiten Weltkrieg in der Sowjetunion und unter Bedingungen, die gemessen an der heutigen Ratio kommerzieller Tourneen wie eine Geschichte aus 1001 Nacht anmuten.

Eine Reise in Freundesland, wie es hieß, aber für viele von uns einst Feindesland, bekannt und unbekannt zugleich.

Ich reiste mit dem Technikerzug – zwei Passagierwaggons und hintendran acht Güterwagen mit den Dekorationen für drei Opern: *Die Zauberflöte, Albert Hering* und *Hoffmanns Erzählungen.* In Polen wurde der Zug beschossen, aber wir erreichten unversehrt die Grenzstadt Brest. Unser Magazinmeister wäre fast erfroren. Er hatte bei einem Halt auf freier Strecke die Güterwagen kontrolliert, und der Zug fuhr weiter, ehe er in sein warmes Abteil zurückkehren konnte, also vier Stunden leicht bekleidet im Bremserhäuschen. Der Aufenthalt in Brest war lang und kalt, bis es plötzlich hieß: Alle raus, die gesamte Dekoration auf andere Wagen umladen mit Breitspur, unsere Wagen werden nicht umgesetzt.

Die Knochenleimkaschierungen splitterten in der Kälte wie Glas; die Ausmaße der neuen Wagen waren andere, alle Ordnung geriet durcheinander. Es wurde Nacht, bis wir schließlich weiterfahren konnten. Auch die Passagierwaggons hatten gewechselt. Breit, hoch, geräumig – mit einem Speisewagen und einem sibirischen Reiseleiter von überwältigender Statur und Herzlichkeit. Schampus und Wodka, bunte Limonade und nationale Küche auf der Fahrt durch, wie es uns damals erschien, unermeßliche verschneite Weiten. Und endlich Moskau: Wir wohnten exklusiv, speisten auf Staatskosten fürstlich, und wer Zeit fand, dem stand – kostenlos – ein schier unerschöpfliches touristisches und kulturelles Angebot zur Verfügung. Ich klebte und malte mit meinem russischen Kollegen Gennadi an den Dekorationen; wir beleuchteten jede Nacht bis 2 Uhr und hätten noch länger gemacht, aber dann läutete einer unserer Beleuchter die echten »Boris«-Glocken im Schnürboden und es war Feierabend. Für die Installation der Gondel mit den drei Knaben der *Zauberflöte* kamen Spezialisten vom Künstlertheater. Als die Gondel endlich hing und herunterfahren sollte, wollte keiner einsteigen, nur mein verehrter Meister Rudolf Heinrich, gestärkt mit Wodka, traute sich, und, laut den Choral der Knaben singend, schwebte er herab. Wir spielten einen Monat vor ausverkauftem Haus, jeden Abend blieben Hunderte ohne Karten draußen vor. Ich saß jeden Abend in einem Moskauer Theater, meistens im Künstlertheater,

Die Hochzeit des Figaro
1975
Bühnenbild: Reinhart
Zimmermann.
Ursula Reinhardt-Kiss als
Susanna, Jozsef Dene als
Figaro, Uwe Kreyssig als
Graf Almaviva, Magda-
lena Falewicz als Gräfin,
Rudolf Asmus als Bartolo
und Ruth Schob-Lipka als
Marzelline

wo es die unbeschreiblich faszinierenden musealen Aufführungen Konstantin Sergejewitsch Stanislawskis zu sehen gab, und durchstreifte trotz der Kälte die Stadt bis in ferne
Winkel. Als ich einmal jede Orientierung verloren hatte, blieb nur noch das Taxi für die
Rückfahrt. Der Fahrer war vielleicht dreißig Jahre alt und erzählte mir ganz ungezwungen,
wie zu einem alten Kumpel, daß er seine ganze Familie im Krieg gegen die Nazis verloren
hatte. Ich konnte nichts sagen, nur zuhören, aber nun waren wir Freunde. Und noch etwas:
Im oberen Rang des Theaters gab es runde weiße Säulen. An der fünften von links stand
jeden Abend während der Vorstellung ein Mädchen, das uns im Studentenjob die Gardero-
be abnahm – wir sind seit vielen Jahren verheiratet.

DREIMAL DREI FRAGEN AN OPERNDIREKTOR HARRY KUPFER

E. SCHMIDT: Viel wird in der Jubiläumsspielzeit vom Gründer der Komischen Oper, von Walter Felsenstein die Rede sein, oft wird an ihn erinnert werden. Aber fünfzig Jahre umfassen fast zwei Generationen. Die Prinzipien der Musiktheaterarbeit dieses Hauses sind inzwischen nicht nur unter den Ausnahmebedingungen der Komischen Oper, sondern auch unter den komplizierteren Bedingungen des Repertoirebetriebs von Stadttheatern erprobt worden (vor allem von Joachim Herz in Leipzig und von Carl Riha im damaligen Karl-Marx-Stadt), auch an Werken, die Walter Felsenstein für seine Methode nicht oder noch nicht geeignet erschienen. Wie halten Sie es mit der Tradition der Komischen Oper? Gilt Ihnen Gustav Mahlers Wort, Tradition sei Schlamperei, als grundsätzliche Wahrheit oder würden Sie den Begriff auch positiv fassen können?

H. KUPFER: Man muß einfach benennen, was man unter Tradition verstehen will, was man für bewahrenswert hält. Dazu gehört zuallererst, daß wir immer wieder fragen: Wie schaffen wir es, mit den Werken, die wir auswählen, die Brücke zum Heute zu schlagen, so daß erregende, zumindest diskussionswürdige Theaterabende zustande kommen. Das ist Fortsetzung einer Tradition. Denn durch Felsenstein gehört die Oper wieder zu den theatralischen Künsten, das heißt eben auch, daß sie zur Vermittlung von Inhalten da ist. Daran müssen wir gerade angesichts der gegenwärtigen Debatten festhalten. Daß sich die Zeit gewandelt hat, daß sich die Blickwinkel verändert haben, daß Erfahrungen des Brecht-Theaters und anderer Theaterentwicklungen Eingang in die Komische Oper fanden und mit deren Prinzipien fruchtbar fusionierten, zeigt doch: Tradition wird hier nicht als etwas Festgefügtes, Starres, sondern als etwas Lebendiges, in Bewegung Befindliches begriffen. Unumstößlich aber bleibt nach wie vor, daß wir mit Theater etwas aussagen möchten, uns damit an breiteste Publikumsschichten wenden und deshalb dabei bleiben, nur in deut-

Harry Kupfer auf der Probe

Giustino
1984
Jochen Kowalski als Giu-
stino und Rudolf Asmus
als der Orgelspieler aus
dem Berg

scher Sprache zu singen. Auf solche Weise grenzen wir uns von einem rein kulinarischen
Opernbegriff ebenso ab wie von Oper als elitärem Festival. In solchem Verständnis würde
ich den Begriff Tradition verstehen und lebendig erhalten wollen.

E. SCHMIDT: Würden Sie sagen, daß die Komische Oper noch immer, wie zur Zeit Felsensteins, unter Ausnahmebedingungen arbeitet?

H. KUPFER: Aber natürlich. Der Vergleich mit anderen Theatern macht das doch deutlich.
Wir haben, in einem weiteren Sinne als damals, einen Repertoire- und Ensemblebetrieb.
Den realisieren wir auch mit Gästen. Diese aber sind fest in das Ensemble integriert, verhalten sich wie Ensemblemitglieder und werden auch so behandelt. Wo gibt es das sonst
noch, daß Sänger – außer in Notfällen – nicht ohne Proben in Vorstellungen eingefügt werden? Manchmal müssen wir sogar das Abendprogramm ändern, weil das Publikum auch
zur zwanzigsten oder fünfzigsten oder hundertsten Vorstellung das Recht hat, eine probierte und im Sinne der Konzeption ausgeführte Vorstellung zu erleben.

Die Probenzeiten entsprechen dem, was notwendig ist, ohne den Druck, eine bestimmte
Anzahl von Inszenierungen pro Spielzeit unbedingt zu brauchen. Die Planung richtet sich
danach, was unter unseren Bedingungen möglich ist, und das wird eingeräumt. Quantitativ
probieren wir ja für die Vorstellungen mehr als vor der Premiere, um sie lebendig zu erhalten.

Dazu kommt die rollenidentische Besetzung, die wir praktizieren. Auch das ist an
vielen anderen Opernhäusern nicht üblich. Da wird meist nach dem Stimmfach oder nach

Die Hochzeit des Figaro
1986
Christiane Oertel als
Cherubino und Dagmar
Schellenberger als
Susanna

Julius Caesar in Ägypten
1993
Sabine Paßow als Kleopa-
tra und Axel Köhler als
Julius Caesar

Judith
1985
Eva-Maria Bundschuh als
Judith, Solisten und Chorsolisten

der lautesten beziehungsweise nach der schönsten Stimme besetzt. Ich finde es schon wichtig, daß bei uns die Liebespaare möglichst jung sind. Wir können uns deshalb auch als ein
Nachwuchstheater bezeichnen.

E. Schmidt: Wie würden Sie die Unterschiede Ihrer Arbeit zu der Walter Felsensteins
beschreiben und was unterscheidet darüber hinaus die Komische Oper heute von ihren
ersten Jahrzehnten?

H. Kupfer: Ich will vorausschicken: An der Arbeit Felsensteins faszinierte mich die poeti-
sche Realisierung seiner exemplarisch gründlichen Konzeptionen, die künstlerische Sinn-
gebung, die Ehrfurcht vor dem Werk, die schlüssige Begründung für das Singen als wahr-
hafte Äußerung auf dem Theater, überhaupt der Wahrheitsfanatismus dieses großen Theatermannes.

Aber heute ist der Positivismus seiner Interpretationen nicht mehr möglich. Bei Felsenstein erklärte er sich aus der Nachkriegssituation und dem notwendigen Neuaufbau. Sein Glaube an eine bessere Welt war ja in dieser Aufbruchszeit zunächst vollkommen verständlich. Seine *Zauberflöte* gab wohl das eindrucksvollste Beispiel dafür. Wir haben aber im Laufe der Zeit lernen müssen, mit den Ergebnissen dieses Neubeginns politisch umzugehen. Daraus resultierte eine differenziertere, kritischere Weltsicht, die inzwischen auch mit den unmittelbaren Erfahrungen aus zwei sich grundsätzlich unterscheidenden gesellschaftlichen Systemen genährt worden ist. Wichtig finde ich außerdem die von Bertolt Brecht herkommende Anregung eines dialektischen Theaters. Diese Entwicklung lief ja parallel zu der Felsensteins und hat nicht nur mich ungemein stark angeregt. Daraus ergab sich ein ganz neues Verständnis für die Interpretation der Realität und natürlich auch der Welthaltigkeit von Kunstwerken. Die Entdeckung der Möglichkeit, szenische und musikalische Mittel kontrapunktisch zueinander einzusetzen, eröffnete mir neue Wege für die theatralische Phantasie. Außerdem habe ich einen Hang zu hoher Stilisierung, weg von naturalistischem Theater. Den verdanke ich Wieland Wagner. Auf solche Weise, durch die sinnvolle Fusion verschiedener Theaterkonzepte, konnten die Musiktheater-Theorien Felsensteins weiterentwickelt werden. Ich lebe in einer anderen Zeit als der Gründer der Komischen Oper, habe meine eigenen künstlerischen Vorstellungen, bringe meine Erfahrungen und die meiner Generation mit ein. Und das Theater verändert sich auch weiterhin ständig. Aber den methodischen Grundprinzipien, der fanatischen Wahrheitssuche, der künstlerischen Ehrlichkeit Felsensteins fühle ich mich durchaus stark verpflichtet und möchte dies alles auch für die Komische Oper in Anspruch nehmen.

E. SCHMIDT: In letzter Zeit, nunmehr wohl schon seit etwa drei Jahren, wird von bestimmten Rezensenten gern, manchmal recht bösartig, ein *»frischer Wind«* in der Komischen Oper verlangt. Man solle, so heißt es da, Harry Kupfer endlich *»seine Spielwiese wegnehmen«*, man solle *«das Haus an die künstlerische Kandare nehmen«* (was ist das eigentlich?) und *»einem Dekonstruktivisten geben«*. Es wird das Lob der *»Unbekümmertheit«* gesungen, die auf *»Ideologie«* verzichte.

H. KUPFER: Das alles richtet sich doch ganz ausdrücklich gegen die Grundprinzipien der Komischen Oper, gegen die Gründlichkeit und den Ernst unserer künstlerischen Arbeit, für die wir ja nicht dem Kritker X oder Y verantwortlich sind, sondern unserem Publikum. Der frische Wind der Unbekümmertheit ist nichts anderes als eine Ideologie der Gedankenlosigkeit, die uns auf den Zustand der Oper v o r Felsenstein zurückwerfen und unsere Kunstgattung in den Rang einer Sahnetorte zurückstufen würde, und Brechts Feststellung, daß *»das Denken eine der größten Vergnügungen der menschlichen Rasse«* sei, müßte offensichtlich als ideologischer Fauxpas gelten. Kurz und gut: Dagegen setze ich gern einen Aphorismus des polnischen Satirikers Stanislaw Lec: *»Gegen wen ich denke? Gegen diejenigen, die es mir verbieten.«* Das habe ich vor der Wende so gehalten und so werde ich es

Der gewaltige Hahnrei
1994
Hans-Otto Rogge als
Estrugo, Günter Neumann
als Bruno, Yvonne Wied-
struck als Stella und Chorsolisten

Die Fledermaus
1995
Jochen Kowalski als Prinz
Orlofsky, Alexander
Marco-Buhrmester als
Falke, Klemens Slowioczek
als Frank und Chorsolisten

auch weiter halten. Wer verlangt, daß ich Theater nicht ernst nehme, den kann ich nicht ernst nehmen.

E. SCHMIDT: Damit erübrigt sich fast meine nächste Frage. Vor der Wende fragten Opernbesucher oft, der ideologischen Indoktrinierung bewußt oder unbewußt entsprechend, in aller Naivität: *»Inszenieren Sie eigentlich im Westen anders als zu Hause?«* Heute scheinen andere – und manche, wie man sieht, weit weniger naiv – zu fragen: *»Warum inszeniert der Kupfer eigentlich nach der Wende nicht anders als vorher?«*

H. Kupfer: Ich muß mein künstlerisches Konzept unter den veränderten politischen Bedingungen nicht ändern, denn es war schon immer darauf ausgerichtet, die komplizierten Geschichten individueller Verwirklichung von Menschen unter bestimmten gesellschaftlichen Verhältnissen zu zeigen. Das ist das Thema der Kunst, dem ich mich engagiert widme. Im übrigen haben wir vor der Wende an der Komischen Oper unter Schwierigkeiten Kunst gemacht, und heute machen wir unter neuen Schwierigkeiten Kunst. Die Frage ist allein: haben wir etwas getan, das wichtig für die Menschen war? Konfliktstoffe gibt es genügend. Sie sind ja mit dem Ende der DDR nicht aus dem Leben verschwunden. Es gibt neue Probleme, und auch jetzt ist die Welt nicht absolut in Ordnung. Allerdings können wir solche Fragen heute offen und öffentlich verhandeln. Wir müssen sie nicht mehr maskieren. Und da wir nicht in genügendem Maße neu geschriebene Stücke haben, die sich damit auseinandersetzen, wird der Widerspruch, der den Brückenschlag vom Historischen ins Heute künstlerisch so reizvoll macht, nach wie vor bestehen bleiben. Im Gegensatz zu früher erwarten aber manche Kritiker heute von mir, daß ich meine Konzeptionen im Optischen austrage. Wenn ich ihnen das verweigere, nennen sie mich konzeptionslos, denn sie sind es nicht gewöhnt, genau hinzuschauen und zu sehen, was sich zwischen den Menschen ereignet. Wenn es konkret wird, dann sind bestimmte Leute immer ganz empfindlich. Bei mir ist es aber nun einmal so, daß das, was ich meine, auch zu hören und zu sehen ist. Es gibt ja so etwas wie »Bühnenbild-Inszenierungen«. In ihnen sieht man eine verrückte Ausstattung, in der Personen agieren wie von der Souffleuse der Mailänder Scala arrangiert. Weil das Bild irgendwie abstrus ist, wird es für sensationell gehalten. Die Hauptsache ist dabei, daß man sich nicht bekennen muß.

E. SCHMIDT: Angesichts der gelegentlich an Sie und die Komische Oper gerichteten Forderungen darf man zweifellos auch umgekehrt fragen: was verlangen Sie von einem Opernkritiker?

Die verkaufte Braut
1985
Sabine Paßow als
Mařenka und Andreas
Conrad als Vašek

Die lustige Witwe
1986
Eva-Maria Bundschuh als
Hanna Glawari, Maarten
Flipse als Danilo und
Chorsolisten

H. KUPFER: Ein Zuschauer darf ohne Begründung einfach sagen, dies oder jenes gefällt mir nicht, obwohl es für uns sicher produktiver wäre, die Gründe zu erfahren. Aber der Zuschauer ist kein Fachmann und muß es keinesfalls sein. Wir spielen schließlich für ganz normale Menschen, nicht für Eingeweihte. Der Kritiker jedoch sollte ein Fachmann sein und – nach meinem Verständnis von öffentlichem Wirken – nicht ohne Angabe von Gründen loben oder tadeln. Ich erwarte schließlich von ihm, daß ich durch seine Kritik die Stärken, vor allem aber auch die Schwächen meiner Arbeit wahrnehme.

E. SCHMIDT: Was ist für Sie eine moderne Operninszenierung?

H. KUPFER: Ich halte den Begriff »modern« im Zusammenhang mit ernsthafter künstlerischer Arbeit für einen unzulässigen Terminus. Er hat zu intimen Zusammenhang mit saisonbegrenzter Mode und deren Geschmacksfragen. Mir wäre sympathischer, man spräche statt dessen von heutiger oder gegenwärtiger Operninszenierung, die den Opernbesucher wirklich erreicht und betrifft. Man muß dem Publikum ein Theatererlebnis bieten, muß es so fesseln, daß es erregt aus der Vorstellung geht. Wir müssen Stoff liefern für Diskussionen und Fragen. Wenn alle Probleme mit dem Fallen des Vorhangs gelöst sind, ist Theater letztlich sinnlos. Wenn man wach und hellhörig ist und auch das Glück hat, den Finger auf den Wunden der Zeit zu haben, dann gibt es ein erregendes Kunsterlebnis. Und dafür ist der Begriff »modern« einfach zu eng.

E. SCHMIDT: Interessiert eigentlich heute einen Opernregisseur noch der Begriff Werktreue?

H. KUPFER: Selbstverständlich, wenn man den Begriff richtig versteht. Es kann dabei nicht um philologische Buchstabentreue gehen. Selbst Kommentare der Autoren werden ja erst brauchbar, wenn man sie unter gegenwärtigen Gesichtspunkten interpretiert. Andererseits kann es mich wütend machen, wenn ein Regisseur versucht, sozusagen Hurerei mit dem Werk des Dichters, des Komponisten und letztlich mit dem Theater zu treiben. Den Mißbrauch eines Stücks zur Selbstdarstellung des Interpreten lehne ich strikt ab. Natürlich gibt es bei der Zerstörung von Text und Musik gelegentlich ganz interessante Ergebnisse – ich habe solche Aufführungen erlebt –, aber sie sind ganz und gar nicht meine Welt. Der Interpret von heute muß versuchen zu erkennen, wo bestimmte Aspekte und Motive eines überlieferten Werkes ihre Wurzeln haben, was sie einmal bedeuteten, aber auch, was sie heute nicht mehr oder wieder bedeuten. Mit dem letzteren meine ich nicht, daß man dem Werk etwas aufpfropfen oder es umbiegen sollte. Aber man ist verpflichtet, die Aspekte herauszufinden, die uns heute besonders angehen. Dann kann man von Werktreue auch dann sprechen, wenn ein völlig anderes Interpretationsbild entsteht als das tradierte. Schließlich reichert sich ein Werk im Laufe der Geschichte mit ursprünglich vielleicht gar nicht geplantem Sinn an und gibt ihn ab an den, der es aufmerksam genug mit den Augen seiner eigenen Gegenwart betrachtet. Jede Generation entdeckt überlieferte Kunstwerke wieder neu, und einstige in ihnen gespeicherte Wahrheiten müssen nicht unbedingt mit den Wahrheiten identisch sein, die man heute darin entdeckt, weil die Welt eine andere geworden ist. Theater funktioniert nur, wenn man auch in alten Stücken das entdeckt, was für das Heute wichtig ist. Genau diese Dinge sind es, die man inszenieren muß, um einem Werk gerecht zu werden, um Werktreue in ihrer umfassenden Bedeutung zu realisieren.

E. SCHMIDT: Und wie geht die Komische Oper in ihr sechstes Jahrzehnt?

H. KUPFER: Die Komische Oper muß ihren seriösen Prinzipien treu bleiben und in solchem Sinne ihren Charakter behalten, mit unterschiedlichen Handschriften verantwortlich aktuelles Musiktheater zu praktizieren. Wir müssen das Ohr am Puls und am Atem der Zeit haben und versuchen, darauf zu reagieren. Wir dürfen und werden weder in vordergründige, inhaltslose Unterhaltung, noch in die Unverbindlichkeit von Modischem oder ins elitäre Festival abgleiten. Wenn uns das alles gelingt, gehört der Komischen Oper auch die Zukunft.

*Das Märchen vom Zaren
Saltan*
1993
Gabriele Rossmanith als
Schwanenprinzessin und
Donald George als Zare-
witsch Gwidon

VERWANDLUNG UND VERANTWORTUNG

Ein halbes Jahrhundert Komische Oper und Walter Felsenstein, sein Name, sein nie
gewolltes und doch entstandenes Programm. Ist es nur eine Frage der Pietät oder ist es
uns noch wirkliches Bedürfnis, daran zu denken?

Allein der Gedanke, der alte Herr würde plötzlich im Zuschauerraum sitzen und auf
unsere Vorstellungen sehen, verursacht eine solche Aufregung, gemischt aus Freude und
Magendrücken, und wischt das angemahnte Geburtstagsprotokoll und damit jede Routine
vehement vom Tisch. Es ginge nicht darum, sein Urteil zu hören, zuviel hat sich gewandelt,
die Welt, die Kunst, das Theater, Organisationsformen im Theater usw. Es ginge nicht
darum, Zensuren entgegenzunehmen, denn wir sind Schüler in diesem Sinne nicht. Wichtig wäre nur, ob wir sein Interesse wecken könnten. Alles hat sich verwandelt, das ist klar,
die Frage gilt unserer eigenen Haltung in diesem Prozeß. Wieviel lassen wir einfach geschehen, wann ist Widerstand gegen flotten Ausverkauf und Wechsel angesagt? Wann wird wie-

Rienzi
1992
Annette Küttenbaum als
Adriano, Susan Anthony
als Irene, Günter Neu-
mann als Rienzi und Chor-
solisten

La Cenerentola
1994
Hans-Joachim Porcher als
Don Magnifico,
Christiane Oertel als
Angelina
Ilya Lewinsky als Prinz
Don Ramiro und Chorsoli-
sten

Ilya Lewinsky als Prinz
Don Ramiro und Christia-
ne Oertel als Angelina

der Zivilcourage n i c h t mobilisiert und künstlerisches Unbehagen gegen Sachunverstand n i c h t deutlichst formuliert? Wann aber verwandeln wir uns wirklich? Diese echte Verwandlung, aus der es kein Zurück, sondern nur einen Schritt hin zu Offenem und zum Risiko geben kann, das war es, was er liebte und atemlos zu gestalten wußte.

Der für mich lohnendste Aspekt in der Arbeit ist das Erhellen dieses Verwandlungsmoments, das Transparentmachen von Gründen und die gleichzeitige Scheu vor der Zerstörung des Geheimnisses. Aufregend ist immer wieder der Balanceakt zwischen Begreifen, Analyse, möglicherweise perfektem Röntgenbild einerseits und Unausgesprochenem, Unaussprechbarem, Verhülltem andererseits. Diese Balance birgt die Faszination von Leben wie von Kunst.

Wann ermöglicht das Erhellen abzuspringen, ins unbekannte Gebiet und wann gerade verstellt es kleinlich und rechnerisch das zu Erforschende und zu Erfühlende? Welche Neugier, den Willen des Autors, eines fremden, fernen Menschen zu erkennen und zu

Cardillac
1990
Yvonne Wiedstruck als Die
Tochter und Theo Adam
als Cardillac

erspüren, den Punkt zu finden, an dem sein Interesse an Menschen und Situationen sich mit meinen an ebendenselben Figuren verbindet. Die Handlungen, Gefühle, Schicksale von Bühnenfiguren führen auf magische Weise das Wollen und Träumen der Autoren mit dem der Interpreten und letztendlich dem des Publikums zusammen. Über Zeiten, Räume, Kulturen und Religionen hinweg kann dieser ungeheuerliche Vorgang passieren. Vom Moment ihres Hervortretens aus der Phantasie der Autoren entwickeln diese Bühnenwesen ein geradezu irrationales Eigenleben, füllen sich an mit Erfahrungen derer, die sie betrachten und interpretieren, verführen diese wiederum zu nie für möglich Gehaltenem. Obwohl fest gebannt durch Note und Wort, verwandeln sie sich im Laufe der Zeiten auf das frappanteste. Wann verlangt der Wille des Autors langsames, respektvolles Sich-Nähern, während aus unserem Zeitgefühl die Forscherattacke schneller zum Ziele führen würde? Wann sind wir noch eifrig um Begründung bemüht, wo ein einziger Orchesterschlag unausweichlich eingetretenes Schicksal hinstempelt? Welch eine Herausforderung ist zum Beispiel der Versuch, die vielleicht größte (auch zeitlich ausgedehnteste) Verwandlung auf der Opernbühne im 20. Jahrhundert zu erfassen – »*die Metamorphose Daphnes in einen Baum*«. Wieviel Kraft eines Menschen, wieviel gesellschaftliche und politische Ohrfeigen liegen in diesem scheinbar so idyllischen Vorgang, nur noch als silberglänzendes Laub existieren zu wollen. Wieviel Sinn in der Verweigerung gegenüber einer falsch verstandenen hellen expandierenden Welt, wie sie sich zu Beginn unseres Jahrhunderts zwischen den zwei Weltkriegen

*Il Trittico
(Schwester Angelica)*
1994
Fionnuala McCarthy als
Angelica, Solisten und
Chorsolisten

darstellt, und wieviel Sinnlosigkeit zugleich in diesem Sich-ins-Mineralische-zurückziehen des nicht gelebten Frauenlebens. Erinnernd an einen zweiten Versuch im Kunstwerk des 20. Jahrhunderts: Verwandlung der quasi schockgefrorenen Prinzessin Turandot in eine liebende Frau und spiegelbildlich dazu die Verwandlung des Mannes hin zu einem neuen, bis dahin überhaupt ungekannten Geschöpf. Ein Versuch, der abbricht, als die Verwandlung beider stattgefunden hat und sie nun in die Öffentlichkeit treten müßten. Die Anbindung dieser Geschichte aus dem Privaten nun vor »die Masse« hat nicht stattgefunden. Stattgefunden aber hat der Tod der sich opfernden Sklavin Liù. Die Frau als Dienerin muß im wahrsten Sinne des Wortes sterben, damit eine andere und doch auch liebende Frau erscheinen kann. Unbarmherzig und unausweichlich sprechen die Rätsel der Turandot von der Wildheit und dem Blut in den Geschichten zwischen Menschen, aber auch von ihrer Untrennbarkeit von Welt und Politik überhaupt. Jede Art von Zweisamkeit spricht von Gemeinsamkeit.

Verwandlung dieser Art meint nicht den schnellen Erfolg, den Trick, sondern nimmt auch die Mühe auf sich, alles Vergangene zu durchfühlen und zu durchdenken, eben nicht bloß wegzuwerfen oder zu verdrängen, sondern wirklich zu entscheiden, was Bestand hat. Mit solcher Haltung hat Felsenstein Positionen für das Ansehen der Gattung Oper erkämpft, von denen abzurücken kurzsichtig und dumm wäre. Natürlich wußte er wie kein anderer, daß Verwandlung und Verantwortung in einem Paket ein schweres Gepäck sind. Selbstverständlich wissen wir wie er, daß Überraschung, schneller Wechsel, kleiner und großer Betrug im Leben wie im Theater den großen und den kleinen Spaß, das Lachen, das Vergnügen und die Unterhaltung lustvoll machen. Aber auch da ist die Frage nach dem Sinn nicht nur erlaubt, sondern verlangt. Die Verpackung sollte nicht wichtiger als der Inhalt werden. Sinnlosigkeit, die sich sehr wohl hinter bedeutungssschwangeren Bildern, schicken Clownerien, musealen Wiederentdeckungen und leerem Entertainment verbergen kann, kurz gesagt, alles, was sich wirklicher Auseinandersetzung mit Menschen und Situationen im Ernst wie im Spaß widersetzt, war seine und ist unsere Sache nicht. So gehen wir in ein neues Jahrzehnt der Komischen Oper, wohl wissend, daß sein Gründer listig schmunzelnd uns vermessen nennen würde.

Rudolf Mayer

TAG UND NACHT FÜR DIE KOMISCHE OPER

Zum Vertragsabschluß 1961, kurz nach dem Mauerbau, saß ich im oft zitierten »kleinsten Intendantenzimmer der Welt«. Walter Felsenstein schloß unser Gespräch mit den Worten: »Sie haben diesem Hause, der Komischen Oper, auf Anforderung Tag und Nacht zur Verfügung zu stehen.« Innerlich mußte ich lächeln. Stelle ich diesen Satz nach dreieinhalb Jahrzehnten auf den Prüfstand, so bleibt bis heute nur zu sagen: Es war so, und es ist auch heute, unter ganz anderen Bedingungen, noch genauso.

Damals hielten wir uns für etwas Besonderes. Wir gehörten zu einem Ensemble, dessen Chef uns Vaterfigur war. Wir waren der »fünfte Sektor von Berlin«. Manche »Normalitäten« der DDR endeten vor der Haustür der Komischen Oper. Da erschien nach der Vorstellung die um 22 Uhr abgelöste »US-Army Guard« vom nahen Checkpoint Charlie auf einen Drink in unserer Kantine. Während hochrangige Staatsgäste der DDR eine Vorstellung der Komischen Oper besuchten, saßen in ihren schwarzen Gala-Uniformen selbige US-Guards in der ersten Reihe des zweiten Ranges, sicher nicht im Gefolge der Staatsgäste. Konnte nach 1961 die Komische Oper auch ihre Westberliner Ensemble-Mitglieder weiterbeschäftigen, war gar der Oberpförtner Westberliner Bürger, so hatten wir irgendwo das Gefühl, »exterritorial« zu sein. Walter Felsenstein duldete es nicht, daß »sein Ensemble« durch politische Entscheidungen auseinandergerissen wurde. Mehr als einmal hat er um eines scheinbar unwichtigen Mitarbeiters willen die Vertrauensfrage gestellt. Immer blieb der Mitarbeiter am Hause. Auch noch 1989 gehörten Westberliner ganz selbstverständlich zur Komischen Oper.

Ich erinnere mich an qualvoll lange Beleuchtungsproben und Hauptproben. Die Wiederaufnahmeprobe des *Sommernachtstraums* dauerte von 10 Uhr vormittags bis 1.30 Uhr in der Nacht: 15 1/2 Stunden! Beleuchtungsproben forderten regelmäßig Wochenarbeitszeiten von 75 Stunden. Das war ungesetzlich. Aber wen kümmerte in der Komische Oper das Gesetz, wenn es um eine neue Inszenierung ging, auf die man stolz war? Stolz waren wir alle, ob auf *Das schlaue Füchslein, Othello, La Traviata*, den *Sommernachtstraum*, auf den *Ritter Blaubart, Fiedler auf dem Dach*, auf Götz Friedrichs *Don Quichotte, Jenufa* und *Porgy und Bess* und auf den *Jungen Lord* oder *Peter Grimes* von Joachim Herz. Bei den vielen erfolgreichen Auslandsgastspielen bin ich oft gefragt worden, ob ich nicht im Westen bleiben wolle. Trotz aller Verlockungen, die mir diese andere Welt bot, habe ich immer Nein gesagt. Ich gehörte zum Ensemble der Komischen Oper und damit zu meiner Nummer Eins aller Theater.

Ab 1965 war ich außer der vertraglichen Tätigkeit als Inspizient ohne eigenes Zutun noch zu einem Zweitjob als Reiseleiter für unsere Gastspiele gekommen. Damit hatte ich in den folgenden 25 Jahren viele Probleme und Schwierigkeiten zu meistern: kilometerlange Listen für Planung, Transporte, Devisen, Hotelzimmer – fast immer nachts und handschriftlich –, verlorene Pässe, für manche Länder völlig falsche Währungen (und damit stets zu knappe Kaufkraft) und unzählige »Begebenheiten«.

Nach dem Tod Walter Felsensteins wurden die Probenzeiten kürzer. Joachim Herz, Harry Kupfer und Christine Mielitz waren aus vielen Gründen gezwungen, »ökonomischer« zu arbeiten als der Gründer unseres Theaters. Kupfers *Meistersinger* waren ein Paukenschlag. Die *Entführung aus dem Serail* und *La Bohème* sind seit 1982 nach 15 Jahren noch immer mit Erfolg im Repertoire. Mit *Lear, Boris Godunow* und *Judith* haben wir Politik gemacht. Und welche Händel-Oper hat es in einem Theater auf hundert Vorstellungen gebracht wie unser *Giustino*?

Über insgesamt 36 Jahre gäbe es viel zu schreiben, noch mehr zu reden. Erinnerungen, die uns im zeitlichen Abstand doch zum Lachen oder wenigstens zum Schmunzeln verführen. Nur bleibt dazu kaum Zeit, da ich der Komischen Oper noch immer »Tag und Nacht« zur Verfügung stehe.

Die Forderungen unserer Komischen Oper an ihre Mitarbeiter sind nicht kleiner geworden. Wer mit diesem Haus verbunden ist, sollte ihm mit viel Herzblut »Tag und Nacht zur Verfügung« stehen. Auch nach dem Jahr 1989, das eine unendliche Fülle von Veränderungen brachte, und in dessen Folge auch über die künstlerische Perspektive des Musiktheaters diskutiert wird, muß man zu der Einsicht kommen: Veränderungen hat es in der Komischen Oper schon immer gegeben. Und leicht hat sie es ihren Mitarbeitern nie gemacht. Die Bindung, die Verbundenheit mit diesem Hause ist bei vielen von uns geblieben. Für andere ist sie aber gerissen: Für die, die, aus welchem Grunde auch immer, weggingen oder aber für jene, die abberufen wurden in den »Theaterhimmel«, in dem wir dann mit ihnen den 100. Geburtstag der Komischen Oper begehen werden.

Noëmi Nadelmann

»KOMISCHE OPER« BEDEUTET FÜR MICH:

Entdeckt werden, aufgebaut werden, umhegt werden. Bedeutet weiter: Dialoge, aufbauende Kritik, Wunderproben mit Harry und Yakov. Lernen und dadurch Überbordwerfen von überholtem Ballast auf schauspielerischer wie auch musikalischer Ebene. Neuwerden in und durch künstlerische Arbeit. Ein großes Glück für mich, menschlich wie künstlerisch. Euch allen: Danke!

La Traviata
1994
Noëmi Nadelmann als
Violetta

WENN DIE MUSIK
DER LIEBE NAHRUNG IST:
SPIELT WEITER!

WILLIAM SHAKESPEARE

MEIN ORCHESTER UND ICH

Andreas Richter im Gespräch mit Generalmusikdirektor Yakov Kreizberg

Seit 1994 prägt Yakov Kreizberg das musikalische Geschehen der Komischen Oper. Er schildert die Umstände seines Engagements als eine Fügung des Schicksals. Man war auf der Suche nach einem Nachfolger für Rolf Reuter und hatte Kreizberg, der in Krefeld Chefdirigent war, eingeladen, ein Konzert zu dirigieren und das Orchester kennenzulernen. Es war schwer, einen Termin zu finden, bis sich die Möglichkeit einer Wiederaufnahme von *Così fan tutte* auftat. Kreizberg hatte schon mit dem Ensemble gearbeitet, mußte zwischendurch nach Krefeld, um dort *Don Giovanni* zu dirigieren und dann wieder nach Berlin zu fliegen. Doch er bekam Fieber, konnte nur noch im Sitzen dirigieren, bis er von seinem Arzt nach Krefeld zurückbeordert wurde, weil die Blutwerte nicht in Ordnung waren. Des Rätsels Lösung war eine Portion Muscheln, die Kreizberg mit Gidon Kremer in Ludwigshafen verspeist hatte mit der Folge einer Hepatitis, die ihn mehrere Wochen außer Gefecht setzte. Die Komische Oper war schon fast vergessen, als ihn im Sommer in Glyndebourne ein Anruf des Orchestervorstandes erreichte – später auch ein Anruf des Intendanten persönlich – man wolle ihn so schnell wie möglich kennenlernen. Es vergingen wieder einige Monate, bis ein Konzerttermin gefunden war. Danach ging es schnell, das Orchester stimmte ab und wählte Kreizberg mit großer Mehrheit als Chefdirigenten. Er wundert sich heute noch, daß der Termin und dann die Wahl zustande kamen und daß die wenigen Musiker, die die eine *Così fan tutte*-Probe erlebt hatten, das ganze Orchester überzeugt haben.

Kreizberg schätzt vor allem den Mut und die Motivation seiner Musiker – kein *»Orchester aus Beamten«*, sondern offene und emotionale Künstler, die seiner Art zu musizieren entgegenkommen. Der Streicherklang begeistert ihn, ein richtig dunkler, deutscher homogener Klang, der durch Generationen geprägt und gepflegt wurde, wie auch die sensible Fähigkeit der Begleitung. Durch die nicht einfache Akustik des Hauses und das überwiegend junge Sängerensemble ist das Orchester in einem Pianissimo geschult, das seine klangliche Substanz nicht verliert. Aus der Tradition der Komischen Oper ist klar, daß der Akzent seit vielen Jahren auf der Regie lag. Für Kreizberg ist das eine wertfreie Feststellung – bis nach Rußland ist die Bedeutung der Komischen Oper unter Felsenstein, Kupfer oder Herz als Regietheater gedrungen. Selbst Leonard Bernstein, der sein Lehrer war, erzählt Kreizberg, war deswegen einmal in der Komischen Oper.

Trotz der nicht einfachen Akustik ist die Komische Oper für Kreizberg der schönste Saal Berlins. Er freut sich über die intime Atmosphäre, die ihn für Wolfgang Amadeus

Das Orchester der Komischen Oper mit Generalmusikdirektor Yakov Kreizberg

Mozart besonders geeignet macht. Mozart ist sozusagen die musikalische Visitenkarte dieses Hauses. Daneben hat das Orchester über Generationen sehr viel moderne Musik gespielt, von Krzysztof Penderecki, Witold Lutoslawski und Siegfried Matthus, die hier selbst dirigiert haben, von Aribert Reimann und anderen. Kreizberg selbst hat sich sehr für moderne Musik eingesetzt, hat viele Uraufführungen oder Erstaufführungen dirigiert – sein Debut in Deutschland war *Troades* von Aribert Reimann in Krefeld.

Die Zusammenarbeit mit Harry Kupfer ist für Kreizberg ein Glücksfall. Von Anfang an haben sie sich verstanden. Eine produktive Zusammenarbeit entstehe am ehesten, wenn beide Partner, Dirigent wie Regisseur, starke Persönlichkeiten sind und einander positiv inspirieren. Einen direkten Einfluß auf die Regie nimmt Yakov Kreizberg kaum, aber man diskutiert sorgfältig über Fassungen und Striche. Beiden Künstlern ist gemeinsam, daß sie Langeweile im Theater verabscheuen, deshalb treiben beide gerne vorwärts – ob mit Inszenierungen oder musikalisch während einer Vorstellung. Früher, als Kreizberg noch jünger war, wurde manchmal kritisiert, daß er zuviel treiben würde. Als er älter wurde – das sagt er als noch nicht Vierzigjähriger – habe er im Laufe der Jahre mehr gelernt, wie man dieses Treiben unter Kontrolle bringen und mehr auf Ausgleich bedacht sein kann.

Mozart ist ein Schwerpunkt seines persönlichen Repertoires wie auch des Spielplans der Komischen Oper. Im weiten Feld der heutigen Aufführungspraxis sieht Kreizberg seinen Platz eher in der Mitte. Früher wurde hier Mozart kultiviert gespielt, klanglich schön und traditionell deutsch. Kreizberg hat in Glyndebourne *Don Giovanni* mit alten Instrumenten mit dem »Orchestra of the Age of Enlightment« dirigiert, einem der bedeutendsten Orchester für alte Instrumente. Er kennt also auch die Praxis mit alten Instrumenten aus eigener Erfahrung und hat bei nahezu idealen Probenbedingungen – vor jeder Aufführung neue Orchesterproben – sehr viel über Striche und Phrasierungsunterschiede, über Artikulation und die spieltechnischen Möglichkeiten der Instrumente gelernt. Manches davon bringt er jetzt ein und versucht, das Mozartspielen zu modernisieren. Bisher ging das nur in Übernahmeproben, denn eine Mozart-Premiere mit Kreizberg an der Komischen Oper steht noch aus. Er ist froh, daß Harry Kupfer ihn in seinem Bemühen um einen schlankeren Klang und frischere Tempi unterstützt, ja sogar sagt, er wollte das immer schon so haben, und diese Art des Musizierens würde seine Inszenierungen erst komplettieren.

Für Yakov Kreizberg ist die Diskussion um »authentische Aufführungen« müßig. Man könne geistig näher oder weiter entfernt an das Original herankommen, aber dann müsse man auch berücksichtigen, daß Mozart oder Ludwig van Beethoven wahrscheinlich liebend gerne größere Orchester gehabt hätten, wenn sie damals zu finanzieren gewesen wären. Ein Musiker müsse gut ausgebildet und in verschiedenen Stilen zu Hause sein, aber dann komme es ebenso darauf an, den Geist der Musik zu erfassen, wie für ein Publikum von heute lebendige Musik zu machen.

Wichtig ist Kreizberg nicht nur das Dirigat am Abend, sondern die intensive Probenarbeit mit dem Orchester und mit dem Ensemble. Er arbeitet rund um die Uhr im Theater, hat im letzten Jahr an die siebzig Opern und Konzerte allein in Berlin dirigiert. Als Problem sieht er die Entwicklung im Ensemble: Es wird immer schwerer, Sänger für die Komische Oper zu finden, die bereit sind, intensiv zu proben und auf Gastspiele andernorts auch einmal zu verzichten. Dazu wird hier alles auf deutsch gesungen, und mit *La Traviata* oder *Figaros Hochzeit* auf deutsch kann ein Sänger nirgendwo gastieren. Das ist die Tradition des Hauses, aber auch ein Grund für die besondere Schwierigkeit, geeignete Sänger zu finden, die zudem auch große darstellerische Anforderungen erfüllen müssen.

Ein paar Dinge sind für die Komische Oper dringend erforderlich, um weiter zu kommen: Eigentlich wären mehr Konzerte notwendig, um noch besser und flexibler zu werden; die frei werdenden Stellen müßten unbedingt und schnell wieder besetzt werden, und um dafür gute Musiker zu bekommen, müßte vom Senat die ausstehende Tarifzulage bewilligt werden. Die Konzerte stehen unter Druck. Nach der Wende gingen viele Abonnenten verloren, die Konkurrenz in Berlin ist groß, und immer wieder muß der Kompromiß zwischen populären und musikalisch interessanteren, aber unbekannten oder auch neuen Werken gesucht werden. Deshalb sind Kreizberg und das Orchester sehr aktiv darin, ein junges Publikum heranzuziehen: Schulklassen werden zu Proben eingeladen, es gibt die Konzertreihe »Musik für jedes Alter«, in der Kinder an die Musik herangeführt werden – auch in dieser Reihe wird schon einmal ein zeitgenössisches Werk gewagt, denn Kunst hat immer auch mit der Gegenwart zu tun, und man sieht immer wieder, daß moderne Werke, wenn sie in der richtigen Form angeboten werden, gerade bei jungen Menschen gut ankommen. In diesem Sinne will Kreizberg weiter arbeiten und Programme machen, die – ebenso wie in der Oper und im Tanz – für die Menschen von heute interessant sind und im guten Sinne populär; eben ein Musik-Theater für alle, wie es Felsenstein vor fünfzig Jahren begonnen hatte.

Frank Schneider

NEUE MUSIK AN DER KOMISCHEN OPER

Das Jahrfünft von 1975 bis 1980, in dem ich als Dramaturg an der Komischen Oper arbeitete, ist mir als aufregende Zeit in lebhafter Erinnerung geblieben. Der unvergeßliche Augenblick lag jedoch kurz davor, als ich für ein Einstellungsgespräch zu Walter Felsenstein gebeten wurde. Im anregenden Gespräch verwandelte sich der Mythos binnen weniger Minuten in einen interessierten, neugierigen, gütigen Dialogpartner, der drei meiner besonderen Besorgnisse lachend zerstreute: Als Wissenschaftler fehlte mir die praktische Erfahrung an einem Opernhaus. Er meinte, vom Theater verstünde er ja selbst genug, deshalb seien ihm kritische Außenseiter willkommen. Daraufhin offenbarte ich ihm meine politischen Bedenken, die er mit der Bemerkung quittierte, als Chef des vierten deutschen Staates (so nannte man damals gern die Komische Oper) garantiere er Arbeit ohne Einmischung der Partei; er sei etwas älter als die DDR, ihre Lenker vermöge er in Schach zu halten und hoffe, sie geistig zu überdauern. Drittens beruhigte er mich im Hinblick auf die Rolle der Neuen Musik in seinem Hause, von der wiederum nun er nicht allzuviel verstehe und halte, die er aber gefördert wissen wollte – nicht nur in Gestalt des bei ihm angestellten Komponisten Siegfried Matthus. So begann ich beglückt – aber leider ohne den bereits todkranken Intendanten noch einmal zu sehen – meine Arbeit in diesem wunderbaren Reservat der künstlerischen Freiheit, des theatralischen Ernstes und der kollegialen Zusammenarbeit. Was die Förderung der Neuen Musik anbelangt, so erwies sich Felsensteins Nachfolger Joachim Herz als nicht weniger engagiert. Im Bereich der Konzerte galt bald das Orchester des Hauses als Spezialensemble für die östliche wie westliche Avantgardemusik. Wir spielten – Sensationen damals in der DDR! – auch im Abonnement neue Stücke beispiels-

Komponisten in der Komischen Oper: Paul Dessau (mit Ruth Berghaus), Siegfried Matthus und Aribert Reimann, Luigi Nono, Friedrich Goldmann (mit Gerhard Müller)

Krzysztof Penderecki mit dem Orchester der Komischen Oper

Berthold Goldschmidt wird nach der Premiere des *Gewaltigen Hahnrei* 1994 gefeiert. Mit Harry Kupfer, Yakov Kreizberg und dem Ensemble

weise von Luigi Nono, Giacomo Manzoni, Pierre Boulez, Olivier Messiaen, Aribert Reimann und Bernd Alois Zimmermann oder von den einheimischen Komponisten Novitäten von Reiner Bredemeyer, Friedrich Goldmann, Georg Katzer, Siegfried Matthus, Friedrich Schenker und Ruth Zechlin – ungerührt von den oftmals manifesten Drohungen der Kulturvögte oder den Verrissen parteihöriger Kritiker. Die schärfsten Attacken hatte Matthus mit seinem Dauerzyklus »Kammermusik im Gespräch«, den sogenannten »Mitternachtsmessen für Neue Musik« auszuhalten, bei denen das Gespräch zwar meist ausfiel, aber »Unerhörtes« aus aller Welt das Gefühl wachsender Informiertheit bestärkte. Ohne den Schutzschild des berühmten Hauses wären diese Angebote nicht möglich gewesen – und so darf man im Rückblick neben allen anderen Verdiensten der Komischen Oper schließlich auch darauf verweisen, daß sie ein Zentrum für Neue Musik gewesen ist – eines der wenigen in der DDR, die geholfen haben, daß Musik dort nach internationalen Begriffen wirklich neu und von einem weltweit herbeiströmenden Publikum wahrgenommen werden konnte.

Siegfried Matthus

DAS HAUS DER JUNGEN LEUTE

Nach dem Entsetzen des Zweiten Weltkrieges waren das Theater und die Oper eine existentielle Notwendigkeit für die Überlebenden. Die Sehnsüchte nach lang Entbehrtem und das Suchen nach Wahrhaftigkeit in einer friedvollen Zukunft waren ungestillt groß. In diese Zeit fällt die Gründung der Komischen Oper – oder besser gesagt: sie war ein Ergebnis dieser Wünsche.

Das Berlin der fünfziger Jahre mit der Komischen Oper unter Walter Felsenstein und dem Berliner Ensemble unter Bertolt Brecht und Helene Weigel war in seiner kreativen Konzeptionalität die Weltstadt des Theaters, die viele junge Leute anzog, gespalten in Brechtianer und Felsensteinianer. Die einen beschworen die Methode der Verfremdung, die anderen die Methode der Einfühlung. Obwohl ich zweifellos zur Partei der Felsensteinianer gehörte, hatte ich jedoch meine Schwierigkeiten bei den militant geführten Auseinandersetzungen um die beste und gültigste der beiden sich scheinbar ausschließenden Möglichkeiten, Theater zu machen: Genauso wie in der Komischen Oper war ich auch von den grandiosen Inszenierungen am Berliner Ensemble beeindruckt.

Nach dem Abschluß des Studiums komponierte ich Liebeslieder für Sopran und Orchester, die ich meiner jungen Frau widmete. In einem Sinfoniekonzert des Orchesters der Komischen Oper wurde diese erste sinfonische Komposition des achtundzwanzigjähri-

Die Heimkehr des Odysseus
1966
John Moulson als
Der Mensch

Siegfried Matthus
mit dem Orchester der
Komischen Oper

Judith
1985
Eva-Maria Bundschuh als
Judith

gen Komponisten am 5. Oktober 1962 uraufgeführt, gesungen von einer dreiunddreißigjährigen Sängerin (Anny Schlemm) und dirigiert von dem fünfunddreißigjährigen musikalischen Leiter der Komischen Oper (Kurt Masur).

Ab August 1964 war ich Mitglied der Komischen Oper, und Felsenstein suchte die Bezeichnung Komponist und Dramaturg für mich aus. Und nun begann eine intensive Phase der Auseinandersetzung und des Lernens, die ich – trotz der namhaften Lehrer Rudolf Wagner-Régeny und Hanns Eisler – als meine hohe Schule des Opernkomponierens bezeichne.

Eine erste Aufgabe war die musikalische Einrichtung und Bearbeitung der Monteverdi-Oper *Die Heimkehr des Odysseus*. Ein Kreis junger Leute (Götz Friedrich, Gert Bahner, Reinhart Zimmermann) – alle um die dreißig Jahre alt – wurde beauftragt, diese Einrichtung für die Kammerspiele des Deutschen Theaters zu erarbeiten, da die Komische Oper wegen Umbaus für zwei Jahre geschlossen werden mußte. Gleich nach dem *Odysseus* folgte dann die erste Opern-Uraufführung an der Komischen Oper, meine Oper *Der letzte Schuß* (Gert Bahner, Götz Friedrich, Reinhart Zimmermann).

Die damals junge Generation der Opernschaffenden aus aller Welt setzte sich mit den Prinzipien und Methoden der Operninterpretation an der Komischen Oper auseinander, entweder als Regisseur und Kapellmeister am Haus (Rudolf Kempe, Götz Friedrich, Kurt Masur, Joachim Herz, Carl Riha, Gert Bahner), als Hospitant (Jeanne-Pierre Ponnelle, John Dew) oder als ständiger Beobachter (Harry Kupfer, Ruth Berghaus u. v. a.).

Die analytischen, konzeptionellen und interpretatorischen Impulse, die von diesem Haus in die Welt gingen, sind nachweislich die Grundlage aller heutigen großen Operninterpretationen, selbst wenn einzelne Künstler in ihrer individuellen Entwicklung sehr verschiedene und den Prinzipien der Komischen Oper scheinbar entgegengesetzte Wege gingen.

Die Komische Oper war ein Haus für kreative junge Opernleute – Sänger, Dirigenten, Regisseure, Bühnenbildner, Dramaturgen, Tänzer, Choreographen, Komponisten und viele andere. Für die Profilierung gegenüber den beiden anderen Berliner Operninstituten sehe ich in der Anknüpfung an diese Traditionen eine große Chance der Komischen Oper für ihre zukünftige Entwicklung.

Die »andere« Oper

Von Anfang an war alles völlig anders. Das konnte der Siebzehnjährige aber noch nicht wissen, als er im Sommer 1947 seinen Vertrag mit Walter Felsenstein unterschrieb. Da sich über fünfzig Jahre Komische Oper kaum in 50 Zeilen berichten läßt, sollen hier nur kurze Streiflichter auf die mehr privaten Seiten dieses Opernhauses folgen.

Erster positiver Eindruck – der Intendant spricht zu seinem neuen Ensemble, kann blendend formulieren, weiß genau, was er will, und nimmt sofort alle für sich ein: Das würde nicht irgendein Opernhaus werden, das war der überzeugende Beginn von etwas Besonderem. Ein Chef, den man als Vaterfigur bewunderte, liebte, den mancher vielleicht auch ein wenig fürchtete, weil seinem kritischen Blick nichts entging. Nie trat in seinem Hause ein Arbeitgeber-Arbeitnehmer-Verhältnis zutage, für alle war es »unser« Theater, »unsere« Vorstellung, »unser« gemeinsames Anliegen. Selbst die legendären zwölfstündigen Hauptproben in den fünfziger Jahren akzeptierte das Ensemble bereitwillig, weil alle Korrekturen sinnvoll waren.

Felsenstein begrüßte es ausdrücklich, wenn Sänger, Tänzer oder Musiker sich Proben anhörten, in denen sie nicht beschäftigt waren. Zu lernen gab es für jeden dabei.

Unendlich viele Unterschiede zu anderen Theatern ließen sich anführen. Über Jahrzehnte hinweg erhielt jedes Mitglied einen persönlich unterschriebenen Geburtstagsgruß. Zu Jubiläen, ob 50. oder 300. Vorstellung, bekam jeder Mitwirkende sein Blumensträußchen (manchmal schwer beschaffbar) und eine unterschriebene Glückwunschkarte vom »Chef«, wie er von fast allen genannt wurde. Jedes neu engagierte Mitglied, jeder Bühnentechniker, Beleuchter oder Pförtner, wurde von ihm zu einem Gespräch gebeten und über Motivationen und Sorgen befragt. Immer wieder fand der Intendant Zeit, sich auch um private Schwierigkeiten seiner Mitarbeiter zu kümmern.

Das motivierte natürlich auch andere Sparten im Hause. Wer damals längere Zeit krank war, konnte sehr leicht in finanzielle Not geraten. So gründete das Orchester um 1950 einen Hilfsfonds, aus dem dann lange Zeit – vielleicht nicht ganz legal, aber wirkungsvoll – das kärgliche Krankengeld aufgestockt werden konnte. Auch sammelte man gelegentlich für Erkrankte aus anderen Abteilungen.

Auf Felsensteins junge, intelligente Mitarbeiter wie Götz Friedrich, Rudolf Heinrich oder Václav Neumann war das ganze Haus stolz. Über Jahrzehnte hinweg hat sich so vom ersten Tage an eine Gemeinsamkeit des Ensembles entwickelt, die sich nicht nur in internationalen Erfolgen, sondern auch in Krisensituationen bewährte. Es muß doch wohl ein besonderer Geist in einem Hause walten, in welchem eine 300. oder gar 500. Vorstellung die Besucher und die Mitwirkenden noch genauso packen konnte wie bei der Premiere.

Die Komische Oper bedeutete für viele ein wirkliches Zuhause. Auch heute noch ist dieses Haus etwas anders als andere.

Liebe Komische Oper, bewahre Dir soviel wie möglich von Deinem »Anders-Sein«, von Deinem Engagement, gutes Musiktheater machen zu wollen, von Deiner Ernsthaftigkeit der Musik, dem Libretto und Deinem Publikum gegenüber.

Georg Katzer

VIELES VERDANKE ICH DER KOMISCHEN OPER

Georg Katzer

Bis zum Schluß probierte Joachim Herz meine Oper *Das Land Bum-Bum* wie unter einer Käseglocke. Es sollte verhindert werden, daß der Zensor das Stück vor der Premiere zu Ohren bekäme. Mein Librettist Rainer Kirsch hatte allzuviele politische Sauereien in das Märchengewand verkleidet. Wie sang zum Beispiel der wunderbare Rudolf Asmus in der Rolle des Spions: *»Wenn nicht jeder jedem nachspioniert, bricht das Land zusammen«*. Auf der Bühne: Übergroße Ohren als No-Tec-Wanzen. Nur der König und sein Minister sind des Lügens kundig, sagen, daß sie *»stramm regieren und an den Nasen führen«*. Aus so defätistischem Stoff ist der Text. Ich hatte gar nicht geglaubt, daß das Stück eine Chance der Aufführung bekäme. Wie gesagt: Proben unter Verschluß. Ich selbst mußte bei der Generalprobe durch Personalausweis der DDR am Saaleingang beweisen, daß ich der Komponist war. Der Zerberus aus der Verwaltung kannte mich nicht von Angesicht. Die Premiere lief glänzend. Es gab ein paar nicht sehr couragierte Pfiffe. Der Maler Dieter Tucholke bot einem Kunst-Pfeifer im »Präsent 20«-Anzug Prügel an. Danach eine verunsicherte Kritikerzunft und an die fünfzig Reprisen.

Der Inszenierungsstil an der Komischen Oper hatte sehr früh meine Vorstellungen von Oper und Ballett als Musiktheater geprägt. So zählt auch die Zusammenarbeit mit dem Chefchoreographen Tom Schilling an den Balletten *Schwarze Vögel* und *Ein neuer Sommernachtstraum* zu meinen schönsten künstlerischen Erfahrungen nicht nur an diesem Hause. Mit meiner Oper *Antigone oder Die Stadt*, nach einem Libretto von Gerhard Müller, konnte ich an die früheren Erfolge nicht anknüpfen. Das DDR-kritische Stück, 1988/89 entstanden, wollte nach dem Mauerfall nicht mehr so recht interessieren.

Schwarze Vögel
1975
Hannelore Bey als Hanna
und Jürgen Hohmann als
Wildburg

Komische Oper bedeutete auch die Reihe (neue) »Kammermusik im Gespräch«, von Siegfried Matthus in den Sechzigern ins Leben gerufen – Bekanntschaft mit Neuem und Neuestem: Luigi Nono, György Ligeti, Hans Werner Henze, Pierre Boulez, vieles nur aus dem Radio Bekannte war hier live zu erleben. Und die Opernaufführungen wie *Lulu* und der für mich unvergeßliche *Lear* von Aribert Reimann in der Regie von Harry Kupfer! Harry Kupfer ist ein Bühnenarbeiter, man könnte auch sagen, Malocher. Wenn man ihn beim Probieren erlebt, glaubt man dem Wort von der »alles verschlingenden Bühne«. Dabei ist, was bei den Proben sichtbar wird, erst das Ergebnis langer Vorarbeit: nichts aus dem hohlen Bauch. Allerdings ist Bauch auch immer dabei, Askese ist nicht unbedingt seine Sache. Er gibt eben der Oper immer auch das Ihre, denn Oper ist sui generis immer auch pathetisch, kulinarisch. Seine große Stärke: Musikalität. Er hört auf die Partitur und benutzt sie nicht als bloßes Transportmittel für aufgepfropfte Deutungen (man kennt das!). Ich verdanke ihm unvergeßliche Musiktheatererlebnisse.

Vieles verdanke ich der Komischen Oper.

Antigone oder Die Stadt
1991
Christiane Oertel als Ismini
und Yvonne Wiedstruck
als Antigone

Aribert Reimann

Das »andere« Theater in Berlin

Lear
1983
Eingangsszene
Bühnenbild von Reinhart
Zimmermann

Meine erste Begegnung mit der Komischen Oper fand an einer Litfaßsäule statt: Seit einiger Zeit schaute ich regelmäßig auf die Theaterspielpläne und entdeckte dort eines Tages im Dezember 1947 ein neues Theater: Komische Oper, Eröffnung am 23. Dezember mit Johann Strauß' *Fledermaus*, Regie: Walter Felsenstein. Ich ging nach Hause und sagte strahlend meinen Eltern, in Berlin gibt es wieder ein neues Opernhaus. Einige Jahre später wurde dann die Komische Oper für mich zum Inbegriff des »anderen« Thea-

ters, wenn ich die Aufführungen in Vergleich setzte zu denen, die ich bis dahin an Opernhäusern gesehen hatte. Felsenstein-Inszenierungen wie *Othello, Hoffmanns Erzählungen* oder *Ritter Blaubart* haben sich mir so eingeprägt, daß ich bestimmte Bilder, Szenenabläufe oder gestische Darstellungen noch heute so vor mir sehe wie damals im Theater.

Diese ersten Begegnungen mit der Komischen Oper, tief in mir eingegraben, hatten im Laufe der Jahre Wurzeln geschlagen und mir früh vermittelt, wie Oper sein soll: hautnah, lebendig, kompromißlos wahrhaftig.

Mit dem Mauerbau 1961 riß dann der Faden abrupt, da es uns Westberlinern nicht mehr möglich war, den Ostteil der Stadt zu besuchen. Erst Jahre später, als durch die Passierscheinlockerung ein Besuch auch für uns möglich wurde, konnte ich wieder einige Aufführungen sehen.

1981 änderte sich dann alles, als Harry Kupfer mich anrief und mir sagte, daß er im Januar 1983 an der Komischen Oper den *Lear* herausbringen werde. Das Erstaunen und die Freude darüber machten mich sprachlos, denn ich hielt es bis dahin für ganz aussichtslos, daß eine Oper eines noch lebenden Westberliners im anderen Teil der Stadt aufgeführt werden kann, dazu noch als »Erstaufführung« für das gesamte Berlin (aus heutiger Sicht). Ich hatte schon einige Inszenierungen von Kupfer gesehen, an der Komischen Oper, der Staatsoper und in Amsterdam, und so sah ich dieser Aufführung mit einer solchen Hochspannung entgegen, wie ich sie bis dahin nie empfunden hatte. Als ich dann die letzten Proben sehen konnte, war der Eindruck ein Schock, weil ich nie so kraß erlebt hatte, daß ein Regisseur Bilder und Zustände aus der Musik heraushören konnte, die während des Komponierens an mir vorüberzogen, zumal Kupfer und ich vor den Proben kein Gespräch über seine oder meine Vorstellungen geführt hatten.

Seit dieser *Lear*-Inszenierung Harry Kupfers, die in ihrer unerbittlichen Konsequenz auch ein Spiegelbild unserer Zeit war, bin ich dem Haus an der Behrenstraße besonders verbunden.

Ich kann nur wünschen und hoffen, daß der Geist Walter Felsensteins, der durch das Theater Harry Kupfers verwandelt weitergetragen wird, auch in Zukunft erhalten bleibt, daß die Komische Oper weiterhin die Mittel und Zuwendungen bekommt, um als das leben zu können, was ihr Anliegen und ihre Bestimmung ist: als das »andere« Theater in Berlin.

rechte Seite:
Lear
1983
Werner Haseleu als Lear,
Manfred Hopp als Edgar
und Werner Enders als
Narr

AUF- UND ABSTRICHE

Ein Musiker hat in einem Opernhaus gar nichts zu sagen, auch ein Konzertmeister hat nichts zu sagen. Wir Musiker mühen uns lediglich damit ab, den Wünschen der Dirigenten und Dirigentinnen so gut wie möglich zu entsprechen.

Nur in einem Punkte habe ich doch etwas zu sagen, und zwar, ob bei den Streichern Auf- oder Abstriche gespielt werden sollen. Zwar mischen sich die Dirigenten und Dirigentinnen auch hier ein, aber ich kann behaupten, daß der Konzertmeister eines Orchesters für mindestens 50 Prozent der Auf- und Abstriche verantwortlich ist.

Ich möchte deshalb etwas über *Abstriche* sagen, und bitte die Finanzexperten der Komischen Oper und des Senats, mir zuzuhören: Die Berliner Kultur ist in Jahrhunderten gewachsen, auch die letzten fünfzig Jahre gehören dazu. Um die Erhaltung dieser Kunst und Kultur müssen wir Künstler uns selber kümmern, im günstigsten Falle zusammen mit dem Senat, sonst verschwindet sie aus unserem Leben, und wir wachen eines Tages plötzlich in der Barbarei auf.

Unsere Nachkommen werden uns nicht danach beurteilen, wieviel Geld wir an der Kultur gespart haben, sondern danach, was wir erhalten oder gar aufgebaut haben.

Mir sind aus der Geschichte nur die Militärs bekannt, die positiv danach beurteilt worden sind, was und wieviel sie zerstört haben.

Václav Neumann
(mit Peter Tietze)

Kurt Masur

Undine
1970
Hannelore Bey als Undine
und Roland Gawlik als
Palemon

Hans Werner Henze

GEHEN WIR IN DAS PRÄSENS ÜBER

Im Nachkriegs-Berlin von 1945 hatte die Komische Oper eine ganz große Anziehungs-kraft, die sich in erster Linie aus der Anwesenheit Walter Felsensteins erklärte. Von weit-her, auch aus dem Ausland, kamen die Theaterleute gepilgert (auch ich befand mich dar-unter), um die Wunderwerke der Regiekunst zu bewundern und zu studieren, mit denen dort im Laufe der Jahre das Repertoire des Hauses bereichert wurde. Alles, was ich dort gesehen habe, von *Hoffmanns Erzählungen* bis zum *Othello*, von der *Carmen* bis zum *Schlauen Füchslein,* ist mir in die Erinnerung geschnitten mit ungewöhnlicher Deutlichkeit. Was wir jungen Leute dort sahen, wirkte wie eine einzige große Renaissance. Die Inszenie-rungen differierten von der Norm. Es wurde noch einmal grundlegend nachgedacht, und zwar über die Funktion des künstlerischen Stils in den Werkanalysen, über den Realismus, über die gesellschaftspolitischen Inhalte des zeitgenössischen Musiktheaters, über die Not-wendigkeiten der Sprach- und Textverständlichkeit, über den Gedankenaustausch von Wort und Klang, zwischen Libretto und Partitur.

Ich hatte damals die Ehre und das Vergnügen, Walter Felsenstein persönlich zu kennen und zuweilen an langen Abenden aus dem Munde des genialen Theatermanns ganz direkt von den ästhetischen Denkprozessen und Forschungsarbeiten zu hören, die seinen Inszenierungen vorausgingen, um sie bis zur endlichen, immer wieder hinausgezögerten Premiere zu begleiten. Ich denke, daß ich viel gelernt habe dabei (ich war ein aufmerksamer Zuhörer), und natürlich hätte ich mir gewünscht, einmal mit diesem Magier zusammenzuarbeiten. Das ist zwar nicht geglückt, aber es hat doch zu einer inneren Beziehung geführt, wie es sich am 4. Oktober 1970 in der *Undine*-Inszenierung durch den Choreographen Tom Schilling und am 26. März 1968 in der blendenden Joachim-Herz-Inszenierung meines *Jungen Lord* gezeigt hat, abgesehen von mehreren Konzerten, die ich mit dem flexiblen, sensiblen Orchester des Hauses habe dirigieren dürfen.

Und nun können wir in das Präsens übergehen und die Komische Oper von heute betrachten. Der Intendant Albert Kost und Harry Kupfer, der Chefregisseur, sind die Männer, die heute damit beschäftigt sind, das Erbe Felsensteins zu wahren und es gewissermaßen nach vorn in unsere Gegenwart zu tragen, ganz im Sinne des Lehrers, ganz im Sinne der ständigen Erneuerung (ohne die alles erstarren würde und dem Vergessen anheimfallen), ganz im Sinne des fortschrittlichen Musikdenkens, fortschrittlicher Kunstübung und schöpferisch-individualistischen Arbeitens.

Viel Glück diesem wunderbaren Hause!

Undine
1992
Heike Keller als Undine
und Uwe Küßner als
Tirrenio

VOR UND HINTER DER BÜHNE

BILDER VON GEORG SCHÖNHARTING

TANZ IST FREUDE UND NICHT
AUS TRÜBSAL GEBOREN,
UND FREUDE IST ES, WAS SEINE
STÄNDIGE ENTWICKLUNG BEWIRKT

MICHAIL FOKIN

Romeo und Julia
1972
Hannelore Bey als Julia
und Roland Gawlik als
Romeo

ERINNERUNGEN

Wenn sinnenschwer die Glieder
und Unsagbares wieder
erscheinet in und um,
da wird die Welt ganz stumm.

Wahlverwandtschaften
1983
Hannelore Bey als Ottilie

Für jede Karriere gibt es Zeugen. Natürlich auch für die der Komischen Oper. Sie ist fünfzig Jahre alt. Dreißig meiner Jahre gehörten ihr. Gestatten Sie ein paar persönliche Erinnerungen.

Wenn sich an seltenen Sommerabenden die rote Sonne in allem Glas wiederfindet, stürzen sich manchmal irritierte Vögel gegen errötete Fensterscheiben. Ich habe das einige Male erlebt, sah die vom Aufprall atemlosen kleinen Vogelkörper auf der harten Erde liegen. Dann, nach der Zeit, sah ich sie ins Licht flattern. Es klang wie Applaus.

Manchmal sehe ich mich selbst in Gedanken auf dem Bühnenboden liegen. Fast ohne Atem vor Lampenfieber, unzähligen Gedankentoden ausgeliefert. Hebt sich dann guillotinengleich der Theatervorhang, ist der Raum überm Tanzen hochgekantet.

Es ist Zeit für »Julias« ersten Ball. Keine Traumtücher erheben in solchen Augenblicken den durchzentnerten Leib. Die Annäherung an das Ideal, das ist die Marathondistanz auf den zwanzig Metern im Quadrat der Bühne. Das Tausendauge schaut mit Shakespeareaugen. Schon schieben sich die Capulets wie Gewitter zusammen. Verwandtschaftsverklumpungen sind selten vom Glück behütet. Zwischen Liebesszene und Giftszene, zwischen Giftszene und der Gruft liegt nur zehnmal die Atemlosigkeit. So lieg ich in Gedanken in dunklem Raum auf schwarzem Tuch, ein letztes Erwachen. Ach, der Erstochenen Rufen, wie auf eisernen Hufen zu mir her. Unlesbar immer, das Labyrinth der verzweifelten Rufe. Unsichtbar, wie die Hitze meiner Lungen, die in die Welt gesprungen. Ich bin »Julia«, vieläugig, nicht geschaffen für den eckigen Weg. Winterwesen umstehen mich, spreizen die trockenen Hände. War da Applaus? Leb wohl »Julia«, denn die Erinnerungen gleichen sich schon der Dämmerung an.

Glauben Sie mir, ein Opernhaus kann den Status eines geliebten Wesens erlangen. An dieser Nähe kann man Glück und auch Leid im Übermaß erfahren. Als sich bei mir die Zeit mit den Kulissen vermischte, sprach ich die Mauern, in denen ich die meiste Zeit meines Lebens verbrachte, mit Du an. Du, Komische Oper, restaurable, nicht alternde Geliebte, bevor Du Dich mit steinernem Antlitz abwendest von Deinen ersten fünfzig Jahren, bevor Du vielleicht gestutzt, teilprivatisiert oder geschrumpft wirst, beeile ich mich, Dir herzlich zu gratulieren.

Wahlverwandtschaften
1983
Hannelore Bey als Ottilie

Norbert Servos

DAS TANZTHEATER DER KOMISCHEN OPER

Auf den ersten Blick erscheint der Unterschied zwischen der ästhetischen Tradition des Tanztheaters und seinem neuen künstlerischen Ansatz groß. Bei genauerem Hinsehen aber enthüllt sich eine Kontinuität im Geiste, die dreißig Jahre nach seiner Gründung auf die Ursprünge zurückgreift.

Als Walter Felsenstein 1965/66 Tom Schilling mit dem Aufbau eines eigenen Tanzensembles an der Komischen Oper betraute, da bezog er ihn in eine Entwicklung ein, die das Musiktheater bereits von Grund auf entschlackt und verschlankt hatte. Statt vordergründiger Opulenz sollte ein neuer, gleichwohl poetischer Realismus Oper und Tanz in einen aktuellen Zeitbezug setzen und ihr Publikum am Grund der Gefühle erreichen und bewegen.

Abendliche Tänze
1978
Dieter Hülse und Jutta
Deutschland

Schwarze Vögel
1975

Mit zunächst vierundzwanzig Tänzern begann Schilling unter dem bewußt gewählten Titel »Tanztheater« mit einer Ensemblearbeit, die sich in Inhalt und Organisation vom tradierten Ballett abhob. Nicht nur sollten die Stoffe der klassischen Ballettliteratur in neuen Choreographien ein anderes Gesicht und anderen Charakter entfalten. In der kleinen und hochmotivierten Tänzertruppe war auch die sonst so eherne Hierarchie zwischen Solisten und Corps nicht zementiert. Das stärkte den Ensemblegeist und legte doch abseits festgeschriebener Positionen Wert auf hohe tänzerische Qualität, die jeden Tänzer in seiner besonderen Persönlichkeit und Ausdrucksfähigkeit in Erscheinung treten ließ.

Früh schuf Schilling so das Modell einer hochflexiblen, auf Partnerschaft angelegten zeitgemäßen Kompanie. Für sie kreierte er Neuversionen der großen Handlungsballette ebenso wie sinfonische und Kammertänze.

Felsensteins Ansatz folgend, begriff sein Tanztheater auch das Märchenhafte als Chiffre für den Zustand der Wirklichkeit. Er entwickelte entlang einer dramatischen Fabel seine eigene Psychologie von Figuren und eine an der Persönlichkeit seiner Tänzerdarsteller orientierte Charakterzeichnung. Sein Bewegungsvokabular stellte er auf eine solide klassische Basis, reicherte es jedoch mit den Errungenschaften der eigenen deutschen Tanzmoderne an.

Requiem!!
1994
Beate Vollack und Mario Nötzel, Damen und Herren des Tanztheaters

rechte Seite, links
Othello und Desdemona
1988
Roland Gawlik als Othello und Hannelore Bey als Desdemona

rechte Seite, rechts
Nuevas Cruzes
1995
Alma Munteanu, Jérôme Soudan und Phil Von

Das Tanztheater der Komischen Oper schlug damit eine Brücke zur zeitgenössischen Dramatik und zum realitätsbezogenen Musiktheater. Statt der üblichen Klassikerpflege, die in ihrem Schielen nach bloßer technischer Meisterschaft die feudale Ballettordnung unangetastet ließ, formierte sich hier ein neues, dem Humanismus verpflichtetes Menschen- und Tänzerbild.

Zu einer Zeit, als John Cranko in Stuttgart das Ballett reformierte, und fast zehn Jahre bevor in Bremen, Darmstadt und Wuppertal eine ganz andere Tanzrevolution begann, wurde an der Komischen Oper ein Begriff geprägt, der heute zum Synonym für zeitgenössische Choreographie geworden ist. Tom Schillings Tanztheater durchschnitt zwar nicht die Traditionslinie, etablierte jedoch ein Modell, das sich in Inhalt und Arbeitsform deutlich von einer erstarrten Ballettklassik unterschied.

Daran anzuknüpfen, bedeutet heute für Chefchoreograph Jan Linkens und Tanztheaterdirektor Marc Jonkers, das Modell eines flexiblen, auf Tänzerpersönlichkeiten gegründeten Ensembles einmal mehr in die Gegenwart zu stellen. Die hat sich freilich inzwischen grundsätzlich geändert. Bestimmten vor zehn, fünfzehn Jahren noch einzelne Pioniere das jeweilige Profil einer Kompanie, so breitet sich mittlerweile eine Vielfalt tänzerischer Stile und choreographischer Sprachen aus. Das Tanztheater der Komischen Oper reagiert darauf, indem es nicht nur auf einen stilprägenden »Hauschoreographen« baut, sondern für jeweils eine Produktion pro Spielzeit einen Gastchoreographen verpflichtet.

Für die Tänzer bedeutet dies, sich in unterschiedlichen Stilen zu bewähren und den Kreationspunkt einer jeden choreographischen Sprache jedesmal neu aufzusuchen. Dafür legt Jan Linkens in seiner täglichen Arbeit mit den Tänzern die Basis, indem er ihr Verständnis für verschiedene choreographische Ansätze weckt, sie an Improvisationsaufgaben heranführt und sie für unterschiedliche Interpretationen einer Bewegung öffnet. Nicht zuletzt trägt dazu das inzwischen wechselnde Training verschiedener Techniken bei, das die tänzerische Flexibilität erhöht. Für das Publikum bietet eine solche Öffnung einen breiteren Ausschnitt aus der vielfarbigen Palette zeitgenössischer Tanzstile, indem sich zeigt, daß die Tanzentwicklung längst nicht mehr nur an den vermeintlich großen Namen hängt, sondern sich mit vielen Stimmen zu Wort meldet.

Gemäß Jonkers Devise, *Institution muß werden, was Wert hat«*, gilt nicht der Unterschied zwischen »etabliert« und »frei« als Entscheidungskriterium, sondern allein die künstlerische Qualität. Von Anfang an hat sich das Tanztheater der Komischen Oper auch den freien Choreographen der Berliner Szene geöffnet und ihnen Tänzer und Arbeitsmöglichkeiten zur Verfügung gestellt. Denn, so Marc Jonkers, »was in der internationalen Entwicklung an Innovativem und Progressivem entstanden ist, ist fast alles aus der unabhängigen Szene entstanden«. So gehört auch dieser Schritt der Öffnung zum Modell eines zeitgenössischen, in seinen Strukturen und Arbeitsweisen gewandelten Ensembles. Dabei können freie Choreographen ihre Arbeit professionalisieren, die Tänzer einen meist intimeren, für kleinere Bühnen angelegten Bewegungsansatz erlernen. Statt an großen graphischen Raumlinien schärft sich hier der Blick für die persönliche Präsenz der Darsteller.

Takt
1997

Das alles zielt nicht zuletzt auf ein Publikum, das bereit und fähig ist, sich von den vielfältigen Ausdrucksmöglichkeiten des zeitgenössischen Tanzes anregen und bewegen zu lassen. Solange jedoch der Tanz nicht zum Bildungs- und Ausbildungsgut der Schulen zählt, ist es in die Verantwortung der Theater gestellt, zukünftige Zuschauer mit der Welt Terpsichores bekanntzumachen. Denn nur, wer eine Choreographie mit der gleichen Lust und Kenntnis zu lesen versteht wie etwa ein Buch, vermag sie auch in all ihren subtilen Möglichkeiten zu genießen. So plant das Tanztheater der Komischen Oper für jede zweite Spielzeit eine Jugendproduktion eines international bewährten Choreographen, die speziell auf die Bedürfnisse eines jungen Publikums reagiert.

Mit seinen umfassenden Aktivitäten schafft das Tanztheater der Komischen Oper ein Modell, das sich gerade in Zeiten der Umstrukturierung und Neuorientierung bewährt. Denn es verschließt sich nicht hinter festgefahrenen Traditionen, sondern hält sich offen für die aktuellen Strömungen und Unterströmungen der Zeit. Beweglich reagiert es auf die aktuellen Erfordernisse, die sich nicht im Pochen auf angestammte Rechte erfüllen, sondern im kreativen Probieren neuer Organisationsformen und künstlerischer Definitionen. Damit ist es dem Geist seiner Gründer weit näher, als es auf den ersten Blick erscheint.

Theater – Tanz-Theater – heißt das, ist ein Ort, an dem sich eine Gesellschaft über ihre Werte verständigt und sie in möglichst vielen Formen erprobt.

Jan Linkens

DAS TANZTHEATER IN ERNEUERUNG

I ch sehe das Tanztheater als eine Kompanie, deren Repertoireschwerpunkt in der Schaffung von neuen Werken, von Uraufführungen besteht. Gemeinsam gehen Choreographen und Tänzer dabei auf eine schöpferische Suche nach allem, was diese Kunstform in sich trägt. Die Tänzer müssen sich in unterschiedlichen Stilen bewähren und den Kreationspunkt einer jeden choreographischen Sprache jedesmal neu aufspüren.

Das verlangt oft ein Loslassen von bis jetzt aufgebauten Selbstverständlichkeiten und ein aktives Agieren und Reagieren auf täglich neue Herausforderungen. Das Leben besteht

Oedipus Rex
1995

*SONNENKÖNIG – Eine
Reise*
1996
Martina Wilde, Arturo
Gama, Madiakhaté
M'Boup und Alma Mun-
teanu

Petruschka
1995
Uwe Küßner als Mohr,
Alma Munteanu als Balle-
rina und Mario Perricone
als Petruschka

159

aus ständiger Veränderung mit vielen Fragen und Problemen. Wir müssen Wege finden, mit diesen Änderungen produktiv umzugehen. Wir müssen das Gefühl entwickeln, daß man sich nicht aufgibt, sondern daß man sich einbringen kann in diesen Prozeß. Wir müssen neue Wege finden, um das Publikum auf unsere Neuproduktionen aufmerksam zu machen, mit einer guten Spielplanung ein facettenreiches Repertoire vorzustellen und ihm Lust und Spaß und interessante Erlebnisse zu bereiten. Das alles braucht Engagement und Zeit; wobei es nicht immer auf das Geld ankommt. Unsere Tanztheater-Extra-Aktivitäten sind Beispiele dafür, wie wir versuchen, das neue, noch völlig unbekannte Tanzstück vorzustellen. Unser Arbeitskreis Tanztheater innerhalb des Förderkreises Freunde der Komischen Oper e.V. mit über 350 Mitgliedern ist eine ganz wichtige Organisation, um das Tanztheater und das vielfältige Repertoire in der Öffentlichkeit bekanntzumachen. Probenbesuche, tägliches Training, Foyergespräche mit Tänzern und Choreographen, Lecture-Demonstrations und viele weitere Aktivitäten gehören zu unserem Angebot. Auch Vorstellungen außerhalb der Komischen Oper sorgen dafür, daß sich ein »anderes« Publikum mit unserer Arbeit vertraut macht.

Jan Linkens auf der Probe

Der Tanz hat eine unglaubliche Kraft und Energie, und daran müssen wir uns festhalten. Vieles wird sich in Berlin weiter verändern, auch im Theaterbereich. Aber solange man gemeinsam danach strebt, Lösungen zu finden, die die künstlerische Substanz nicht abbauen, haben wir viel gewonnen. Ich vertraue auf meine Tänzer und Mitarbeiter und auf unser Publikum.

Tom Schilling

Mein Zuhause, mein Leben, mein Lebensinhalt

Für mich war die Komische Oper für fast dreißig Jahre mein Zuhause, mein Leben und mein Lebensinhalt.

Mein ganz großer Lehrmeister war Walter Felsenstein. Von ihm habe ich gelernt, wie man eine Rolle gestaltet, wie man Charaktere herausarbeitet und hinterfragt, wie man Personenregie führt und das Theater zu einem Spiel zwischen Bühne und Publikum macht, das auf Verständigung über menschliches Tun in seinen unerschöpflichen dramatischen, komischen und tragischen Konstellationen einlädt. Wir fühlten uns dabei Friedrich Schillers Auffassung vom Theater *»als einer moralische Anstalt«* verpflichtet, die Menschen in ihrer Empfindsamkeit, Kraft und Gefährdung, ihrer Liebesfähigkeit und in all ihrer Widersprüchlichkeit ins Zentrum des Theatererlebnisses stellt.

Tom Schilling mit Gregor Seyffert

Schwanensee
1978
Thomas Vollmer als Sieg-
fried, Angela Reinhardt
als Odette und Damen
des Tanztheaters

Wahlverwandtschaften
1983
Angela Reinhardt als
Ottilie, Jens-Peter Urbich
als Eduard und Jutta
Deutschland als Charlotte

Match
1971
Roland Gawlik und
Hannelore Bey

Ich hatte das Glück, Tänzerinnen und Tänzer von großer Ausdruckskraft für dieses Tanz-Theater zu gewinnen, Protagonisten, die sich als tanzende Darsteller verstanden, die mir folgen wollten und deren Lebensinhalt auch die Komische Oper war.

Das außergewöhnlich angenehme Arbeitsklima, das spürbare Verständnis und Engagement aller Abteilungen des Hauses für die künstlerische Arbeit waren beglückend. Die Probleme, die wir dabei gemeinsam lösen mußten, waren stets künstlerischer Art. In dieser gemeinsamen Suche fanden wir immer wieder zu Ergebnissen, die streitbaren Widerhall in der Öffentlichkeit fanden.

VIELES IST AUF ERDEN ZU TUN.
TUE ES BALD!

LUDWIG VAN BEETHOVEN

Rolf Reuter

DIE DEUTSCHE SPRACHE IM HAUSE WALTER FELSENSTEINS

»Künstler sind Propheten«
Robert Schumann

Warum singt man in der Komischen Oper fremdsprachige Werke nicht in der Originalsprache?

Ein Hauptgrund für die Mode, die Originalsprache zu bevorzugen, ist zweifellos der Status unserer führenden Opernhäuser als Startheater. Der nomadisierende Gesangsstar lernt in der Regel nur einmal seine Partie. Ob er sie aber akzentfrei sprachlich und künstlerisch artikulieren kann, steht auf einem anderen Blatt.

Der Teil des Publikums, der das Singen ausländischer Opern in der Landessprache ablehnt, hört in der Regel nicht, ob sein Heros oder seine Heroine ein grausam schlechtes Italienisch, Russisch, Tschechisch oder Französisch radebricht. Verzückt lauschen Lieschen und Michel ihrem Idol. Oper ist ja ohnehin nur »schöner Schein«, lukullischer »Wohllaut«, willkommene »Flucht aus dem Alltag«. Wozu überhaupt noch Textverständlichkeit? Wir haben ja die »lingua franca« der Musik! Wie herrlich klingt doch das »Belcanto« der italienischen Sprache und wie hart dagegen das »barbarische« Deutsch!

Und als korrekter Deutscher senkt man angesichts solcher Bildungsüberlegenheit betroffen das Haupt.

Walter Felsenstein dagegen forderte den Gebrauch der deutschen Sprache. Und weil er seine gewichtigen Gründe dafür hatte, forderte er auch ihre gestaltete Prägnanz im gesanglich-musikdramatischen Bühnengeschehen. Diesen gewichtigen Gründen wieder einmal nachzuspüren, könnte über den Rahmen der Insider-Diskussion hinaus ein Beitrag zur Wertediskussion unserer Tage sein. Denn Sprache und Gesang im Musiktheater sind ohne Zweifel Werte. Werte menschlicher Kultur. Pflegsam (cultus von colere – pflegen, die Erde bebauen) mit diesem »klassischen« Erbe umzugehen, ist Verantwortung, Pflicht und Aufgabe für jeden Interpreten, Besucher, Lehrer oder Politiker. Wo der Vorrang im Operngeschehen liegt, bei der Sprache oder beim Gesang, ist nicht so diskussionswürdig wie die künstlerische Schwierigkeit, beide Faktoren virtuos zur Einheit zu verschmelzen, so wie es die klassische Gesangstechnik erfordert.

Die Kunstform Oper als Kind des Zeitalters des Rationalismus und der Aufklärung ist seit ihrer Geburt im 17. Jahrhundert ununterbrochen von der philosophischen Diskussion um die »Erziehung des Menschengeschlechts« geprägt worden. Im heftigen Widerstreit der Meinungen waren sich dennoch alle Musiker, Dichter und Denker, alle Maler, Künstler und

»Ich bin hier sehr beliebt. Und wie würde ich erst beliebt werden, wenn ich der Teutschen Nationalbühne in der Musik emporhelfe? Und das würde durch mich gewiß geschehen, denn ich war schon voll Begierde, zu schreiben, als ich das teutsche Singspiel hörte.«
(Wolfgang Amadeus Mozart an seinen Vater, 1777)

»Es ist physisch unmöglich, daß ein mit schönstem Geiste begabter Autor diese rohe Sprache hervorragend gut handhaben könne ... Ich finde eine halbbarbarische Sprache, die sich in ebenso viele Dialekte scheidet, wie Deutschland Provinzen zählt. Ich höre ein Kauderwelsch ohne allen Reiz ...«
(Friedrich der Große, De la Littérature Allemande, Berlin 1780)

Gerneralmusikdirektor
Rolf Reuter mit dem
Orchester der Komischen
Oper im Konzerthaus am
Gendarmenmarkt (Probe)

»... da würde vielleicht
das so schön aufkei-
mende Nationaltheater
zur Blüte gedeihen,
und das wäre ja ein
ewiger Schandfleck für
Teutschland, wenn wir
Teutsche einmal mit
Ernst anfingen, teutsch
zu denken – teutsch zu
handeln – teutsch zu
reden und gar teutsch
zu singen!«
(Wolfgang Amadeus
Mozart an Anton
Klein, 1785)

»Haben wir dies Publi-
cum der Ebräer? Mich
dünkt, jedes Volk habe
es durch SEINE SPRA-
CHE. Diese ist ein
göttliches Organ der
Belehrung, Strafe und
Unterweisung für
jeden, der für sie Sinn
und Ohr hat. Mittels
der Sprache wird eine
Nation erzogen und
gebildet; mittels der
Sprache wird sie Ord-
nung- und Ehrliebend,
folgsam, gesittet,
umgänglich, berühmt,
fleißig und mächtig.
Wer die Sprache seiner
Nation verachtet, ent-
ehrt ihr edelstes Publi-
kum; er wird ihres
Geistes, ihres inneren
und äußeren Ruhms,
ihrer Erfindungen,

Pädagogen einig in der Vision und dem allgemeinverbindlichen Ideal einer »Humanität«, die es zu »befördern« galt. Die Wichtigkeit der Sprache für den Erziehungsprozeß der »Menschheit« war bei aller heftigen Polemik eine allgemeine Übereinkunft. Keinem fiel es ein, die Sprache als Quantité négligeable zu betrachten. Das Gegenteil aber war der Fall. Der Enthusiasmus, die Sprache zur Vorherrschaft zu bringen, schuf die Kunstform des Melodrams, wo zur Orchesterbegleitung nicht gesungen, sondern gesprochen wurde.

In Deutschland wurde die Vorherrschaft der französischen und italienischen Sprache von führenden Köpfen als Mangel empfunden. Kaiser Joseph II. war mit der Gründung des deutschen Nationalsingspiels in Wien nur einer von vielen Protagonisten der deutschen Sprache in der Oper für eine humanistische Erziehung der Deutschen.

Der bekenntnishafte Einsatz Wolfgang Amadeus Mozarts für die »teutsche Oper« (Zauberflöte – gemeint war die deutschsprachige Oper) zugleich mit dem immer wieder kräftig vorgetragenen Bekenntnis zur Humanität (Entführung) ist allgemein bekannt. Es ist ein Zeichen für den beklagenswerten fortschreitenden allgemeinen Bildungsverfall – mittlerweile sind die Deutschen auf Platz dreiundzwanzig des Bildungsniveaus von einundvierzig untersuchten Völkern gerutscht –, wenn namhafte Publizisten und Kulturpolitiker den Zusammenhang dieses historischen Bekenntnisses zur deutschen Sprache mit dem humanistischen Weltbürgerschaftsideal des Aufklärungszeitalters nicht mehr zu erkennen in der Lage sind. Mozart ließ die zahlreichen Opern, die er für italienische Operntruppen auftragsgemäß komponierte, sofort auch ins Deutsche übersetzen und durch seine Verleger den deutschen Ensembles zugänglich machen.

Seit dieser Zeit hatte die deutsche Sprache einen festen Platz auf allen Opernbühnen der Welt. Noch Bruno Walter ließ während seines Exils in Buenos Aires als Opernchef *Così fan tutte*, *Don Giovanni* und *Figaros Hochzeit* auf deutsch singen. Wie? Aber das Deutsche klingt doch nicht! So lautet immer der Einwand! Anders noch Bruno Walter: Er bediente sich der Gedanken Johann Wolfgang von Goethes und vieler anderer großer Genies, wonach die deutsche Sprache (neben der altgriechischen) die biegsamste und damit die geeignetste vor allen anderen Sprachen sei, Meisterwerke der Weltliteratur zu übersetzen und jedes »Cantabile« und »Belcanto« adäquat gesanglich zur Geltung zu bringen.

Das muß allerdings gekonnt sein. Die alte Gesangstechnik eines Pier Francesco Tosi und eines Johann Friedrich Agricola war das Muster bis in unsere Zeit hinein für das virtuose Verschmelzen von äußerster Plastik der sprachlichen Artikulation mit freier und makelloser Behandlung der Vokale. Die übersetzte Fassung wurde somit zuweilen als eine Bereicherung des Originals angesehen, weil sie neue Vorzüge der Komposition ins Licht stellte.

Diese klassische Gesangstechnik war schon zu Giuseppe Verdis Zeiten mehr in Deutschland als in Italien zu Hause. Verdi ließ die Uraufführung seiner *Aida* in Kairo von zwei deutschen Primadonnen singen.

Heute wird die Bedeutung des Textes sowohl in ihrer geistigen Dimension als auch in Bezug auf die Verstehbarkeit kaum noch erkannt.

Das Publikum der Komischen Oper bestand lange in der Mehrheit aus Menschen der arbeitenden Bevölkerung. Der Gedanke der Volksbühne war an diesem Hause gültig ins Werk gesetzt. Es muß darauf bestanden werden, daß dieser Gedanke mit seiner humanistischen Grundtendenz nicht nur Vergangenheit und absterbende Gegenwart ist. Unser bedrohter Planet erfordert größte Zuwendung. Zur Nutzbarmachung aller Quellen des Lebens sollte der Kulturwert an erster Stelle stehen. Die Oper mit ihren unerschöpflichen Herrlichkeiten ist noch nicht am Ende. Ihr Beitrag für die Verwirklichung einer großen Menschheitskultur, die noch in den Kinderschuhen steckt, ist noch lange nicht ausgeschöpft worden.

Selbstverständlich wollen diese Zeilen nicht gegen Aufführungen in der Originalsprache polemisieren. Wir erwarten nicht nur in Mailand die *Bohème* musterhaft auf italienisch, in London *Albert Herring* auf englisch, in Moskau den *Boris Godunow* auf russisch ausgeführt. Deutschland würde ärmer, wenn man keine Opern mehr fremdsprachig hören könnte. Dieselbe geistige Aufgeschlossenheit sollte aber auch gegenüber unserer gesungenen Landessprache herrschen. Und das Ziel sollte nicht einen Augenblick aus den Augen gelassen werden, dieses *»Orplid, mein Land, das ferne leuchtet«*, welches uns die großen Meister als Aufgabe hinterlassen haben: *»Was aber bleibt, stiften die Dichter«* (Friedrich Hölderlin).

ihrer feineren Sittlichkeit und Betriebsamkeit gefährlichster Mörder.« (Johann Gottfried Herder, Briefe zur Beförderung der Humanität, 57. Brief: Vom Publicum der Ebräer)

»Die Kunst wird die große Fuge sein, in der sich die verschiedenen Völkerschaften ablösen im Singen!« (Robert Schumann, Denk- und Dichtbüchlein, 1832)

»Ich wüßte kein edleres Ziel, was sich einer vorstecken könnte, als das, dem Vaterlande und der eigenen Sprache Musik zu geben.« (Felix Mendelssohn Bartholdy an Johannes Josephus Hermanus Verhülst, 1844)

»Die Werke der Kunstheroen sind für die NATION geschrieben, nicht für eine einzelne Kaste, der etwa ihre finanziellen Mittel erlauben, sich den Genuß derselben zu erkaufen.« (Hans von Bülow, Abend-Post, 1850)

Hans-Joachim Franzen

ENTDECKUNGSREISEN IN EIN FERNES LAND

Zur politischen Dimension in den Aufführungen der Komischen Oper

Dürfen die denn das? Diese Frage wuchs sich zu einer Idée fixe aus, die sich bei jedem Besuch von Walter Felsensteins *Ritter Blaubart* erneut einstellte, wenn die Opportunistenkanzonette angestimmt wurde oder *»die Zeit der Menschenrechte«* in einem Dialog als Faktor erwähnt wurde, der den Regierenden die Arbeit schwer machte. Für den aus Westdeutschland nach Westberlin gezogenen Beobachter, der 1981 die Komische Oper entdeckte, waren dies Töne, die er in seiner Unkenntnis des gesellschaftlichen wie auch des künstlerischen Lebens in der DDR nicht für möglich gehalten hatte. Auf ein Musiktheater, welches die Welt der Oper ästhetisch revolutioniert hatte, war er gefaßt, nicht aber auf ein Theater der Anspielungen, die politisch – d. h. kritisch zu deuten waren.

Und staunte. Und lernte zuzuhören, wie das DDR-Publikum auf dieses Spiel reagierte. Denn spürbar staunte auch dieses Publikum über die Sprache, die da riskiert wurde. In keiner Aufführung fiel die Reaktion gleich aus: mal gab es Getuschel, mal Geraune, manchmal auch ein gar nicht so vereinzeltes Klatschen, welches sich mit Gelächter Mut machte und zugleich dahinter versteckte. Die Ambivalenz dieser Textpassagen provozierte ambivalente Reaktionen im Publikum. Es ließ sich ein auf ein Spiel, bei welchem man die grotesken Verhältnisse im Reich des Königs Bobèche vor Augen hatte – und zugleich die eigene Situation wiedererkannte.

Somit spielte man ein Spiel genauso wie es Jacques Offenbach mehr als 100 Jahre zuvor im Sinn gehabt hatte. Selten blieb eine Aufführung ohne jegliche Reaktion, eher schon gab es die demonstrativ eisige Verweigerung von Reaktionen auf die politisch brisanten Stellen. Der Blick während der Pause auf die Stelle am Jackett, wo das Parteiabzeichen angeheftet wurde, erklärte dann einiges. Und so begriff der Beobachter aus dem Westen, daß es hinter der Mauer eine Gesellschaft gab, die Differenzen aufwies und gar nicht so monolithisch war, wie er es sich gedacht hatte und wie das System sich nach außen zu präsentieren suchte. Der *Ritter Blaubart*, einige Dutzend Male besucht, erwies sich als Seismograph und wurde andererseits zu einer Schule der Wahrnehmung.

Und so registrierte man schnell, daß das neue Team, das 1981 die Leitung übernahm, seine Arbeit am Musiktheater immer auch in den Kategorien politischer Diskussionsangebote formulierte, wenn das Stück einen solchen Ansatz denn zuließ.

Boris Godunow war aus dieser Perspektive folglich auch kein Blick zurück in die Geschichte Rußlands im 16. Jahrhundert – es wurden statt dessen die Mechanismen trans-

Ritter Blaubart
1963
Chorsolisten

parent gemacht, in denen sich politische Machtkämpfe in der Gegenwart vollzogen. Vom ersten Augenblick an war Fürst Schuiskij auf der Bühne allgegenwärtig, wurde in der Charakterisierung durch John Moulson der Typus eines Politikers sichtbar, der mit Hilfe des politischen Machtapparats die Fäden in der Hand hält, auch wenn er als Funktionär im Hintergrund des Geschehens bleibt. Wer wollte, konnte die Machtkämpfe bedenken, welche sich aktuell im Kreml um die Nachfolge Breshnews abspielten. Auch das Bild eines Volks, welches in einen Käfig gesperrt wurde, hatte mehr mit der Gegenwart als mit dem 16. Jahrhundert zu tun.

Im *Giustino* wurde die politische Aussage integraler Bestandteil der Inszenierung. Die Geschichte von dem Bauernburschen, der auszieht, sich seine Träume von Heldentaten zu erfüllen und der am Ende die Hohlheit des Ruhms begreift, sie war auch die Fabel von einem, der lernt, daß man Pflugscharen besser nicht zu Waffen umschmiedet. Jedes Mal, wenn der junge Jochen Kowalski als Giustino das zum Spieß umgebogene Pflugeisen in die Luft streckte, erinnerte er an jenes Motto, unter dem sich die kirchliche und alternative Friedensbewegung der DDR engagierte: *»Schwerter zu Pflugscharen«*. Und erneut drängte sich die Frage auf: *»Dürfen die denn das?«*

Konnte man denn die leeren Rituale politischer Massenveranstaltungen so bloßstellen, indem man Reihen von Puppen auf die Bühne brachte, die auf das Kommando des Usurpators Amanzio die Arme mit der geballten Faust hochreckten? *»Soll die kranke Welt* *genesen, braucht sie manchen braven Mann ...«* – mit diesen Worten des Finales wandte sich Kowalski nicht mehr als Giustino an das Publikum. Er war zuvor wie auch die anderen Darsteller aus Kostüm und Rolle geschlüpft, um nun von einer anderen Ebene aus zum Engagement aufzufordern. Und zwar, wie der Text unmißverständlich deutlich machte, zum Engagement als Individuum – nicht als Kollektiv.

Für den Beobachter aus dem Westen, der seine Lehrjahre abgeschlossen hatte und die Wirklichkeit des Lebens in der DDR nun besser kannte, eröffnete dieser *Giustino* eine neue Perspektive: Hier begann das Musiktheater der Komischen Oper, sich offen und offensiv einzumischen in aktuelle Auseinandersetzungen in der DDR.

Von nun an gab es Wichtigeres als die Beobachtung der Zuschauerreaktionen im *Ritter Blaubart*; nun galt es zu warten, wie sich Harry Kupfer wieder mit dem Gewicht einer neuen Inszenierung einschalten würde in Kontroversen innerhalb der DDR. Dies tat er 1986 mit der *Zauberflöte*.

Daß dies keine Märchenoper im üblichen Stil werden würde, machte bereits die erste Szene deutlich: Die Irrwege Taminos begannen in einer Welt, die vertraut, aber auf eine befremdliche Art bekannt erschien. Die Häuserschluchten vom Prenzlauer Berg nahmen Gestalt an in den sich drehenden Häuserfassaden auf einer sich drehenden Bühne. Abblätternden Putz kannte man – und wenn sich ein größeres Skulpturelement von der brüchigen Fassade löste und einem wie Tamino vor die Füße fiel, dann war dessen Ohnmacht unmittelbar nachzuvollziehen.

Indem das Bühnenbild Hans Schavernochs den Alltag in Ostberlin mitdenken ließ und Papageno aus einer lokaltypischen Souterrainwohnung ans Licht stieg, bekam dessen Begegnung mit dem Prinzen aus dem fernen Land fast die Untertöne politischen Kabaretts. Papagenos Frage: »*Gibt's außer diesen Bergen auch noch Länder und Menschen?*«, schien ihn als einen zu entlarven, der erst kürzlich aus dem Tal der Ahnungslosen nach Berlin gezogen war. Umgekehrt ist für Tamino diese Welt, in die es ihn verschlagen hat, so fremd, daß er den Vogelfänger erst einmal fragt, ob er denn ein Mensch sei. Die Anzüglichkeit auf die Gegenwart – sie hatte nichts zu tun mit einer eigenen *Zauberflöten*-Version; Kupfer hatte nur die sonst zusammengestrichenen Dialoge Emanuel Schikaneders zum Sprechen gebracht und in einer Regie, die ganz wesentlich auch Dialogregie war, jene Patina weggebürstet, die sich über den Text legt, wenn Opernsänger ihn routiniert herunterleiern. Folglich nahm auch die Versammlung der Eingeweihten, in der die Priester ohne Pathos und Öl in der Stimme nüchtern konferierten, den Unterton eines real existierenden Gremiums an, in welchem politische Profis über das Schicksal von Pamina und Tamino berieten.

Allerdings verwiesen die Kostüme dieser Männer eher in die Zeit Wolfgang Amadeus Mozarts. Freimaurer mochten sie sein oder aber Vertreter jenes aufgeklärten Absolutismus, wie Mozart ihn als staatliche Reformstrategie und Doktrin erlebt hatte. Vorstellbar auch, daß hier die Jakobiner der Französischen Revolution berieten, was denn gut wäre für Pamina und Tamino. Gemeinsam war diesen Gruppierungen die Vorstellung, daß eine aufgeklärt denkende und rational handelnde Elite die Menschen formt, die Gesellschaft verän-

Giustino
1984
Hans-Martin Nau als Polidarte, Günter Neumann als Vitaliano, Jochen Kowalski als Giustino, Michael Rabsilber als Anastasio, Rudolf Asmus als Orgelspieler aus dem Berg, Violetta Madjarowa als Leocasta und Dagmar Schellenberger als Arianna

Die Zauberflöte
1986
Werner Haseleu als Erster Priester, Bernd Grabowski als Sarastro und Chorsolisten

Idomeneo
1990
Chorsolisten

Hoffmanns Erzählungen
1993
Dagmar Schellenberger
als Stella/Olympia/
Giulietta/Antonia, Roger
Smeets als Muse, Neil
Wilson als Hoffmann,
Solisten und Chorsolisten

Don Giovanni
1987
Michael Rabsilber als
Ottavio, Ellen van Lier als
Zerlina, Klemens Slowio-
czek als Leporello, Thea
van der Putten als Elvira
und Eva-Maria Bundschuh
als Donna Anna

dern, die Welt verbessern könnte und müßte. Das Konzept einer Erziehungsdiktatur verweist aber gleichermaßen in die Gegenwart und verbindet Sarastro über Maximilian de Robespierre mit Wladimir Iljitsch Lenin und weist damit in die politische Gegenwart der DDR mit der herausgehobenen »führenden Rolle der Partei« als Avantgarde. Das Spiel mit dem »sowohl – als auch«, das Ausleuchten des Spannungsfelds zwischen historischen und gegenwärtigen Bezügen machte es Kupfer und seinem Team möglich, das bestehende System in Frage zu stellen.

Da war zum einen der Akzent, daß Pamina in dieser Inszenierung zum Schluß den angebotenen Mantel zurückweist, der sie als Mitglied dieser Elite ausgewiesen hätte; diese Pamina hatte nicht vergessen, wie unmenschlich die Prüfungen gewesen waren und daß sie, im Ungewissen gelassen über das, was »man« mit ihr und Tamino vorhatte, fast in den Selbstmord getrieben worden war. Mit dieser Geste drückte sie den Willen aus, ein selbstbestimmtes Leben führen zu wollen. Immanuel Kant hatte 1783 seine Schrift »Was ist Aufklärung?« mit dem Satz eingeleitet: *»Aufklärung ist der Ausgang des Menschen aus seiner selbst verschuldeten Unmündigkeit.«* Diese Pamina löste den hier formulierten Anspruch ein, während ein Tamino ihn nicht erfüllt, wenn er sich fraglos jenen Prüfungen und Regeln unterwirft, die andere für ihn aufgestellt haben. Dafür aber wird er als *»Leitungskader im Sinne des Ordens«* funktionieren, wie Kupfer es in einem Interview 1988 formulierte. Der andere zentrale interpretatorische Ansatz lag in der »Biographie«, die dem Sarastro dieser Inszenierung auf den Leib geschrieben wurde. Mit Bernd Grabowski war er untypisch besetzt: das war kein Sarastro, der mit dem sonoren Tiefgang seiner Stimme ganz selbstverständlich Autorität ausstrahlte, kein Sarastro, der schon vom Stimmklang her suggerierte, daß er in sich ruhte. Statt dessen erlebte man einen jungen Mann, den Prototyp des glatten Funktionärs, der effizient die Leitung der Organisation betrieb. Mitdenken ließ sich der Ehrgeiz, mit dem er sich zur Spitzenposition hochgearbeitet hatte. Und dann genügt der

Bruchteil einer Sekunde, um ihn aus der Bahn zu werfen: Da strauchelt Pamina im 2. Akt und in einer unwillkürlichen Reaktion fängt dieser Sarastro sie auf. Für einen Moment trat er aus dem Schutz des Rituals, welches ihm seine Unnahbarkeit garantierte, und entdeckte, welchen Unterschied es machte, Menschlichkeit in der Hallenarie verbal zu propagieren – oder aber sie spontan zu leben. Und mit diesem Widerspruch konnte er nicht umgehen. Der so scharf mit den Konturen eines Funktionärs umrissene Sarastro funktionierte nicht mehr. Wie geistesabwesend ließ er im Finale die Huldigungen über sich ergehen, die einem galten, der er nicht mehr war. Und wie gelähmt mußte er registrieren, daß seine »von oben« geplante Versöhnung der Gegensätze gescheitert war: Pamina verweigerte sich und zog die ferne aber eigene Utopie, wie sie in Gestalt des Einhorns kurz sichtbar wird, den vorgegebenen Idealen des Systems vor; und selbst der »einfache Mann aus dem Volk«, Papageno, entzog sich den Anforderungen und damit dem Zugriff des Systems, indem er sich in seiner Familienidylle und der Nische seines Privatlebens selbst genug war. Es war dies die Zeit, in der Michail Gorbatschow mit Glasnost und Perestroika die Stagnation des politischen und gesellschaftlichen Systems der Sowjetunion zu überwinden suchte.

Ein Jahr darauf, im *Don Giovanni* – die Hoffnungen auf eine Reform von oben waren analog der Entwicklung in der UdSSR verflogen – spielte man ein Requiem. Diese Totenmesse auf einen Geist, der stets bereit ist zu verneinen, sie zeigte eine Gesellschaft, die sich im Kreis bewegte. Immer wieder, in jeder Aufführung, würde dieser Außenseiter in seiner Gesellschaft zu den Tönen der Ouvertüre erneut vom Sockel seines Grabmals springen –

Carmen
1991
Marilyn Schmiege als
Carmen

und stets aufs neue würde man ihn mit offensichtlich fabrizierten Methoden beiseite schaffen. Natürlich spielte diese Inszenierung in Spanien – einem Spanien aber, das unübersehbar bestimmt war von Kult um den Tod: allgegenwärtig waren die expressiv verzerrten barocken Grabdenkmäler. Doch die Gesellschaft der Totengräber, die immer und überall das Geschehen belauschten, ergab auch Sinn für ein Publikum in der Komischen Oper, dem Spanien unerreichbar fern, dem die spanische Kultur ein Buch mit sieben Siegeln war.

Denn statt des Auftritts der Statue des Komturs erlebt man im Finale, wie eine gigantische Faust in die Welt Giovannis hineindonnert; und vergleichbar überdimensioniert war die Hand, die sich vom Bühnenhimmel herabsenkte, um Versöhnungsbereitschaft zu signalisieren. Dies hatte nun überhaupt nichts mehr mit Spanien zu tun – was man statt dessen erblickte, waren die offiziellen Symbole der führenden Partei der Arbeiterklasse. Zeichen der Macht waren sie in ihrer schieren Größe – und ließen doch durchscheinen, daß sie aus Pappmaché gefertigt waren, billigem Material, welches das Zerbröseln der Macht nur noch kaschieren konnte. Doch wo war der Komtur, wo erblickte Giovanni seinen Kontrahenten? An der Rampe stehend behauptete Roger Smeets als Giovanni sein »Nein!« Seine Verweigerung, sie zielte ins Publikum, richtete sich speziell auf die Mittelloge, als ob dort der Komtur zu sehen wäre. Diese Mittelloge aber, sie war bei entsprechenden Anlässen der Ort, an dem die politische Prominenz Platz nahm. Doch auch denen, die nicht dort sitzen, wurde ein Spiegel vorgehalten. Denn was machen Donna Anna, Donna Elvira und die anderen, die zuvor auf der Bühne so fasziniert gewesen waren von dem Lebensentwurf, den ihnen dieser Außenseiter so verführerisch angeboten hatte? Er, der als einziger Farbe in das ansonsten von schwarzen und grauen Farbtönen geprägte Leben gebracht hatte? Sie fügen sich wieder in die Tristesse ihrer realen Lebensverhältnisse, helfen mit, jenes Loch fugengenau zuzuhämmern, durch das man Giovanni abgeschoben hatte. Sie sind dabei, wenn schwere Balken das erneute Eindringen eines solchen Außenseiters von der hinteren Seite der Bühne blockieren sollen. Zu den letzten Tönen ihres Schlußgesangs, in denen sich diejenigen artikulieren, die selbstgerecht wissen, was gut und wer böse ist, reißen sie auch noch den Vorhang herunter, damit er sie vom Publikum trenne. Eine Gesellschaft schottete sich ab.

Das Publikum, welches in den Jahren 1986 bis 1989 in *Die Zauberflöte* und dann in *Don Giovanni* strömte, es war auffällig jung und hatte mit dem »normalen« Opernpublikum wenig gemein. Diese jungen Leute hatten zuvor vermutlich Volker Brauns *Die Übergangsgesellschaft* im Maxim Gorki Theater gesehen oder *Lenins Tod* (ebenfalls von Volker Braun) am Berliner Ensemble. Oder aber sie hatten mit ihrem Beifall politisch brisanten Aussagen in Heiner Müllers *Der Lohndrücker* Nachdruck verliehen. Seit Ende 1987 war für den hellhörig gewordenen Besucher aus dem Westteil der Stadt offenkundig, daß sich etwas regte innerhalb der Gesellschaft des anderen Teils Deutschlands. Die einbetonierte Unbeweglichkeit des politischen und gesellschaftlichen Systems wurde nicht mehr »fraglos« hingenommen. Zwar sperrten sich die staatlichen Medien gegen jede Diskussion über die Zukunft wie auch die unverarbeitete Vergangenheit sozialistischer Systeme. Es war dies die Zeit, in der der »Sputnik« aus dem Vertrieb verschwand, jene sowjetische Zeitschrift, in der

La Traviata
1994
Noëmi Nadelmann als
Violetta und Chorsolisten

eine kritische Auseinandersetzung mit dem Stalinismus betrieben wurde. Um so offener übernahmen die Literatur und das Theater die Funktion, diese Themen zur Sprache zu bringen. Und die Komische Oper war integraler Bestandteil dieses Forums, auf dem die politischen und gesellschaftlichen Perspektiven des Systems verhandelt wurden.

Es kam die Wende. Doch während die Theater noch einige Zeit auf die neuen Stücke warten mußten, in denen dieser Umbruch verarbeitet wurde, schob man an der Komischen Oper einen ursprünglich für den »Mozart-Zyklus« nicht vorgesehenen *Idomeneo* in die Spielzeit 1990/91 ein. Von der Entfremdung zwischen Herrscher und Volk handelt diese Oper, von Schuld und möglicher Sühne, von der erzwungenen Abdankung des Herrschers. Die erlebte Realität eines politischen Umbruchs lieferte die Bilder, um in der Handlung dieser Oper und mit den Mitteln des Musiktheaters einen Prozeß zu reflektieren, der in der

Wirklichkeit des Jahres 1990 unfaßbar war und unbegriffen blieb. Wenn Günter Neumann sich als Idomeneo gegen das Schicksal aufbäumte und auf Katastrophen mit dem manipulativen Krisenmanagement reagierte, über welches der König Kretas als Politprofi verfügte, dann brauchte er nicht aus seiner Rolle zu treten, um Gegenwärtiges zu suggerieren: dieser Idomeneo, der sich dem Chor entgegenstemmte, er ließ unweigerlich die Fernsehbilder aus dem Herbst 1989 assoziieren, in denen sich Günter Schabowski als das politisch wie intellektuell beweglichste Mitglied des Politbüros in Straßendiskussionen dem Unmut der Bevölkerung stellte, oder er die Pfiffe nicht leicht wegsteckte, die er bei seinem Auftritt auf der Demonstration am 4. November 1989 aushalten mußte – um doch weiterzumachen. Lacher gab es, wenn Arbace, der Berater Idomeneos auftrat und versuchte, Konfliktlösungen herbeizuführen, mit denen sich das vom Schicksal geforderte Menschenopfer vermeiden ließ: hinter der Maske des Sängers mit Brille und Glatze erkannte das Publikum unschwer Gregor Gysi.

Wenn der Priester des Poseidon an der Spitze des Volkes den König zwingt, die Hintergründe seines Handelns offenzulegen, dann brauchte man nur seine traditionellen pseudoantiken Gewänder auszutauschen gegen ein schlichtes schwarzes Gewand – und schon sah man den Mann der Kirche des Jahres 1989, wie er sich engagierte, in Leipzig, in Berlin. Um diese Effekte des Wiedererkennens der eigenen Situation beim Publikum zu erzielen, brauchte die Inszenierung die 200 Jahre alte Handlung nicht übers Knie zu brechen, um aktuell sinnfällige Bezüge sichtbar zu machen; Mozarts Oper erwies sich auch ohne Eingriffe in ihre Handlung als die Zeichnung einer Konfliktkonstellation, in der das Publikum seine Gegenwart erkennen konnte. Und sichtbar wurden in dieser Analyse eines politischen Umbruchs die Opfer, wurde im Selbstmord Elektras die verzweifelte Handlung eines Menschen vorgeführt, der ganz auf Idomeneo gesetzt hatte und noch an die von Idomeneo verkündeten Perspektiven glaubte, als dieser sich schon mit sarkastischer Abschiedsgeste von Herrschaftsposition, Idealen und Verantwortung verabschiedet hatte.

Und die Aussichten für die anderen? Da begreift Idamante, der Sohn Idomeneos, daß er nun herrschen soll, und er, der eben noch Opfer gewesen war, reckt sich – und mit einer Geste herrschaftlicher Omnipotenz zwingt er die Umstehenden auf die Knie. Damit signalisiert der Regisseur, daß er dem naiven Fortschrittsglauben des Komponisten nicht mehr folgen kann. Kein Orakel offenbart in dieser Inszenierung, was die Zukunft sei; in einer Finalszene, auf die sich ein weißes Tuch gelegt hat, spielt ein kleiner Junge Orakel. Ein optimistischer Ausblick auf das, was kommen wird?

Mit dem Verschwinden der DDR löste sich auch das Bezugssystem auf, in welchem die politisch motivierte Kritik Sinn ergeben hatte. Die einst brisante politische Dimension der Inszenierungen erschließt sich dem neuen Publikum nicht mehr, welches großenteils aus dem Westen kommt und die Anspielungen nicht erkennen kann. *Die Zauberflöte* und *Don Giovanni* werden das Wegbrechen einer Bedeutungsebene problemlos überleben, und dies nicht nur, weil es sich bei ihnen um Publikumsmagneten handelt; denn die Vielschichtigkeit dieser Opern war durch die politische Interpretation Kupfers bereichert, nicht aber eingeebnet worden. Die Gestalten dieser Opern waren nie bloße Chiffren gewesen – was bei Kupfers Art der intensiven Personenführung auch schwer vorstellbar wäre – und die Aufführungen waren alles andere als trockene Thesenpapiere gewesen. Was nun verblaßt, ist der Text, der in diesen Inszenierungen zwischen den Zeilen gestanden hatte. Aber die konfliktreichen Konstellationen, von denen Mozart und da Ponte in diesen Opern sprachen und die Harry Kupfer nur interpretiert hatte, sie haben sich ja nicht in Luft aufgelöst. Wie sich Individuen gegen die Zumutungen ihrer gesellschaftlichen Umwelt behaupten müssen und wie umgekehrt eine Gesellschaft mit ihren unbequemen Außenseitern umspringt – dieser Themenkomplex hat an Aktualität nichts eingebüßt. Problematischer sind demgegenüber die Produktionen, in denen die Wendezeit unmittelbar reflektiert wurde, *Idomeneo* und (in der Regie von Christine Mielitz) *Rienzi*, weil in ihnen Ereignisse aufgegriffen wurden und nicht Strukturen. Und bei einer Produktion wie *Giustino*, deren Vorlage eher eindeutig daherkommt, zeichnet sich die Gefahr ab, daß der Wegfall der politisch interpretierbaren Untertöne durch eine Übersteigerung der spielerischen Momente kompensiert wird und aus der lebendigen Bühnenaktion ein überdrehter Aktionismus wird. Angesichts der neuen gesellschaftlichen Unübersichtlichkeit der Gegenwart zeichnet sich in den Inszenierungen der neunziger Jahre eine Akzentverschiebung in Richtung auf eine stärkere Beleuchtung des Individuums ab. Diese Orientierung kam nicht unvorbereitet. Die Inszenierung von *Hoffmanns Erzählungen* mit einem Szenarium, welches im Kopf des Künstlers tobt, und das dessen Selbstausweidung seiner Gefühle zugunsten der künstlerischen Produktivität zum Thema hat, konnte anknüpfen an *Orpheus und Eurydike* aus dem Jahr 1987. Unwichtig ist der Ort für den, der trauert; seine Einsamkeit ist überall. Diese Höllenfahrt durch die zerstörten Landschaften einer Seele wurde genauso zu einer Kultaufführung für ein junges Publikum wie *Don Giovanni*. Da erlebte man eine junge Generation, welche den eingegrenzten Horizont ihrer Gesellschaft überschritt, lange bevor die Mauer fiel.

Scharf ausgeleuchtet sind in den neuen Produktionen von *Carmen*, *La Traviata* und *Lucia di Lammermoor* die zentralen Frauengestalten, und ebenso präzise sind die Mechanismen der gesellschaftlichen Ausgrenzung herausgearbeitet. Anonym ist demgegenüber die Gesellschaft geworden, die Menschen mit einem so ausgeprägten Beharren auf einem eigenen Lebensentwurf nicht aushält. Der Begriff der Gesellschaft ist allgemein geworden und verschwimmt; Verantwortlichkeiten lassen sich nicht mehr konkret benennen und einklagen. Die Konturen derer, die als Gesellschaft dem Individuum gegenübertreten, sie zerfließen in *Hoffmanns Erzählungen* wie in *Pique Dame* zu Zerrgestalten. Damit aber verbindet Harry Kupfer mit seiner Regiearbeit weiterhin eine inhaltliche Aussage und läßt nicht ab von seinem Credo, daß im Zentrum des Musiktheaters die Auseinandersetzung mit dem thematischen Angebot steht, welches die jeweilige Oper in sich trägt und bereit hält für den, der es ausloten will für seine Zeit. Die theatralische Ästhetik – sie dient als Mittel zur Realisierung dieses Ziels, ist nie Selbstzweck.

Orpheus und Eurydike
1987
Jochen Kowalski als
Orpheus (mit Markus
Tochtenhagen)

Hans-Jochen Genzel

ICH WILL WISSEN, WORUM ES GEHT

Ein Plädoyer für die Worte im Musiktheater

Gern ja will ich dir vertrauen, gläubig blick ich auf zu dir – sang die Marie in Bedřich Smetanas *Verkaufter Braut* auf einer Probe des Opernreformators Walter Felsenstein im Jahr 1950. Nichts stimmt da mehr. Die Dramatik der Szene geht verloren, die Glaubwürdigkeit des Charakters dieses jungen, tapferen, aufrechten Mädchens zerbricht, und der Anspruch, mit dem sie um ihre Liebe und ihr Recht kämpft, verwandelt sich in eine passive Larmoyanz.

Felsenstein unterbrach die Proben und ließ sich innerhalb von zwei Tagen eine wörtliche Übersetzung des tschechischen Textes herstellen. »*Da fiel ich fast vom Stuhl*«, notiert er. »*Es war nicht zu glauben. Ein Beispiel. Marie singt: ›Gläubig blick ich auf zu dir.‹ Ein Rezitativ ist vorausgegangen, in dem man erfährt, daß sie vermutet, Hans liebe eine andere, weil er seinen Namen nicht preisgeben will. Und jetzt heißt das wirklich, was sie singt: ›Wenn ich das einmal erfahre, niemals könnt ich dir verzeihn...‹ Im Tschechischen ist es noch viel härter – ich habe es gemildert. Dort heißt es: ›Meine blutige Rache würde dich verfolgen.‹*«[1] *Eine echte Slawin! Und das heißt also bei uns: ›Gläubig blick ich auf zu dir!‹ Ein Verbrechen.*« Im tschechischen Text sagt Marie das, was die Musik ausdrückt. Hier war die Unbedingtheit des Liebes- und Lebensanspruchs eines jungen Mädchens – Maßstab für die mitreißende Musik Smetanas – in der Einheit von Wort und Musik formuliert. Walter Felsenstein schlußfolgerte: »*Eine neue Marie wurde gefunden. Mehr: eine neue Oper war entdeckt.*«[2] Genauer müßte es heißen: Die Oper in ihrem eigentlichen emotionalen und geistigen Gehalt war wiedergefunden worden.

Dabei spielt der Text eine Rolle. Er ist Teil der Partitur, Teil der dramatischen Handlungsführungen, Teil der Äußerungen aller Figuren, Mitträger der Stückkonflikte. Die Erschließung einer Oper allein aus der Musik ohne Berücksichtigung des Textes hieße, die dramatische, theatralische Einheit des Kunstwerks Oper – die wir Musik-Theater nennen –, zu ignorieren und die Besonderheit des Genres zu zerstören. Wir wissen, mit welcher Sorgfalt alle bedeutenden dramatischen Komponisten um die Genauigkeit ihres Librettos und um die Präzision der Worte gerungen haben. Wenn man die Forderungen Wolfgang Amadeus Mozarts, Giuseppe Verdis, Richard Strauss' an ihre Librettisten liest, dann fällt auf, daß es fast nie um Forderungen nach literarischer Qualität ging. Die spielt, wenn überhaupt, die geringste Rolle. Es sind die dramatisch zugespitzten Situationen, die konfliktträchtige Basis für die Auseinandersetzung der handelnden Personen, die charakteristischen Äußerungen

[1] Die von Felsenstein zitierte Rohübersetzung hat hier eine nach der anderen Seite zugespitzte Formulierung vorgeschlagen, die dem Vorbild auch nicht ganz entspricht. Das tschechische »*Kdybych se co takového o tobě dověděla, krutou pomstychtivou zlobou ne tě bych zanevřela*« heißt in der wörtlichen deutschen Übersetzung etwa: »Wenn ich so etwas von dir erfahren hätte, hätte ich dir mit grausamem rachevollen Zorn nicht verzeihen können.« Felsensteins deutscher Text kommt dem tschechischen Original also sehr nahe.

[2] Siegfried Melchinger / Walter Felsenstein, Musiktheater, Schünemann-Verlag Bremen 1961 – nachgedruckt im Jahrbuch der Komischen Oper II, S. 10

der Figuren, die die Situation erhellen oder verdunkeln, die verlangt werden und die der Musik die notwendigen Entfaltungsmöglichkeiten zu bieten haben. Wer beispielsweise an den Text der Wagnerschen Musikdramen einseitig literarische Ansprüche stellt, kommt notgedrungen zur Erkenntnis seiner Dürftigkeit. Und es ist leicht, sich darüber, ihn lächerlich machend, zu erheben. Aber man würde die völlig andere Funktion und Aufgabe des Textes verkennen. Im Zusammenhang mit der Musik erhalten das »*Weia! Weia! Weialaweia!*« der Rheintöchter oder das penetrant stabreimende »*Winterstürme wichen dem Wonnemond*« eine völlig andere Dimension, der sie durchaus auf geniale Weise gewachsen sind. Hier werden sie zu gleich- und mitberechtigten Äußerungsformen des Kunstwerks Oper. Deshalb muß der Text verstanden werden.

Wie hat man Mozart bedauert, daß er so »*schlechte Textbücher*« wie *Così fan tutte* und *Die Zauberflöte* zu vertonen gezwungen war. Um wieviel besser hätte seine Musik sein können, vermutet man, hätte er nicht so literarisch minderwertige Schreiberlinge wie Lorenzo da Ponte und Emanuel Schikaneder zu Partnern gehabt. Und warum mußte Mozart überhaupt so ein »*banales Stück*« wie *Così fan tutte* vertonen? Aber vielleicht wollte er das. Vielleicht fand er es gar nicht banal? Vielleicht ist der sogenannte Bruch in der *Zauberflöte* eine Erfindung nachfolgender Generationen, während er für Mozart ein ernstgemeintes Gestaltungsmittel war, wenn man die dialektische Bewertung von Königin-der-Nacht- und Sarastro-Ebene überhaupt als Bruch bezeichnen darf. Aus dem Briefwechsel Mozarts zu *Idomeneo* weiß man genau, welchen Einfluß der junge Komponist bis ins Detail der Wortwahl auf seine Textbücher nahm. Einige Inszenierungen der letzten Jahre haben überzeugend das Vorurteil vom schwachen *Così*-Libretto widerlegt. Und spätestens seit Harry Kupfers Mozart-Zyklus in der Komischen Oper ist der gewichtige Platz dieser bittersten aller Mozart-Opern aus der historischen Reihung ihrer Entstehung begründet und nachgewiesen worden.

»Die Handlung bietet ein Gleichnis, in dem Konflikte im subtilsten, individuellsten Bereich aufs äußerste zugespitzt werden. Und dabei entsteht ein vieldeutiges, buntschillerndes, in jeder Situation ambivalentes Theaterstück, das Hintergründe enthüllt. Zu solchen Schlußfolgerungen gelangt man freilich nur, wenn man akzeptiert, daß die scheinbar so realitätsfern konstruierte Fabel von ›Così fan tutte‹ eben auch ein Reflex der Realität ist. Wenn man einen Zipfel von dem erhaschen will, was Mozart gemeint haben könnte, dann muß man ›Così fan tutte‹ im Zusammenhang mit den anderen Mozart-Opern betrachten. Im Zentrum aller Werke steht immer – verschieden beleuchtet und verschieden beantwortet – die Frage nach dem Verhältnis von Ideal und Wirklichkeit.«[3]

Wer den Operntext nicht ernst nimmt, gerät in Gefahr, den Opernkomponisten nicht ernst zu nehmen. Und selbst dann, wenn tatsächlich größere Vorbehalte des Komponisten gegenüber seinem Text nachzuweisen wären, gäbe es in einer Aufführung keine Möglichkeit, dies besonders herauszustellen. Denn – hier sei es noch einmal gesagt – der Text ist ein Teil des Kunstwerks Musiktheater.

Ein Operntext verlangt eine Deutung wie die Musik, denn er ist nicht nur die Grundlage für eine ihn illustrierende Musik. Das kann er sein, dann, wenn eine Liedform ihn ein-

3 Harry Kupfer im Berliner Rundfunk am 9. Mai 1984, in: Harry Kupfer inszeniert an der Komischen Oper Berlin. Dokumentiert von Dieter Kranz, Berlin, Verband der Theaterschaffenden (1986) S. 274

seitig ausdeutet. Aber selbst in den ganz einfachen Opernliedern Albert Lortzings, beispielsweise wenn Veit in *Undine* davon singt, daß er weder Vater, Mutter, noch Schwestern und
Brüder auf der Welt hat, ist in der Musik jenes Mehr an Hoffnung gezeichnet, das über die
im Wort benannte Wiedersehensfreude in die Allgemeinheit hineinreicht. Und wie weit öffnet sich das Herz des Waffenschmiedes Stadinger in der musikalischen Gestaltung, wenn er
von der köstlichen Zeit träumt, in der nicht nur die Mädchen ihm ihr Herz weihten, sondern
in der auch jeder für Wahrheit und Recht erglühte. Welch komischer Kommentar begleitet
den Schulmeister Baculus musikalisch, wenn er sich dazu durchringt, seine Braut für 5 000
Taler zu verkaufen. Und in welche Ebene gar hebt sich Carl Maria von Webers Musik, wenn
sie, sich vom Text lösend, in Agathes Liebeserwartung nicht nur zum Sternenheer steigt,
sondern das ganze Universum in das persönliche Glücksgefühl eines sehnsüchtigen, angst-
vollen Mädchens bindet. Desdemonas Lied von der Weide ist eine musikdramatische Szene,
in der die einfachen Worte des Liedes den Kontrast zu einem nur noch musikalisch
beschreibbaren Seelenzustand bilden. In all diesen Beispielen sagt der Text mit oder gegen
die Musik soviel Handlungsbestimmendes aus, daß es unabdingbar ist, ihn zu verstehen.

Die ganze Komposition von *Così fan tutte* ist ein Beispiel dafür, wie die Musik mehr
über den Zustand der Menschen verrät, als sie es selbst wissen oder zugeben. Wenn im
ersten Bild von Liebe gesprochen wird, kann man die Begrenztheit dieser Liebe bereits
musikalisch hören. Und wenn später die felsenfeste Treue beschworen wird, hört man denn
bereits alle Zweifel und alle Unsicherheit. Der Erfolg der Berliner Inszenierung Harry Kupfers beruht zu einem nicht geringen Teil darauf, daß es dem Zuschauer in jedem Augenblick möglich ist, die Widersprüchlichkeit der Aussage der Personen zu verstehen, die Irritation ihrer Gefühle mitzuvollziehen, hinter den Worten zu entdecken, wo die Menschen
sich irren oder sich irren wollen. Aus dem Spaß an solchen Entdeckungen entsteht dann,
dem Genre Oper gemäß, ein Stück eigene Irritation.

Aber selbst in sehr überzeugenden Inszenierungen kann ein solches für das Erlebnis
der Handlung notwendiges Verständnis nur bis zu einem gewissen Grade erreicht werden,
wenn der Zuschauer den Text nicht in seinem ganzen Umfang versteht, entweder, weil der
Sänger ihn undeutlich artikuliert, oder, weil er in einer Sprache vorgetragen wird, die der
Zuschauer nicht beherrscht.

Es ist nicht wahr, auch wenn man das augenzwinkernd erklärt, daß das moderne
Publikum die Opern so gut kennt, daß ihm die Originalsprache keine Schwierigkeiten
bereitet. Niemand kennt eine Oper so gut, daß er sie nicht immer neu kennenlernen müßte.
Gerade in den immer neuen Ausdeutungsversuchen scheinbar bekannter Opern liegt ja der
Reiz der Theateraufführung. Was man bestenfalls sehr genau kennt, sind die falschen Kon-
ventionen, die zu Vorbehalten führen. Wenn eine Neuinszenierung Sinn haben soll, muß sie
sich dagegen zur Wehr setzen. Dazu muß sie sich den Partner Publikum gewinnen. Und
dazu braucht sie die Möglichkeit und Bereitschaft, auch den Text zur Kenntnis zu nehmen.

Was zählen angesichts all dieser Argumente die Einwände gegen eine Übersetzung?
Natürlich singen sich italienische Kantilenen in der Originalsprache geläufiger, natürlich

ist eine russische *Götterdämmerung* für einen deutschen Wagner-Verehrer nur schwer vorstellbar, und wie hart und fremd mag für die Franzosen *Pelléas und Mélisande* in englischer oder deutscher Sprache klingen! Welche Verrenkungen müssen Übersetzer machen, um den musikalisch fixierten Sprachrhythmus in den Rhythmus einer anderen Sprache zu bringen, ohne daß die musikalische Phrase zerstört wird? Und selbst beim besten Bemühen um Vokalangleichung macht sich die unterschiedliche Konsonantenhäufung oft genug störend bemerkbar. Das alles stimmt. Mit der besten Übersetzung wird bestenfalls ein Kompromiß gegenüber dem Originalwerk gelingen.

Aber der Kompromiß muß eingegangen werden, wenn Musiktheater mehr sein will als ein schönes und beeindruckendes Hörerlebnis. Zum Musiktheater gehört der verstandene Text.

Marianne Fischer-Kupfer

Singend darstellen – darstellend singen

Seit fünfzig Jahren bin ich ein Sänger. Ich singe zwar nicht mehr am Abend in der Vorstellung, aber meine sängerische Lebenshaltung ist mir geblieben, und ich benötige sie, um den Sängern bei ihrer täglichen Arbeit »Singen« beizustehen.

Was ist ein Sänger? Ein völlig normaler Mensch, wie jeder andere. Man meint, er hat nur eine bessere, schönere, größere Stimme? Ja und Nein! Er ist jemand, der den Mut hat, sie zu zeigen, sie »tönen« zu lassen, sie herauszulassen. Der Mensch »singt« normalerweise nur, wenn ihm danach zumute ist. Wenn Freude, Jubel, Sehnsucht, Traurigkeit ihm Anlaß geben. Oder der Mensch läßt sich etwas in diesen Situationen singen, hört Musik.

Der, der selbst singt, muß es, es drängt ihn dazu, er muß sich singend äußern! Und so entsteht bei einigen wenigen Menschen der Wunsch, ein Berufssänger zu werden. Zur schönen Stimme gehört vorhandene Musikalität als Voraussetzung für den Beruf. Musikalität ist Klangempfinden, genaues Tonhören und -herstellen, rhythmische Fühlbarkeit und Äußerungsfähigkeit. Sinnliches Grundempfinden. Der Vogel lockt seinen Partner mit seinem Gesang. Die Minnesänger, die Troubadoure, warben mit ihren Liedern.

Der heutige Sänger muß seine Phantasie, seine Liebesfähigkeit benutzen, um seine Lieder zu Gesang zu erheben.

Der zum Sängerberuf sich berufen fühlende junge Mensch absolviert ein Studium mit vielen musikalischen und auch wissenschaftlichen Fächern und muß ein gutes Gespür dafür haben, den für ihn und seine Stimmgattung richtigen Gesangslehrer zu finden. Ich habe privat studiert und habe mir meine Lehrer selbst gesucht. Ich hatte auch den Mut, weil es weitergehen mußte, mit Einverständnis des vorangegangenen, einen neuen Lehrer zu suchen. Drei bedeutenden Künstlern verdanke ich die Grundlage meines gesangstechnischen Wissens und Könnens.

Aber als wichtiges kommt hinzu, daß der lernende und der jung in der Praxis stehende Sänger Augen und Ohren aufsperren muß, um an guten Vorbildern festzustellen, daß er auf dem für ihn richtigen Wege ist. Und so bleibt der Beruf des Sängers ein ständiges vervollkommnendes Suchen und Achtgeben.

Der wesentlichste Grund ist die immerwährende Weiterentwicklung des Menschen, körperlich, geistig und emotional. Alle Erfahrungen muß der Sänger selbst machen, er darf sich nicht mit Rezepten und sogenannten Tips abfinden. Der Musiker hat ein Instrument, das man sehen und anfassen kann, dem er die seiner Musikalität und seinem technischen Stand entsprechenden Töne ablockt. Der Musiker kann sein Instrument auch »ablegen«. Der Sänger kann das nicht. Der trägt sein Instrument, das er dazu nie sehen kann, immer mit sich herum. Der Sänger ist eben immer ein Sänger. Ich kann ihn nur mit einem zweiten »Wunder«, das die Natur bereit hat, vergleichen: einer Mutter. Sie ist immer eine Mutter.

Und so muß sich der Sänger verhalten: selbstverständlich, sicher und tatkräftig. Seine körperliche, geistige und emotionale Beschaffenheit ist abhängig von seinem immerwährenden sinnvollen Training. Er muß üben, üben, üben. Aber nicht mit Verbissenheit und Härte, sondern mit der Lust am Ergebnis.

Der Mensch äußert sich normalerweise mit Worten in der seiner Herkunft entsprechenden Sprache. Sprache ist Laut, Ton, Klang. Gesang ist das Gleiche, um eine Dimension größer. Der Kehlkopf, der den Ton herstellt, wird beim Singen nicht um eine Dimension größer als beim Sprechen. Zwar können die Schwingungen der Stimmbänder aktiver werden, aber die sängerische Größe der Stimme muß die Klangräume im Menschen herstellen. Das muß die trainiert eingesetzte Atemführung bewirken.

Das klingt alles kompliziert, ist es aber nicht. Wir können in der Tierwelt gleiches notwendiges Verhalten beobachten. Und dabei erkennen wir, daß die Voraussetzung zum Singen immer die emotionale Notwendigkeit ist.

Nun kann der Sänger aber nicht darauf warten, bis ihn in der jeweiligen Situation, die er zu singen und zu spielen hat, die jeweilige Emotion »überfällt«, sondern er muß sie herstellen können. Dies ist der entscheidende Unterschied vom Singen aus der Stimmung, die zum Singen führt – und dem Singen des Berufssängers.

Die Oper, das Musiktheater, fordert dazu vom Sänger, die jeweilige Situation zu spielen. Ich begann meine Ausführung damit, daß ich vom singenden Menschen sprach, der sich entäußern muß! Und so ist es mit der Darstellung. Die körperliche Entäußerung des Singens ist zugleich die körperliche Lust am Darstellen. Eine Situation zu spielen, läßt sich viel leichter singen, weil die Dimension des Singens mit der Darstellung bereits erreicht ist.

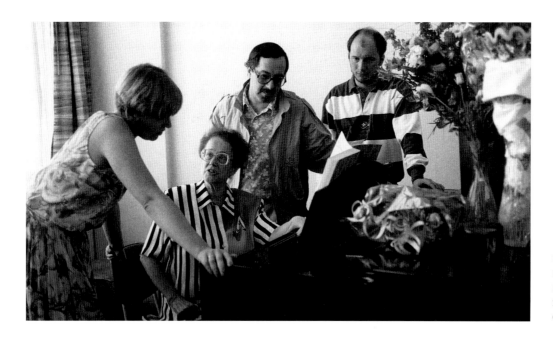

Unterricht bei Marianne
Fischer-Kupfer.
Mit Yvonne Wiedstruck,
Semjon Skigin und Bernd
Grabowski

Ich hatte in meinen Anfängerzeiten einen wunderbar darstellenden Kollegen, dem das Singen von Konzerten schwer fiel, weil er da ruhig stehen sollte.

Nun sind wir beim Kernpunkt unseres Hauses, der Komischen Oper. Der »richtig« singende Sänger wird auch der »richtig« spielende Darsteller sein. Warum? Der Komponist trägt uns mit seiner Musik die zu erfassende Situation auf. Der Texter unterstützt sie mit den dazugehörigen Worten. Der Sänger muß also die musikalische Forderung erfüllen, indem er mit Atem, Stütze, Klangraum als erstes die körperliche Voraussetzung schafft, als zweites den geistigen Anlaß weiß und darauf drittens mit seiner Emotion die Musik zu der Musik macht, die der Komponist ihm aufgetragen hat. Der Regisseur baut ihm dazu das Gerüst der Bewegung, die für die Sicht seiner Inszenierung notwendig ist.

Dies alles ist eine logische Folge von Vorgängen, die in Blitzesschnelle im gut trainierten Sänger geschehen. Ich habe scherzhafterweise für die Sänger oft ein »böses« Wort: *»Es gibt keine schlechten Regisseure und keine schlechten Kapellmeister, es gibt nur schlechte Sänger, die ihr Handwerk nicht beherrschen.«* Man möge es mir verzeihen, ich bin eben schon etwas »alt«! Bei dieser Gelegenheit möchte ich hier etwas zu Seminaren, Workshops usw. für Sänger sagen: Sie haben meiner Meinung nach nur informatorischen Zweck und für den Teilnehmer keine nachhaltige Wirkung, wenn nicht die vorgetragene These des Leiters trainiert wird.

Meiner Tätigkeit an der Komischen Oper ging ein praktisches Sängerleben in allen Gattungen (Oper, Konzert, Oratorium) und eine hauptamtliche Tätigkeit an zwei Hochschulen voraus. Mit Studenten war ich 1975 zum letzten Seminar, das Walter Felsenstein an

Marianne Fischer-Kupfer mit ihren Schülern Andreas Conrad und Jochen Kowalski

der Komischen Oper hielt. Es war für mich beglückend, daß alle meine praktischen Erkenntnisse und Ausbildungsthesen dort in der Forderung standen. Zumal ich schon in fünf Inszenierungen bei Harry Kupfer (ich gastierte bei ihm) als Sänger diese Entwicklung gegangen war: aus dem Singen darzustellen.

In Felsensteins Seminar ging mein Temperament mit mir durch, als eine »Traviata« den Meister nicht begriff, und ich sprang auf die Spielfläche, um ihr zu zeigen, was sie versäumte (nämlich den »richtigen« Atem zu nehmen). Mit der schnellen Entschuldigung war es nicht abgetan, es war mir peinlich.

Am Ende des Seminars ließ Prof. Felsenstein durch seinen Disponenten bei mir anfragen, ob ich in sein Haus kommen und mit den Sängern arbeiten wolle. Ich konnte es damals nicht.

1981, als Harry Kupfer nach Berlin ging, bot man mir an, Sänger an der Musikhochschule auszubilden. Ich entschloß mich, an die Komische Oper zu gehen, und konnte so das tun, was aus Zeitgründen damals nicht möglich war. Das ist zugleich mein Versuch, meine dritte sängerische Tätigkeit als Altersposition zu beginnen, mit den Erfahrungen eines langen Sänger- und Lehrerlebens.

Meine Tätigkeit hier ist nicht die eines Lehrers, sondern eines Beraters für die Vielfalt der sängerischen Äußerung. Zwei Mitglieder allerdings sind wirklich meine »großgezogenen Schüler«. Das ist Jochen Kowalski, den ich vom Tenor zum Altus umzog. Und Andreas Conrad, der an der Dresdner Hochschule mein Student war, mit einer hervorstechenden Spielbegabung, dem man aber anfangs den Sänger nicht so ganz glauben wollte.

Beiden danke ich für ihren enormen Fleiß und das Begreifen des Berufes. Die anderen Sänger alle nehmen aufmerksam, geduldig, unentwegt weiterarbeitend die Forderung zur Leistung an. Ob es spezifische Arbeit an der Stimme, am Inhalt, auf der Szene ist – es trifft immer den Mittelpunkt Sänger-Darsteller! Ob er anderswo Ratschläge, Unterricht holt, ist gleichgültig.

Für die jungen Sänger ist Weiterentwicklung der wesentliche Gesichtspunkt, während es gleichermaßen für die älteren, gestandenen Sänger um ihre »Werterhaltung« geht. So hat die Arbeit an der Ganzheit kein Ende.

Unsere Gäste sind ebenso einbezogen, da ja an sie die gleichen Forderungen gestellt werden. Die Benutzung der deutschen Sprache ist für manchen nicht deutschsprachigen Sänger ein Hindernis. Wir müssen versuchen, es zu beseitigen.

Das Bestreben, Musik zu fühlen, zu singen und inhaltlich zu deuten aus Modulation, Tonarthaltungen, Inhaltsabsichten, läßt den Sänger nicht »tönen«, weil er den und den Ton haben muß, sondern läßt ihn in seinem Szenenablauf singen!

Fidelio-Leonores h in der großen Arie ist nicht nur ein gefürchteter Ton, sondern ihr übergroßes, überdimensionales Bekenntnis, daß sie ihr Ziel aus Liebe, der »*Gattenliebe*«, erreichen wird.

Frederik Hanssen

KUNST KOMMT VON MÜSSEN

Erinnerungen eines ehemaligen Praktikanten an
Christine Mielitz' Inszenierung des *Werther*

Es gibt nicht viele Theaterleute, auf die Arnold Schönbergs Diktum, Kunst käme keineswegs von Können, sondern von Müssen, so sehr zutrifft, wie auf Christine Mielitz. Wer, wie der Autor dieser Zeilen, je Gelegenheit hatte, eine ganze achtwöchige Probenperiode lang Tag für Tag Christine Mielitz bei der Arbeit zu erleben, weiß, wovon ich rede. Wer die zierliche Regisseurin nur auf Fotos, nicht aber »live« gesehen hat, vermag sich kaum eine Vorstellung davon zu machen, welche unvorstellbare Energie in dieser zarten Person steckt.

Woher die Kraftreserven stammen, die ihre Augen auch nach dem anstrengendsten Probentag noch angriffslustig blitzen lassen, ist mir bis heute ein Rätsel. Vielleicht ist es das Schönbergsche »Müssen«, der unbezwingbare Drang, sich künstlerisch mitzuteilen, vielleicht eiserne Selbstdisziplin. Auf der Probebühne leistet die leichgewichtigste deutsche

Christine Mielitz auf der Probe

Regisseurin schier Übermenschliches, daß einem angst und bange werden kann vor soviel Sendungsbewußtsein.

In ihren Produktionen ist Christine Mielitz die härteste Arbeiterin des gesamten Teams.

Das eigene Arbeitstempo, den eigenen Rhythmus, ihre hundertprozentige Konzentrationsfähigkeit erwartet Christine Mielitz ungefragt auch von ihren Künstlerkollegen. Die eingespielte Musiktheatermannschaft der Komischen Oper kann da (fast) immer mithalten, das habe ich staunend miterlebt. Daß es ihr aber auch in Häusern wie der Wiener Staatsoper – wahrlich keinem Hort des Regietheaters! – gelingt, ihren Arbeitsrhythmus durchzuhalten, beeindruckt um so mehr.

Zusammen mit Harry Kupfer ist Christine Mielitz eine der produktivsten Erbinnen der Ideen Walter Felsensteins, vor allem der Idee des Ensembletheaters: Denn ihre dramaturgisch bis ins kleinste Detail ausgearbeiteten und technisch irrwitzig aufwendigen Regie-

Werther
1995
Heidi Brunner als
Charlotte

konzepte lassen sich nur mit einer lange aufeinander eingespielten Sänger- und Techniker-Truppe realisieren. Daß dabei viele Details, die in der Probenarbeit immer und immer wieder durchgespielt wurden, am Abend während der Aufführung vom Publikum gar nicht wahrgenommen werden, schreckt Christine Mielitz nicht ab, jede Geste der Sänger, jeden Schritt der Darsteller logisch aus den vom Komponisten vorgegebenen Interpretationsebenen Musik und Text zu motivieren. Wie oft haben wir während der Probenarbeit zu Jules Massenets *Werther* jene Szene wiederholt, in der sich die Protagonisten des Werkes, Charlotte und Werther, zum ersten Mal treffen. Das Phänomen der »Liebe auf den ersten Blick« sollte hier dadurch szenisch verdeutlicht werden, daß sich Charlotte mit einem Messer, mit dem sie gerade ihren Geschwistern das Brot schneidet, versehentlich in den Finger ritzt, wenn ihr Blick zum ersten Mal den Augen Werthers begegnet. Eine ebenso überzeugende wie scheinbar einfache Idee – wäre nicht gleichzeitig das Herumgewusel der Kinder zu koordinieren gewesen, die an der großen Schwester herumzerren, gleichzeitig Brotscheiben bekommen müssen und ihr auch noch möglichst ungeschickt beim Verbinden des blutenden Fingers helfen sollten, wäre da nicht der Bewegungschor zu bedenken gewesen, der die »Dorfbewohner« über die Bühne zu fahren hatte – übermannsgroße Drahtpuppen auf Rollen, die sich gespenstisch schwebend und deshalb ebenso lautlos wie gleichmäßig bewegen mußten – wäre da nicht schließlich die »Nebenhandlung« auf der rechten Vorderbühne mitzugestalten, jener Small talk zwischen Werther und Charlottes Vater, aus dem heraus sich wie zufällig der entscheidende Blickwechsel zwischen dem Paar ergeben mußte... Alles selbstverständlich auf den Taktschlag präzise zur Musik, mit größter Natürlichkeit und Konzentration – ohne dabei die wichtigste Nebensache in der Oper, das Singen nämlich, zu vergessen. Und wehe, wenn sich nicht alles und jeder vollkommen synchron zum Rhythmus bewegte, wenn der aufgeregte Praktikant, der auf der Probebühne für den abwesenden Tenor zum Werther werden sollte, auch nur einen Blick vergaß, eine Sekunde zu spät auf sein Stichwort reagierte!

Vielleicht ist es nicht einmal übertrieben, wenn es mir rückblickend so erscheint, als seien diese acht Probenwochen mit Christine Mielitz bei der *Werther*-Inszenierung an der Komischen Oper die anstrengendsten meines Lebens gewesen, aufregender – und aufreibender – noch als Abitur oder Studienabschlußprüfung. Und dies, obwohl ich als Praktikant doch scheinbar gar nichts zu tun hatte, außer aufmerksam am Bühnenrand zu sitzen und in meinem Klavierauszug die Regieanweisungen zu notieren oder mal auf der Bühne auszuhelfen, wenn ein zusätzlicher Kulissenträger gefragt war oder ein Sänger fehlte. Von wegen »Hol mal den Kaffee« – bei Christine Mielitz' Proben heißt es plötzlich: *»Bitte spiel doch hier mal den ...«* oder *»Hat die Sophie in dieser Szene schon den Blumenkranz?«*. Und das bedeutet, selbst beim Zuschauen stets allerhöchste Konzentration zu bewahren. Wie die Regisseurin selber. Um im Fall eines Falles die Maßstäbe erfüllen zu können, die Christine Mielitz von jedem ihrer Mitarbeiter und Kollegen erwartet, wie sie es von sich selber tut.

Und das ist wahrlich nicht immer leicht. Drei von sieben Hospitanten warfen noch vor der *Werther*-Premiere das Handtuch, weil sie sich den Erwartungen der Regisseurin nicht gewachsen fühlten. Auch ich war mehrere Male kurz davor. Seit diesen Wochen gilt den Vollblut-Theatermachern von der Komischen Oper meine uneingeschränkte Bewunderung. Weil auch für sie Kunst von Müssen kommt. Nicht ganz so sehr wie bei Christine Mielitz. Aber fast.

BRIEF AN EINE SCHULKLASSE

An die Schülerinnen und Schüler der Klasse 5/3   Berlin, 29. 3. 1994
Fritz-Karsen-Schule
Onkel-Bräsig-Str. 76
12359 Berlin

Liebe Schülerinnen und Schüler der Klasse 5/3!

Prof. Harry Kupfer hat alle Eure Briefe gelesen, die Ihr ihm nach dem Besuch seiner Inszenierung von Mozarts Oper *Die Zauberflöte* geschrieben habt. ... Er hat sich sehr über Eure
Post gefreut und sich überhaupt nicht darüber geärgert, daß Euch nicht alles an seiner Inszenierung gefallen hat. Ihm war es sehr viel lieber, Eure ehrliche Meinung zu lesen als
unehrliche Komplimente zu bekommen. Und er freut sich auch darüber, daß Ihr trotz allem
mit Eurer Musiklehrerin wieder zu uns in die Komische Oper kommen wollt. ...
    Daß Ihr Fragen zur Inszenierung habt, ist eigentlich ein sehr schönes Zeichen dafür,
daß Ihr Euch Gedanken über das Gehörte und Gesehene macht, und das ist richtig, das soll-
tet Ihr immer tun. Daß Ihr uns diese Fragen geschrieben habt, ist noch besser, denn nur so
erfahren wir, ob wir unser Publikum überzeugen konnten und was wir selbst noch einmal
kritisch überprüfen und notfalls verbessern müssen. Es gibt ja für jede Oper unzählige
Möglichkeiten, wie man sie auf der Bühne zeigen könnte. Am Ende einer langen und
gründlichen Vorbereitungszeit muß man sich aber für eine entscheiden. Daß man es dann
schließlich doch nicht allen Zuschauern recht gemacht hat, ist nur natürlich, denn jeder
Mensch kann sich eine andere Möglichkeit denken. Damit haben auch Eure kritischen
Bemerkungen und Eure Fragen zu tun, mit denen ich mich jetzt beschäftigen will.
    Papageno und Papagena haben Euch, wie es scheint, am besten gefallen. Das ist kein
Wunder, denn sie sind die kurzweiligsten Figuren im Stück, natürlich auch deshalb, weil sie
die lustigen Szenen spielen und oft viel mehr Ähnlichkeit mit ganz normalen Menschen
haben als diejenigen Figuren, die sich immer besonders gut und richtig verhalten wollen.
    Die meisten von Euch fanden Tamino etwas merkwürdig gekleidet und meinten, er
sähe gar nicht wie ein Prinz aus. Isabel Cramer wünschte ihn sich *»viel festlicher«*, Nadia
Falkowski fand ihn *»überhaupt nicht majestätisch«*, Karin Förster meinte, er wäre *»mit seiner
roten Jacke eher lächerlich«* anzusehen. Fast alle aber kritisierten Taminos Lederhose und
Stiefel. Mit einer Motorradkluft hat das, nach unserer Meinung, nur am Rande zu tun. Aber
natürlich ist für Euch dieser Vergleich besonders naheliegend. Wir verstehen das, auch
wenn wir dabei nicht daran dachten, daß sich Tamino mit dem Motorrad in den Bereich der

Schüler lernen die
Komische Oper kennen.
Jugendclub 1965.
Auf der Bühne die Dekora-
tion von *Ritter Blaubart*

Königin der Nacht verirrt haben könnte. Auf jeden Fall meinten wir, er müsse eine sehr strapazierfähige Kleidung tragen, denn er hat sich (so schreibt das Stück vor) auf der Jagd verirrt. Ihr könnt Euch gewiß denken, daß er sich für die Jagd zweckmäßig anziehen mußte. Stiefel und eine Hose aus Leder erlauben ihm natürlich, auch durch Gestrüpp und Dornenhecken zu kriechen. Dazu kommt, was Sebastian Wassermann sicher auch auf Tamino bezieht, wenn er schreibt: *»Und da habe ich gemerkt, daß Sie das Ganze sehr modern gestaltet haben.«* Er hat damit schon recht. Zwar ist keine moderne Kleidung auf der Bühne zu sehen, auch keine modernen Häuser oder gar Hochhäuser, aber wir wollten jedenfalls nicht so tun, als sei die *Zauberflöte* ein harmloses Märchen aus fernem Land und ferner Zeit. Wir denken, daß vieles davon den Menschen unserer heutigen Zeit noch etwas zu sagen hat. Nicht zuletzt deswegen gibt es auch einen Burschen wie Papageno in diesem Stück, der sowohl dem Tamino als auch den Eingeweihten ganz vernünftige Dinge sagt, die ein einfacher Mensch heute auch sagen könnte. Wenn ihm nur deshalb, weil er gern und viel redet, von einem der Priester vorgehalten wird: *»Du hättest verdient, in den finstersten Klüften der Erde zu wandern«*, antwortet er: *»Je nun, es gibt noch mehr Menschen meinesgleichen!«* Hat er damit nicht recht? Gemeint sind ja damit auch die einfachen Menschen, die Sarastro am Ende des ersten Aktes zujubeln, ohne deren Arbeit aber diese Priester nicht leben und regieren könnten.

Um die Zuschauer anzuregen, sich selbst Gedanken über das zu machen, was sie auf unserer Bühne erleben, versucht das Theater und versuchen auch wir, die Stücke so zu

Öffentliche Werkein-
führung zu *Carmen* mit
Harry Kupfer.
Mit Eleonore Kleiber,
Hans-Jochen Genzel, Rolf
Reuter und Reinhart
Zimmermann

spielen, daß sie etwas anders aussehen als die allgemeine Vorstellung davon ist. So haben wir zum Beispiel den Tamino nicht als einen prächtigen und majestätischen Märchenprinzen gezeigt, sondern als einen jungen Mann, der sich auf der Jagd in ein fremdes Land verirrt hat und dem alles Majestätische deshalb abhanden gekommen ist. So führt ihn Mozart auch ein: am Anfang der Oper ist er ein Mensch in Todesangst. Da nützt ihm weder ein prächtiges Gewand noch nützt es ihm, daß sein Vater ein Fürst ist. Und Sarastro sagt sogar etwas, das diese Meinung ebenfalls ausdrückt. Es gibt nämlich ein Gesetz, das die Aufnahme von Männern aus Herrscherfamilien in den Bund der Eingeweihten verbietet. Als nun Sarastro den versammelten Priestern erklärt, daß dieser Jüngling Tamino eingeweiht werden solle, widersprechen sie ihm: »*Er ist Prinz!*« und Sarastro erwidert: »*Noch mehr, er ist Mensch!*« Vielleicht könnt Ihr nun besser verstehen, daß wir Tamino weder prächtig gekleidet noch majestätisch darstellen wollten.

Und, lieber Sebastian Wassermann, natürlich ist auch Pamina keine durch ihr Kleid wunderschön aussehende Prinzessin wie aus dem Märchenbuch, sondern ein junges Mädchen, das gegen seinen Willen entführt worden ist und gefangengehalten wird. Wenn Ihr Euch vorstellt, daß die Entführer sichergehen wollten und deshalb das Mädchen vielleicht nachts geraubt haben, dann könnt Ihr Euch sicher auch vorstellen, daß Pamina ohne prächtige und festliche Kleider verschleppt worden ist.

Aber noch ein anderer Gedanke spielte für uns beim Kostüm (so nennt man am Theater die Kleidung einer Figur) eine Rolle: Auf der Bühne kann das Kostüm immer auch einen Teil des Charakters einer Figur betonen. Ihr kennt das aus Eurer eigenen Erfahrung, nicht wahr? Gewiß habt Ihr selbst schon manchmal versucht, einen Menschen nach seiner Kleidung zu beurteilen, wenn Ihr noch nichts anderes von ihm wußtet. Bei Pamina haben

Tage der Musikpädagogen
in der Komischen Oper mit
Hans-Jochen Genzel

wir auch aus diesem Grunde versucht, ein Kostüm zu schaffen, das ihrer Gefangenschaft entspricht, das aber auch zeigt, daß dieses Mädchen nicht eitel ist, daß es trotz seiner königlichen Herkunft nicht hochmütig wurde, sondern ein einfacher Mensch geblieben ist, der vernünftig und menschlich denkt. Und dieses schlichte Mädchen, diese Prinzessin Pamina, erlebt unbegreifliche Dinge:

Sie wird gewaltsam entführt in eine Gefangenschaft und erfährt nicht, warum.

Sie begreift aber auch, sogar als Gefangene, daß Sarastro und seine Eingeweihten nicht solche bösartigen Kerle sind, wie ihre Mutter behauptet hatte.

Pamina wird von ihrem Bewacher Monostatos belästigt, versucht zu fliehen, aber der Fluchtversuch mißlingt.

Der Befreiungsversuch durch Tamino und Papageno mißlingt ebenfalls.

Von ihrem geliebten Tamino wird sie getrennt, weil er selbst ein Eingeweihter werden will und deshalb Prüfungen ablegen muß, aber Pamina weiß nicht, was da eigentlich gespielt wird.

Ihre geliebte Mutter verlangt von ihr, Sarastro zu ermorden, und will sich von ihr lossagen, wenn sie es nicht tut.

In ihrer Not sucht und findet Pamina den Jüngling, der sie liebt, aber er spricht nicht mit ihr; das kann sie nicht verstehen und glaubt, er liebe sie nicht mehr; deshalb versucht die verzweifelte Pamina, die nun gar keinen Menschen mehr hat, dem sie sich anvertrauen kann, sich das Leben zu nehmen.

Da aber retten sie die drei Knaben und führen sie zu Tamino; und nun entschließt sie sich, die lebensgefährliche Feuer- und Wasserprobe mit ihm gemeinsam zu bestehen oder, wenn das nicht gelingen sollte, mit dem Geliebten zu sterben.

Tag der offenen Tür
»Tierschau«

Diese Erlebnisse sind weit schwierigere Prüfungen als die, die Tamino auferlegt werden, und Pamina besteht sie nicht etwa, weil sie wunderschön oder weil sie eine Prinzessin wäre, sondern weil sie ein sehr wertvoller Mensch ist. Deshalb fanden wir es gut, sie nicht in prächtigen, sondern in einfachen Kleidern zu zeigen. Wenn Ihr im Gegensatz dazu an die Königin der Nacht denkt, dann werdet Ihr Euch sicher erinnern, daß die trotz ihrer prächtigen Erscheinung kein besonders guter Mensch ist.

Vielleicht versteht Ihr nach meiner langen Erklärung ein bißchen besser, weshalb wir die Kostüme so gewählt haben, wie Ihr sie Euch nicht vorgestellt hattet.

Katrin Förster fragt: »Was hat das Einhorn im Hintergrund mit der Oper zu tun?« Das ist eine gute Frage, denn in Mozarts Partitur steht nichts von einem Einhorn. Da steht auch nichts von einem Regenbogen, dessen Farben Ihr ja sicher auch oft im Hintergrund sehen konntet. Beides gehört zusammen. Das Einhorn in unserer Oper, das muß ich allerdings schnell noch sagen, hat nichts mit dem bösen Einhorn aus dem Märchen vom »tapferen Schneiderlein« zu tun. Das Einhorn ist seit langer Zeit nämlich ein Symbol für Reinheit, und der Regenbogen ist ein Symbol für Versöhnung, und beides zusammen hat mit der Sehnsucht der Menschen nach einer Welt zu tun, in der alle friedlich, freundlich und ehrlich miteinander leben können, nach einer Welt ohne Lüge, ohne Hochmut und Streit. ...

Was uns besonders gefiel: daß einige von Euch auch zum Ausdruck brachten, daß sie Freude an der Musik hatten und daran, wie gesungen wurde. Das ist ja bei einer Oper nicht das Unwichtigste.

So, nun habe ich Euch ziemlich viel von der *Zauberflöte*, vor allem aber von unseren Gedanken über diese Oper erzählt. Hoffentlich habe ich Eure Fragen alle beantwortet. Ihr habt Euch aber auch ein sehr schwieriges Werk ausgesucht. Es ist so reich an Gedanken über Menschen und ihren Umgang miteinander, daß man nicht aufhören kann, darüber nachzudenken. Und wenn wir es noch einmal zu inszenieren hätten, würde es auf der Bühne wieder ganz anders aussehen als jetzt. Ihr merkt also, nicht nur für Euch, auch für uns ist das ein schwieriges Stück. Im allgemeinen glauben die Leute, Opern von Mozart, besonders die *Zauberflöte* und die *Entführung aus dem Serail*, seien leichte Werke und ganz besonders gut für Kinder geeignet. Wir glauben das nicht. Allein schon die Länge dieser beiden Opern ist schwierig durchzuhalten, aber es gibt auch so viele Dinge in ihnen (deshalb sind sie auch nicht kürzer), die sich nicht nur in spannender »action« entwickeln, sondern langsam und mit manchmal schwierigen Überlegungen. Da sollte das Publikum vielleicht besser ein bißchen »geübt« sein, um gut folgen zu können. Der berühmte Dichter, Stückeschreiber und Regisseur Bertolt Brecht hat sogar von der »Zuschaukunst« gesprochen. Und er hat recht: auch Zuschauen ist eine Kunst, die man nicht unbedingt von Kindesbeinen an kann. Aber man muß nicht in die Schule gehen, um sie zu lernen: man lernt sie, indem man immer wieder ins Theater geht und nicht gleich aufgibt, wenn man mal ein schwieriges Stück nicht ganz verstanden hat oder wenn man ein Stück nicht mag. Was man an einem Theaterstück oder einer Oper versteht oder nicht, hat ja nicht nur mit Können und Wissen zu tun (damit natürlich auch), sondern vor allem mit Lebenserfahrung. Ihr ganz jungen Leute habt natürlich eine andere Lebenserfahrung als wir älteren, sie ist noch nicht so lang und umfangreich. Deshalb werdet Ihr von Werken wie der *Zauberflöte* erst einmal das verstehen, was Ihr in Eurem beneidenswert jungen Alter eben verstehen könnt. Und im Laufe der Zeit werdet Ihr selbst entdecken, daß man zum Beispiel ein Buch nach Jahren beim zweiten oder dritten Lesen ziemlich anders versteht als beim ersten Lesen. Das ist ganz natürlich und ist beim Opernbesuch genau so. ...

So einen langen Brief habe ich selten geschrieben. Aber es hat mir halt Spaß gemacht, Eure Briefe zu beantworten. Ihr versteht sicher, daß ich nicht jedem von Euch einzeln schreiben konnte. Aber so gehts vielleicht auch.

Herzliche Grüße, auch von Prof. Kupfer, aus der Komischen Oper!
Euer
Eberhard Schmidt, Dramaturg

Uwe Kreyssig

EINZIGES ALLHEILMITTEL – DAS ENSEMBLE

Aufgefordert, anläßlich des runden Geburtstages des »*Hauses in der Behrenstraße*« das eigene Verhältnis zum »*Mutterhaus*« zu definieren, fand sich der Autor dieser Zeilen lange in Rat- und Sprachlosigkeit. Nicht, daß es ihm an zahlreichen Erinnerungen und Gedanken zu Top-Ereignissen, welcher Zuordnung auch immer, mangeln würde. Er ist vielmehr befangen, dem Sachverhalt, daß Theater von Menschen der jeweiligen Stunde geformt wird, in zulänglichem Ausmaß Rechnung tragen zu können. Die Erlebniszeiten reichen von Walter Felsenstein über Joachim Herz bis zur Ära Werner Rackwitz und Harry Kupfer. Leicht dient man dem einen und schmälert damit den anderen. Sicher würden dadurch keine Eitelkeiten geweckt oder Verletzungen zugefügt werden. Es bliebe aber eben nur Stückwerk, weil die Klammer über dem Unikat Komische Oper fehlen würde.

Was ist diese alles umfassende Klammer?

Es hieße, im Besitz des Steines der Weisen zu sein, sollte man in wenigen Zeilen dem fünfzigjährigen Phänomen dieses Hauses zulängliche Deutung verleihen können. Es bedarf jedoch keiner übergroßen Gescheitheit, einem »Kontinuum« aller drei erwähnten Epochen den Lorbeer zu reichen, das das lapidarste Theaterinstrument aller Zeiten war, häufig mißachtet wurde und wird, die eigentliche Voraussetzung für Glaubhaftigkeit auf der Bühne bedeutet und, je schlimmer die gegenteiligen Auswüchse werden, das einzige Allheilmittel für einen theatralischen Sinnerhalt bleibt: D a s   E n s e m b l e ! Diese zwangsläufige Gruppierung von singenden, tanzenden, musizierenden, Kulissen erstellenden und auf- und abbauenden, verwaltenden und einfach dazugehörenden Menschen gibt es an allen Theatern, in denen man, mehr oder minder ergiebig, in Lohn und Brot sein kann. Einer solchen meist zufällig zueinanderkommenden Menschengesellschaft jedoch gemeinsame Sinnhaftigkeit des theatralischen Tuns und des unverzichtbaren Zueinandergehörens unter einer möglichst von allen getragenen theatralischen Idee zu verleihen, war für fünfzig Theaterjahre das Leitmotiv der Komischen Oper. Es sollte für die dem Haus beschiedene Zeit des Überlebens in einer entsetzlich materialisierten und damit auch veräußerlichten Welt wichtigstes Anliegen bleiben. Glück auf!

linke Seite:
Die Hochzeit des Figaro
1975
Ursula Reinhardt-Kiss als
Susanna und Uwe
Kreyssig als Graf

Vom Rang der Komischen Oper

Über die Komische Oper zu schreiben, heißt nicht über Oper, sondern über Musiktheater zu schreiben, über Walter Felsenstein schreiben inkludiert auch Joachim Herz und Harry Kupfer. Kupfer ist im strengen Sinne kein Schüler Felsensteins, aber seine Inszenierungen sind stilistisch eng mit ihm verwandt, das gilt auch für Joachim Herz, dem unmittelbaren Nachfolger von Felsenstein.

»Felsenstein hat gezeigt, wie man die Oper säubern kann – von der Tradition, wo sie Denkfaulheit, und von der Routine, wo sie Faulheit des Gefühls bedeutet.« (Bertolt Brecht) Ich fürchte aber, das ist ein Zitat, das in einem Jubiläumsband der Komischen Oper ziemlich oft zitiert wird.

Neben Gustav Mahlers Wiener Opernreform am Beginn des Jahrhunderts, Otto Klemperers Experiment an der Berliner Kroll-Oper um 1930, Wieland Wagners Neubayreuth und vielleicht der zehnjährigen Ära Michael Gielen an der Frankfurter Oper der achtziger Jahre war Walter Felsensteins Durchsetzung seiner Ästhetik des »Realistischen Musiktheaters« in der seit 1947 bis zu seinem Tod 1975 von ihm geleiteten Berliner Komischen Oper der bisher wohl wichtigste Versuch, Oper als gültiges Theater zu interpretieren.

Das »Realistische Musiktheater« stellt die dramatische Aussage in den Mittelpunkt der Opernaufführung. Es war Felsensteins Ziel, die im gängigen Theaterbetrieb übliche Reduktion der Kunstform Oper auf Gesangsleistungen aufzulösen und eine Einheit der theatralischen und musikalischen Elemente herbeizuführen. Felsenstein ist bis heute der einzige stilbildende Opernregisseur, der sich in größerem Umfang auch theoretisch geäußert und eine fragmentarische Methodik der Opernregie hinterlassen hat, die er nach eigenem Bekunden nicht als System verstanden wissen wollte.

Jeder seiner Inszenierungen ging eine lange Vorbereitungszeit voraus, in der das Werk einer gründlichen Analyse unterzogen und oft neu übersetzt wurde. Die dramaturgische Arbeit an der Komischen Oper hat in den sechziger Jahren Maßstäbe gesetzt, die bis heute vorbildlich sind. Heute bauen viele Opernregisseure auf Felsensteins Arbeitsprinzipien auf, auch wenn sie seinen Stil nicht nachahmen und sich seines Einflusses möglicherweise gar nicht bewußt sind.

Dank der Arbeit der Komischen Oper ist es heute selbstverständlich, daß sich Regisseure für Fassungsfragen interessieren und auf die Urfassung eines Werkes zurückgehen.

Felsensteins Nachfolger Joachim Herz inszenierte die (viel bessere und die episodischen Figuren genauer motivierende) Urfassung von *Madame Butterfly* und die Petersburger Fassung von *La forza del destino*, und Kupfer inszeniert die Urfassung des *Fliegenden*

Holländers in Bayreuth mit originalem Schluß, der zwar nie wirklich vergessen war, jedoch mittlerweile fast häufiger gespielt wird als die nachkomponierte Fassung mit der Harfe und der *Tristan*-Harmonik.

Felsenstein hat der Komischen Oper ihren Rang gegeben. Aber sie hat ihren Rang behalten. Der Spielplan spiegelt die Oper und das Musiktheater unserer Zeiten wieder. Er beweist, daß diese Oper ihre absolute Notwendigkeit im Berliner Theaterleben hat. Dieses Haus hat seine unverwechselbare eigene Handschrift, seinen eigenen Inhalt und seine eigene Form. In der Triangel der Berliner Opernsituation ist sie notwendig und erforderlich. Sie gibt Anregungen und Anstöße, sie zeigt, daß Oper kein Relikt, sondern lebendiges Essential ist. Sie zeigt auch im Konzert mit den anderen Opernhäusern eine eigene Sicht, eine eigene Form, eine eigene Herausforderung. Dieses Haus ist wahrhaft kontinuierlich. Es hat seinen Stil bewahrt und erweitert. Es ist nicht ein drittes Staatstheater. Alle drei sind eine Korona für Berlin, die erhalten bleiben muß.

Wilfried Werz

»Hüten Sie sich vor den Leuten mit dem Schild auf der Brust«

... rief Walter Felsenstein hinter mir her, als ich ihn nach dem ersten *Blaubart*-Termin (1962) verließ. *»Welches Schild, welche Leute?«* Er: *»Die, mit dem Schild ›Komische Oper‹«.* Den Satz habe ich behalten – nichts von dem Gespräch.

Ich hatte also zum ersten Mal diesem Mann gegenüber gesessen, dessen Generalproben wir als Studenten von Dresden aus besucht hatten. Ich kannte seinen überanstrengt-grüblerischen *Hoffmann*, der mich quälte, reizte, faszinierte. Ich glaubte, das *Schlaue Füchslein* zu kennen mit dem Mikrokosmos der Waldszenen, von einer Modernität, die neu war in dem Haus, und ich erschrak immer wieder in den Vorstellungen, wie viel ich noch nicht wahrgenommen hatte vor dem jähen Ende der Füchsin. Die Eingangsszene des *Othello* hatte mich umgeworfen – wen nicht? –, das Duett auf dem Steg, der zu schweben schien vor einem Firmament, das höher reichte als alle Opernhimmel.

Ich hatte gehofft, ihm zu begegnen in diesem Gespräch, diesem großen Regisseur, dem ich durchaus nicht – wie Thomas Mann Richard Wagner – *»wunderbare Stunden einsamen Glücks inmitten der Theatermenge«* verdankte, sondern überwache Augenblicke (wie mir schien) gesicherten Wissens vom Sinn unseres Tuns. Trug dieser nicht das Schild auf der Brust? Und ich, ihm gegenüber an dem sperrigen Renaissancetisch, in diesem Schlauch von Raum, in den das Tageslicht seitlich in Kniehöhe einfiel, dessen Halbdunkel eine spießige Stehlampe erhellte, in dem für den Gast ein Kunstledersessel bereitstand, auf dem ich fror – trug ich nicht das gleiche Schild? Ich war stolz, neunundvierzig Stücke gemacht zu haben – das fünfzigste sollte *Blaubart* werden, wußte einiges vom Theater, glaubte, die Welt zu kennen, ging zum ersten Mal diese Halbtreppe hinauf in die Klause. Nur: Dieser Mann war mir fremd.

Erst in der Arbeit trafen wir uns, die Schilder hatten wir abgelegt. Viele trugen sie auffällig: Alle Direktoren, die Bühnenmeister, selbstverständlich manche Dramaturgen, die Stars der Beleuchtung an den Verfolgern und im Stellwerk, dieser unsägliche – aber gewissenhafteste, weltbeste – Inspizient (mit gespielter Ironie), all die stolzen Chorsolisten – eher unauffällig. Vor allem aber die Assistenten, sie – ebenso jung wie ich – hielten sie hoch und nervten mich ... Heute weiß ich: Es stand ihnen zu. Ihre Arbeit, ihre Akribie, ihr unaustilgbarer Vorsatz, jedes Wort, was sie dort vernahmen, festzuhalten für immer, legten den festen Grund für das alles umfassende Gesetz: Am Anfang steht das Werk.

Als sie selbst zu inszenieren begannen, benutzten sie andere Mittel, fanden – anfangs zögernd – andere Formen. Aber das Credo blieb. Als Götz Friedrich, Horst Bonnet, Joachim Herz, Wolfgang Kersten ihre ersten Arbeiten »ablieferten«, war der Bestand des Hauses gesichert durch Kontinuität. Erst mit Harry Kupfer kam die wirklich nächste Generation und eine neue Intention: Die Quellen der Werkgeschichte unverholen subjektiv, aber sorgfältig auslotend, die Widersprüche der Entstehungszeit und Gegenwart rigoros ausschlachtend, dem Eros der Gattung verpflichtet und dabei in Dimensionen vorstoßend, die – wenn sie sich vom Ansatz her überhaupt erklären lassen – auf Intentionen Felsensteins gründen. Er ist es, der das Werk weiterführt, meisterlich, mit anderen Wassern getauft. Das Credo blieb. Christine Mielitz, aus Kupfers Schatten herausgetreten, ist längst eine ganz eigene. Hochkonditioniert als Regisseurin, trägt sie mit dramaturgischem Spürsinn und Musikalität die Schichten des Klischees ab, um auf den Kern dramaturgischer Substanz zu stoßen. Ihr Blick ist von heute, ihr Theater von heute. In der tödlichen Irritation der Gegenwart mit dem Blick auf morgen, nach dem alten Credo: am Anfang das Werk – immer wieder aufs neue.

»Komische Oper« – wo ist das Schild, das gestern alle trugen? Anfangs belächelt, gescholten, verfemt, dann geliebt und hochgehalten – wo ist es heute? Hängt es in der Requisite, mit der Schrift zur Wand? Hol es heraus, Komische Oper, halte es hoch: Einmalige, Nicht-Fusionierbare, Zukünftige, auch im 51. Jahr!

ALLTAG IM MUSIKTHEATER

BILDER VON GEORG SCHÖNHARTING

ANHANG

DIE WICHTIGSTEN EREIGNISSE

1946
Beginn des Wiederaufbaus des teilweise zerstörten Metropol-Theaters

5. Juni 1947
Walter Felsenstein erhält die Lizenz für ein neues Theater, die Komische Oper

23. Dezember 1947
Eröffnung der Komischen Oper mit der Premiere *Die Fledermaus* (Inszenierung: Walter Felsenstein, Musikalische Leitung: Berthold Lehmann)

26. Februar 1948
Erstes Konzert des Orchesters der Komischen Oper. Dirigent: Berthold Lehmann

1. September 1949
Erstes Gastspiel: *Die Kluge* in Leipzig zur Herbstmesse

1. bis 15. Oktober 1952
Erstes Auslandsgastspiel: *Falstaff* in Budapest

20. April 1953
Erste Inszenierung von Joachim Herz an der Komischen Oper: *Die Hochzeit des Jobs* (Musikalische Leitung: Meinhard von Zallinger)

4. bis 9. Mai 1959
Nach dem Gastspiel in Paris im »Theater der Nationen« mit *Hoffmanns Erzählungen* und *Albert Hering* verleiht die Jury des Cercle International de la Jeune Critique der Komischen Oper den Ersten Preis für die Inszenierung *Hoffmanns Erzählungen*

15. September 1959
Erste Inszenierung von Götz Friedrich an der Komischen Oper: *La Bohème* (Musikalische Leitung: Harold Byrns)

3. Oktober 1963
Gründung des Jugendklubs der Komischen Oper

11. November 1964
Gründung der Gesellschaft »Freunde der Komischen Oper«

2. Januar 1965
Beginn des Umbaus der Komischen Oper

29. August 1966
Beginn der Arbeit des neu gegründeten Tanztheaters der Komischen Oper unter der Leitung von Tom Schilling und Olga Lepeschinskaja

4. Dezember 1966
Wiedereröffnung der Komischen Oper mit *Don Giovanni*

28. Dezember 1966
Erste Choreographie eines abendfüllenden Ballettwerks von Tom Schilling: *Abraxas* von Werner Egk (Musikalische Leitung: Werner Egk)

7. November 1967
Uraufführung der Oper *Der letzte Schuß* von Siegfried Matthus. (Inszenierung: Götz Friedrich, Musikalische Leitung: Gert Bahner)

10. Juli 1968
Hannelore Bey und Roland Gawlik werden mit dem 1. Preis des Internationalen Ballettwettbewerbs in Warna ausgezeichnet

11. bis 21 Mai 1969
Erstes Gastspiel des Tanztheaters: mit *Phantastische Symphonie, La mer, Jeu de cartes* zur Biennale in Zagreb

5. Oktober 1969
Uraufführung der Ballettkomödie *Der Doppelgänger* von Fritz Geißler und Horst Seeger (Choreographie: Tom Schilling, Musikalische Leitung: Winfried Müller)

16. April 1972
Uraufführung der Komischen Kriminaloper *Noch einen Löffel Gift, Liebling?* von Siegfried Matthus (Inszenierung: Götz Friedrich, Musikalische Leitung: Gert Bahner)

9. März 1973
Uraufführung der Kinderoper *Von einem Jungen, der den Wald entdeckte* von Joachim Gruner (Inszenierung: Lothar Weber, Musikalische Leitung: Joachim Gruner)

27. September 1975
Uraufführung des Balletts *Schwarze Vögel* von Georg Katzer und Bernd Köllinger (Choreographie: Tom Schilling, Musikalische Leitung: Geza Oberfrank)

8. Oktober 1975
Walter Felsenstein stirbt im 75. Lebensjahr

1. August 1976
Joachim Herz wird Intendant der Komischen Oper

30. April 1977
Antrittsinszenierung von Joachim Herz, dem neuen Intendanten und Chefregisseur der Komischen Oper: *Aufstieg und Fall der Stadt Mahagonny* (Musikalische Leitung: Robert Hanell)

30. September 1978
Uraufführung der Oper *Das Land Bum-Bum* von Georg Katzer (Inszenierung: Joachim Herz, Musikalische Leitung: Joachim Willert)

1. Februar 1981
Neue Leitung der Komischen Oper: Werner Rackwitz (Intendant), Harry Kupfer (Chefregisseur), Rolf Reuter (Chefdirigent), Hans-Jochen Genzel (Chefdramaturg)

22. März 1981
Uraufführung des Balletts *Ein neuer Sommernachtstraum* von Georg Katzer (Choreographie: Tom Schilling, Musikalische Leitung: Michail Jurowski)

3. Oktober 1981
Antrittsinszenierung von Harry Kupfer, dem neuen Chefregisseur der Komischen Oper: *Die Meistersinger von Nürnberg* (Musikalische Leitung: Rolf Reuter)

15. Januar 1983
Erstaufführung der Oper *Lear* von Aribert Reimann (Inszenierung: Harry Kupfer, Musikalische Leitung: Hartmut Haenchen)

23. Mai 1983
Uraufführung des Tanzdramas *Wahlverwandt-schaften* von Tom Schilling und Bernd Köllinger (Choreographie: Tom Schilling)

28. September 1985
Uraufführung der Oper *Judith* von Siegfried Matthus (Inszenierung: Harry Kupfer, Musikalische Leitung: Rolf Reuter)

1986
Der Zuschauerraum wird renoviert und unter Denkmalschutz gestellt

25. September 1986
Uraufführung des Phantastischen Balletts *Hoffmanns Erzählungen* von Gert Natschinski nach Jacques Offenbach, Libretto von Bernd Köllinger nach Jules Barbier und E. T. A. Hoffmann (Choreographie: Tom Schilling, Musikalische Leitung: Joachim Willert)

30. Mai 1987
Uraufführung des Balletts *Puck* von Bernd Köllinger (Musik von Felix Mendelssohn Bartholdy) (Choreographie: Harald Wandtke, Musikalische Leitung: Reinhard Seehafer)

10. September 1988
Uraufführung des Balletts *Othello und Desdemona* von Gerald Humel und Arila Siegert (Choreographie: Arila Siegert, Musikalische Leitung: Michail Jurowski)

13. Mai 1989
Uraufführung des Poems für Tänzer *Canto General* von Mikis Theodorakis (Choreographie: Harald Wandtke, Musikalische Leitung: Lukas Karytinos)

3. September 1990
Gründung des Förderkreises Freunde der Komischen Oper Berlin e. V.

15. November 1991
Uraufführung der Oper *Antigone oder Die Stadt* von Georg Katzer (Inszenierung: Harry Kupfer, Musikalische Leitung: Jörg-Peter Weigle)

13. bis 27. Juni 1991
Erstes Japan-Gastspiel: mit *Ritter Blaubart, La Bohème* und *Orpheus und Eurydike*

21. Juni 1991
Uraufführung des Balletts *Clown Gottes* von Dietmar Seyffert mit Gregor Seyffert als Clown Gottes (Choreographie: Dietmar Seyffert)

11. bis 17. Februar 1991
Erstes USA-Gastspiel: *Orpheus und Eurydike* in New York

12. Mai / 27. Juni 1992
Uraufführung der Oper *Desdemona und ihre Schwestern* von Siegfried Matthus (in Kooperation mit den Schwetzinger Festspielen und der Deutschen Oper Berlin; Inszenierung: Götz Friedrich, Musikalische Leitung: Rolf Reuter)

6. Juni 1993
Uraufführung des Balletts *Nuevas Cruzes* von Jan Linkens

7. November 1993
Uraufführung des Balletts *Circe und Odysseus* von Gerald Humel (Choreographie: Arila Siegert, Musikalische Leitung: Michail Jurowski)

1. Januar 1994
Albert Kost wird Intendant der Komischen Oper, Yakov Kreizberg neuer Chefdirigent

1. August 1994
Jan Linkens wird neuer Chefchoreograph. Direktor des Tanztheaters wird Marc Jonkers.

16. September 1994
Erste Inszenierung seit der Uraufführung 1932 der Oper *Der gewaltige Hahnrei* von Berthold Goldschmidt (Inszenierung: Harry Kupfer, Musikalische Leitung: Yakov Kreizberg)

12. März 1995
Erster Tanztheaterabend von Jan Linkens in der Komischen Oper: *Oedipus Rex – Petruschka* (Musikalische Leitung: Yakov Kreizberg)

15. März 1996
Inszenierung von Andreas Homoki an der Komischen Oper: *Falstaff* von Giuseppe Verdi (Musikalische Leitung: Yakov Kreizberg)

23. Juni 1996
Uraufführung des Balletts *SONNENKÖNIG – Eine Reise* von Jan Linkens (Musikalische Leitung: Shao-Chia Lü)

17. November 1996
Uraufführung des Tanzstückes *Franz Woyzeck* von Birgit Scherzer und Heiner Grenzland (Choreographie: Birgit Scherzer, Musikalische Leitung: Vladimir Jurowski)

13. April 1997
Uraufführung des Tanztheaterabends Takt (Choreographie Jan Linkens, Musikalische Leitung: Vladimir Jurowski)

AUFFÜHRUNGSSTATISTIK DER KOMISCHEN OPER VON 1947 BIS 1997

Legende:
ML: Musikalische Leitung   **I**: Inszenierung
A: Ausstattung   **Ch**: Choreographie
B: Bühnenbild   **K**: Kostüme

Die Fledermaus (Strauß)
ML: Berthold Lehmann/Leo Spies/Karl
Fischer/Wolf-Dietrich von Winterfeld
I: Walter Felsenstein
A: Heinz Pfeiffenberger
23. Dezember 1947 bis 25. Juni 1949 – 214 Auff.

Der Jahrmarkt von Sorotschintzy (Mussorgski)
ML: Leo Spies/Berthold Lehmann
I: Werner Jacob
A: Josef Fenneker
24. März 1948 bis 18. Juni 1948 – 12 Auff.

Die Kluge (Orff)
ML: Paul Schmitz/Helmut Frank/Hans Löwlein
I: Walter Felsenstein
A: Heinz Pfeiffenberger
Berliner Erstaufführung
25. Mai 1948 bis 10. November 1955 – 66 Auff.

Orpheus in der Unterwelt (Offenbach)
ML: Leo Spies/Wolf-Dietrich von Winterfeld/Erich
Wittmann
I: Walter Felsenstein
A: Heinz Pfeiffenberger
22. August 1948 bis 25. Mai 1953 – 146 Auff.

Don Pasquale (Donizetti)
ML: Carl Mathieu Lange
I: Bruno Heyn
A: Gerd Richter
13. September 1948 bis 2. Juli 1949 – 39 Auff.

Carmen (Bizet)
ML: Otto Klemperer/Carl Mathieu Lange/Hans
Löwlein//Leo Spies/Albert Müller/
Wolf-Dietrich von Winterfeld/Walter Knör/Mein-
hard von Zallinger
I: Walter Felsenstein
A: Josef Fenneker
4. Januar 1949 bis 12. Juli 1955 – 159 Auff.

Der Zigeunerbaron (Strauß)
ML: Rudolf Kempe/Leo Spies/Robert Hanell
I: Walter Felsenstein
A: Josef Fenneker
14. April 1949 bis 10. Juli 1950 – 120 Auff.

1. Ballettabend
Ch: Sabine Ress
ML: Leo Spies
A: Heinz Pfeiffenberger (I, II)/Viktor Müller (III)
Marsch und Divertissement (Schubert)
Wettstreit der Ballerinen (Prokofjew)
Fest im Süden (Blacher)
Schneider Wibbel (Lothar)
9. Mai 1949 bis 6. April 1950 – 20 Auff.

Was ihr wollt (Kusterer)
ML: Hans Löwlein/Arthur Kusterer/Wolf-Dietrich
von Winterfeld
I: Walter Felsenstein
A: Heinz Pfeiffenberger
8. Juli 1949 bis 4. Juli 1950 – 30 Auff.

Der Vogelhändler (Zeller)
ML: Wolf-Dietrich von Winterfeld/Erich Witt-
mann/Albert Müller/Leo Spies/Herbert Guthan
I: Walter Felsenstein
A: Heinz Pfeiffenberger
8. Dezember 1949 bis 5. Juli 1955 – 281 Auff.

Figaros Hochzeit (Mozart)
ML: Hans Löwlein/Leo Spies/François
Jaroschy/Albert Müller/Herbert Guthan/Arthur
Grüber
I: Walter Felsenstein
A: Josef Fenneker
24. Januar 1950 bis 24. April 1953 – 37 Auff.

Der Barbier von Sevilla (Rossini)
ML: Rudolf Kempe/Wolf-Dietrich von Winter-
feld/Erich Wittmann
I: Günther Rennert
A: Alfred Siercke
25. Februar 1950 bis 13. Juli 1952 – 132 Auff.

2. Ballettabend
Ch: Sabine Ress
ML: Leo Spies
A: Heinz Pfeiffenberger

Fabeln (Poulenc) – Deutsche Erstaufführung
Die Gaunerstreiche der Courasche (Mohaupt)
30. April 1950 bis 30. Mai 1950 – 6 Auff.

Die vier Grobiane (Wolf-Ferrari)
ML: Hans Löwlein/Erich Wittmann
I: Peter Stanchina
A: Heinz Pfeiffenberger
8. Juni 1950 bis 13. Juli 1952 – 68 Auff.

Die verkaufte Braut (Smetana)
ML: Arthur Grüber/Herbert Guthan/Robert
Hanell
I: Walter Felsenstein
A: Heinz Pfeiffenberger
9. September 1950 bis 29. Juni 1959 – 128 Auff.

Der arme Matrose (Milhaud)
ML: Louis Soltesz/Leo Spies/Hans Löwlein
I: Oscar Fritz Schuh
A: Caspar Neher
Gemeinsame Aufführung mit »Gianni Schicchi«
20. Oktober 1950 bis 29. November 1950 – 8 Auff.

Gianni Schicchi (Puccini)
ML: Louis Soltesz/Leo Spies/Hans Löwlein
I: Oscar Fritz Schuh
A: Caspar Neher
Gemeinsame Aufführungen mit »Der arme Matro-
se«, ab 26. November 1950 mit dem Ballett »Die
Gaunerstreiche der Courasche«, ab 17. Mai 1952
mit »Der Mantel«
20. Oktober 1950 bis 25. März 1953 – 41 Auff.

Pariser Leben (Offenbach)
ML: Leo Spies/Wolf-Dietrich von Winterfeld
I: Walter Felsenstein
A: Heinz Pfeiffenberger
11. Februar 1951 bis 1. Juli 1954 – 73 Auff.

Der Freischütz (Weber)
ML: Hans Gahlenbeck/Arthur Grüber/Paul Bel-
ker/Herbert Guthan/Meinhard von Zallinger
I: Walter Felsenstein
A: Caspar Neher
13. April 1951 bis 8. Juli 1957 – 106 Auff.

3. Ballettabend
Ch: Sabine Ress
ML: Leo Spies
A: Roman Weyl
Ouvertüre für ein Jugendorchester (Copland)
Klassischer Walzer (Glinka)
Vom Teufel geholt (Respighi)
Liebeszauber (de Falla)
9. Juni 1951 bis 1. Dezember 1951 – 18 Auff.

4. Ballettabend
Ch: Ilse Meudtner
ML: Leo Spies
A: Hainer Hill
Tanzendes Spanien (Volksmusik/Albeniz)
Der Dreispitz (de Falla)
18. Dezember 1951 bis 14. März 1952 – 16 Auff.

Falstaff (Verdi)
ML: Arthur Grüber/Hans Löwlein
I: Walter Felsenstein
A: Heinz Pfeiffenberger
13. März 1952 bis 3. Juli 1954 – 73 Auff.

5. Ballettabend
Ch: Ilse Meudtner
ML: Leo Spies
A: Gerhard Keller (I), Jost Bednar (II), Hainer Hill (III)
Capriccio Espagnol (Rimski-Korsakow)
Café Cantante (Volksmusik)
12. April 1952 bis 7. Februar 1953 – 15 Auff.

Der Mantel (Puccini)
ML: Albert Müller/Hans Löwlein/Leo Spies
I: Siegfried Tittert
A: Hainer Hill
Gemeinsame Aufführung mit »Gianni Schicchi«
17. Mai 1952 bis 25. März 1953 – 12 Auff.

Heitere Tänze und Pantomimen
von Ilse Meudtner
Heiteres nach großen Meistern
29. Juni 1952 bis 14. Juni 1953 – 17 Auff.

Zar und Zimmermann (Lortzing)
ML: Erich Wittmann/Leo Spies/Meinhard von
Zallinger/Karl-Fritz Voigtmann
I: Walter Felsenstein
A: Heinz Pfeiffenberger
1. November 1952 bis 1. Juli 1959 – 206 Auff.

La Bohème (Puccini)
ML: Hans Löwlein/Arthur Grüber/Meinhard von
Zallinger/Cornelius Monske
I: Erich Geiger
A: Max Elten
13. Dezember 1952 bis 10. Juli 1955 – 124 Auff.

6. Ballettabend
Ch: Ilse Meudtner
ML: Leo Spies
A: Wolf Leder
Heitere Tanzpantomime (Mozart)
Alborada (Rodrigo)
Der verzauberte Vogel (Tscherepnin)
18. Februar 1953 bis 14. Juni 1953 – 17 Auff.

7. Ballettabend
Ch: Ilse Meudtner
ML: Leo Spies
A: Sandberg-Kollektiv
Walzerfantasien (ab 5. Vorstellung)/**Pavane auf
den Tod einer Infantin**/**Bolero** (Ravel)
Der Stralauer Fischzug (Spies)
ab 20. September 1953 – 17. Mai 1954 Kombina-
tion: Der verzauberte Vogel/Der Stralauer Fischzug
28. Juni 1953 bis 4. November 1953 – 10 Auff.

Die Hochzeit des Jobs (Haas)
ML: Meinhard von Zallinger/Hans Löwlein
I: Joachim Herz
A: Sandberg-Kollektiv
31. Oktober 1953 bis 29. März 1956 – 38 Auff.

8. Ballettabend
Ch: Jean Weidt (I, II) und Gertrud Steinweg (III)
ML: Erich Wittmann/Meinhard von
Zallinger/Karl-Fritz Voigtmann/Friedrich Brenn
A: Jost Bednar (I, II) und Gerhard Keller (III)
Klassische Suite (Tschaikowski)
Polowetzer Tänze (Borodin)
Scheherazade (Rimski-Korsakow)
3. Dezember 1953 bis 16. April 1955 – 47 Auff.

Die Zauberflöte (Mozart)
ML: Meinhard von Zallinger/Herbert
Guthan/Karl-Maria Zwissler/Václav Neumann/
Harold Byrns/Kurt Masur
I: Walter Felsenstein
A: Rudolf Heinrich
25. Februar 1954 bis 29. Juni 1963 – 202 Auff.

Eine Nacht in Venedig (Strauß)
ML: Meinhard von Zallinger/Herbert Guthan
I: Walter Felsenstein
A: Jost Bednar
5. September 1954 bis 14. Juli 1955 – 57 Auff.

Die schweigsame Frau (Strauss)
ML: Meinhard von Zallinger/Gert Bahner
I: Walter Felsenstein
A: Heinz Pfeiffenberger
Berliner Erstaufführung
30. Dezember 1954 bis 18. Juni 1957 – 57 Auff.

9. Ballettabend
Ch/I: Gertrud Steinweg
ML: Artur Grüber/Meinhard von Zallinger/Robert
Hanell
A: Rudolf Heinrich
11. Februar 1955 bis 3. Dezember 1956 – 45 Auff.

Der Barbier von Bagdad (Cornelius)
ML: Meinhard von Zallinger
I: Heinz Rückert
A: Rudolf Heinrich
16. März 1955 bis 1. Juli 1956 – 34 Auff.

Der Wildschütz oder Die Stimme der Natur (Lortzing)
ML: Friedrich Brenn/Herbert Guthan/Meinhard
von Zallinger
I: Carl Riha
A: Jost Bednar
10. Mai 1955 bis 6. Juli 1957 – 76 Auff.

Manon Lescaut (Puccini)
ML: Meinhard von Zallinger/Herbert Guthan
I: Joachim Herz
A: Rudolf Heinrich
11. Juli 1955 bis 1. Juni 1959 – 69 Auff.

Il Campiello (Wolf-Ferrari)
ML: Robert Hanell
I: Heinz Rückert
A: Rudolf Heinrich
17. Oktober 1955 bis 2. Juli 1957 – 54 Auff.

Die Wirtin von Pinsk (Mohaupt)
ML: Robert Hanell
I: Joachim Herz
A: Rudolf Heinrich
Berliner Erstaufführung
15. Januar 1956 bis 29. Juni 1956 – 11 Auff.

10. Ballettabend
Ch: Gertrud Steinweg
ML: Friedrich Brenn (I), Robert Hanell (II)
A: Jost Bednar
Don Juan (Gluck)
Der Chout (Prokofjew)
8. Februar 1956 bis 19. Februar 1957 – 17 Auff.

Das schlaue Füchslein (Janáček)
ML: Václav Neumann
I: Walter Felsenstein
A: Rudolf Heinrich
30. Mai 1956 bis 22. Dezember 1964 – 218 Auff.

Katinka und der Teufel (Dvořák)
ML: Robert Hanell
I: Hans Reinmar
A: Heinz Pfeiffenberger
Berliner Erstaufführung
10. September 1956 bis 21. Dezember 1957 –
42 Auff.

Tiefland (d'Albert)
ML: Robert Hanell/Karl-Fritz Voigtmann
I: Heinz Rückert
A: Rudolf Heinrich
15. Oktober 1956 bis 2. Juni 1960 – 81 Auff.

11. Ballettabend
Ch: Eugeniusz Paplinski (I), Gertrud Steinweg (II)
ML: Zygmunt Latoszewski (I), Václav Neumann (II)
A: Rudolf Heinrich
Harnaschie (Szymanowski) – Berliner Erstauff.
Petruschka (Strawinsky)
17. Januar 1957 bis 5. Juli 1957 – 15 Auff.

Die neugierigen Frauen (Wolf-Ferrari)
ML: Robert Hanell/Siegfried Kratzer
I: Heinz Rückert
A: Rudolf Heinrich
13. April 1957 bis 13. Juli 1959 – 65 Auff.

Die Entführung aus dem Serail (Mozart)
ML: Harold Byrns/Herbert Guthan
I: Heinz Rückert
A: Rudolf Heinrich
8. November 1957 bis 20. Juni 1961 – 95 Auff.

Albert Hering (Der Tugendpreis) (Britten)
ML: Walter Knör
I: Joachim Herz
A: Rudolf Heinrich
22. Dezember 1957 bis 20. Juni 1960 – 85 Auff.

Hoffmanns Erzählungen (Offenbach)
ML: Václav Neumann/Herbert Guthan/Karl-Fritz
Voigtmann
I: Walter Felsenstein
A: Rudolf Heinrich
25. Januar 1958 bis 4. Juni 1972 – 197 Auff.

Ballettabend
Ch: Gertrud Steinweg
ML: Harold Byrns
A: Dietrich Kaufmann
Eine Tür geht auf (Milhaud)
Die Männer von Kaspovar (Bartók)
Bacchus und Ariadne (Russel)
21. April 1958 bis 19. Juni 1958 – 8 Auff.

Turandot (Puccini)
ML: Robert Hanell/Karl-Fritz Voigtmann
I: Joachim Herz
A: Rudolf Heinrich
18. November 1958 bis 7. Juli 1961 – 88 Auff.

Der Diener zweier Herren (Burghauser)
Ch: Gertrud Steinweg
ML: Harold Byrns
A: Bert Kistner
25. Februar 1959 bis 10. Juli 1959 – 17 Auff.

La Bohème (Puccini)
ML: Harold Byrns/Karl-Fritz Voigtmann/Václav
Neumann
I: Götz Friedrich
A: Rudolf Heinrich
15. September 1959 bis 19. Dezember 1964 –
144 Auff.

Othello (Verdi)
ML: Václav Neumann/Herbert Guthan/Kurt
Masur/Siegfried Kratzer
I: Walter Felsenstein
A: Rudolf Heinrich
11. Oktober 1959 bis 30. April 1966 – 111 Auff.

Der brave Soldat Schwejk (Kurka)
ML: Robert Hanell/Karl-Fritz Voigtmann
I: Joachim Herz
A: Rudolf Heinrich
6. März 1960 bis 2. Juli 1964 – 133 Auff.

**Der Barbier von Sevilla
oder Alle Vorsicht war vergebens** (Paisiello)
ML: Robert Hanell/Siegfried Kratzer/Winfried
Müller
I: Walter Felsenstein
A: Rudolf Heinrich
5. Mai 1960 (Schwetzingen), 22. Mai 1960 (Berlin) bis 13. April 1973 – 211 Auff.

Fra Diavolo (Auber)
ML: Václav Neumann/Karl-Fritz Voigtmann
I: Götz Friedrich
A: Heinrich Kilger
7. Juli 1960 bis 10. Juni 1961 – 30 Auff.

La Traviata (Verdi)
ML: Kurt Masur/Karl-Fritz Voigtmann/Siegfried
Kratzer/Gert Bahner
I: Walter Felsenstein
A: Rudolf Heinrich/Reinhart Zimmermann
16. Oktober 1960 bis 1. August 1970 – 142 Auff.

Ballettabend
Ch: Jean Soubeyran
ML: Karl-Fritz Voigtmann
A: Reinhart Zimmermann
Serenade in 4 Sätzen für kleines Orchester
(Françaix)
Tauziehen, Radfahrer, Treppe, Fährmann
(Soubeyran)
Peter und der Wolf (Prokofjew)
23. April 1961 bis 30. Juni 1961 – 4 Auff.

Ein Sommernachtstraum (Britten)
ML: Kurt Masur/Karl-Fritz Voigtmann
I: Walter Felsenstein
A: Rudolf Heinrich
4. Juli 1961 bis 5. Juni 1975 – 150 Auff.

Tosca (Puccini)
ML: Robert Hanell
I: Götz Friedrich
A: Rudolf Heinrich
16. November 1961 bis 13. Juli 1963 – 35 Auff.

Der fliegende Holländer (Wagner)
ML: Robert Hanell
I: Joachim Herz
B: Rudolf Heinrich/Reinhart Zimmermann
K: Rudolf Heinrich/Eva Sickert
9. Februar 1962 bis 14. Juni 1963 – 33 Auff.

Così fan tutte (Mozart)
ML: Kurt Masur/Karl-Fritz Voigtmann/Gert Bahner
I: Götz Friedrich
B: Reinhart Zimmermann
K: Eva Sickert
8. September 1962 bis 13. Dezember 1964 – 42 Auff.

Salome (Strauss)
ML: Kurt Masur/Karl-Fritz Voigtmann/Robert Hanell
I: Götz Friedrich
B: Jiří Procházka
K: Ján Skalický
13. April 1963 bis 11. Januar 1970 – 62 Auff.

Der eingebildete Kranke (Hosalla)
ML: Werner Rosenberg
Ch/I: Ingeborg Ungnad
A: Hans-Helmut Müller
7. Juni 1963 bis 19. März 1966 – 15 Auff.

Ritter Blaubart (Offenbach)
ML: Karl-Fritz Voigtmann/Joachim Willert/Christoph-Albrecht von Kamptz
I: Walter Felsenstein
A: Wilfried Werz
24. September 1963 bis 12. Juli 1992 – 369 Auff.

Pique Dame (Tschaikowski)
ML: Kurt Masur/Siegfried Kratzer
I: Wolfgang Kersten
B: Reinhart Zimmermann
K: Eva Sickert
7. Dezember 1963 bis 12. Dezember 1964 – 31 Auff.

Die Bettleroper (»The Beggar's Opera«) (Britten)
ML: Robert Hanell
I: Horst Bonnet
B: Reinhart Zimmermann/Hans-Helmut Müller
K: Eva Sickert
17. Februar 1964 bis 29. Juni 1967 – 58 Auff.

Jenufa (Janáček)
ML: Rudolf Vasata/Siegfried Kratzer/Winfried Müller
I: Götz Friedrich
B: Reinhart Zimmermann
K: Ján Skalický
Ch: Jean Weidt
15. September 1964 bis 16. Februar 1969 – 43 Auff.

Die Bremer Stadtmusikanten (Mohaupt)
ML: Karl-Fritz Voigtmann
I: Wolfgang Kersten
B: Hans-Helmut Müller
K: Eva Sickert
27. Februar 1966 bis 27. April 1966 – 5 Auff.

Die Heimkehr des Odysseus (Monteverdi)
Musikalische Bearbeitung von Siegfried Matthus
ML: Gert Bahner
I: Götz Friedrich
B: Reinhart Zimmermann
K: Eva Sickert
Erstaufführung
19. April 1966 bis 11. Februar 1968 – 18 Auff.

Don Giovanni (Mozart)
ML: Zdeněk Košler/Winfried Müller/Gert Bahner/Christoph-Albrecht von Kamptz
I: Walter Felsenstein
B: Reinhart Zimmermann
K: Sylta Maria Busse
4. Dezember 1966 bis 5. Januar 1969 – 31 Auff.

Der Troubadour (Verdi)
ML: Gert Bahner/Winfried Müller/Wolf-Dieter Hauschild/Joachim Willert
I: Götz Friedrich
B: Josef Svoboda
K: Ján Skalický
6. Dezember 1966 bis 28. Juni 1980 – 206 Auff.

Abraxas (Egk)
Ch/I: Tom Schilling
ML: Werner Egk/Siegfried Kratzer
B: Hans-Ulrich Schmückle
K: Sylta Maria Busse
28. Dezember 1966 bis 19. Juni 1968 – 39 Auff.

12. Ballettabend
Ch/I: Tom Schilling
ML: Siegfried Kratzer/Winfried Müller
A: Erich Geister
Impulse (Ködderitzsch) – Uraufführung
Vorspiel zum Nachmittag eines Fauns (Debussy)
Phantastische Sinfonie (Berlioz)
7. September 1967 bis 15. Juni 1968 – 15 Auff.

Der letzte Schuß (Matthus)
ML: Gert Bahner
I: Götz Friedrich
B: Reinhart Zimmermann
K: Eva Sickert
Uraufführung
5. November 1967 bis 8. Juni 1968 – 12 Auff.

Cinderella (Prokofjew)
Ch/I: Tom Schilling
ML: Siegfried Kratzer/Winfried Müller
A: Francisco Nieva
6. Februar 1968 bis 22. Mai 1971 – 64 Auff.

Der junge Lord (Henze)
ML: Gert Bahner/Christoph-Albrecht von Kamptz
I: Joachim Herz
B: Reinhart Zimmermann
K: Eleonore Kleiber
26. März 1968 bis 20. Oktober 1970 – 29 Auff.

Die Fledermaus (Strauß)
ML: Karl-Fritz Voigtmann
I: Uwe Kreyssig
B: Reinhart Zimmermann
K: Werner Schulz
22. November 1968 bis 25. Juli 1970 – 36 Auff.

Die Liebe zu drei Orangen (Prokofjew)
ML: Gert Bahner/Winfried Müller
I: Walter Felsenstein
B: Valeri Lewental
K: Marina Sokolowa
22. Dezember 1968 bis 7. Juli 1973 – 76 Auff.

Aida (Verdi)
ML: Gert Bahner
I: Götz Friedrich
B: Reinhart Zimmermann
K: Eleonore Kleiber
6. März 1969 bis 8. Februar 1973 – 42 Auff.

Ballettabend
Der Mohr von Venedig (Blacher)
Ch/I: Tom Schilling
ML: Karl-Fritz Voigtmann
A: Erich Geister
La Mer (Debussy)
Idee, Libretto und Ch: Tom Schilling
ML: Karl-Fritz Voigtmann
A: Erich Geister
Jeu de Cartes (Strawinsky)
Ch/I: John Cranko
ML: Karl-Fritz Voigtmann
A: Dorothea Zippel
5. April 1969 bis 24. Juni 1972 – 32 Auff.

Deidamia (Händel)
ML: Thomas Sanderling/Winfried Müller
I: Wolfgang Kersten
B: Reinhart Zimmermann
K: Eleonore Kleiber
21. September 1969 bis 24. Juli 1971 – 36 Auff.

Der Doppelgänger (Geißler)
Ch/I: Tom Schilling
ML: Winfried Müller
B: Bernhard Schröter
K: Eleonore Kleiber
Uraufführung
5. Oktober 1969 bis 25. April 1970 – 5 Auff.

Porgy und Bess (Gershwin)
ML: Gert Bahner/Siegfried Kratzer/Joachim Willert
I: Götz Friedrich
B: Reinhart Zimmermann
K: Susanne Raschig
24. Januar 1970 bis 9. Juni 1976 – 128 Auff.

Die spanische Stunde / Gianni Schicchi
Die spanische Stunde (Ravel)
ML: Gert Bahner/Winfried Müller
I: Wolfgang Kersten
A: Wilfried Werz
Gianni Schicchi (Puccini)
ML: Winfried Müller
I: Wolfgang Kersten
A: Wilfried Werz
5. Juli 1970 bis 18. April 1972 – 35 Auff.

Undine (Henze)
Ch/I: Tom Schilling
ML: Klaus Tennstedt/Winfried Müller/Joachim Willert
B: Reinhart Zimmermann
K: Eleonore Kleiber
4. Oktober 1970 bis 2. Juli 1977 – 51 Auff.

Der Fiedler auf dem Dach (Bock)
ML: Karl-Fritz Voigtmann/Robert Hanell/Christoph-Albrecht von Kamptz
I: Walter Felsenstein
B: Valeri Lewental
K: Marina Sokolowa
DDR-Erstaufführung
23. Januar 1971 bis 17. Juni 1988 – 506 Auff.

Die Macht des Schicksals (Verdi)
ML: Gert Bahner/Geza Oberfrank/Joachim Willert/Winfried Müller
I: Joachim Herz
B: Reinhart Zimmermann
K: Eleonore Kleiber
28. März 1971 bis 13. Juni 1981 – 113 Auff.

Ballettabend
Grand pas de classique/Match/Fancy free/Rhythmus
ML: Robert Hanell
B: Hartmut Henning
K: Eleonore Kleiber
Grand pas de classique (Tschaikowski)
Ch: Olga Lepeschinskaja/Tom Schilling
Match (Matthus)
Ch: Tom Schilling
Fancy free (Bernstein)
Ch: Tom Schilling
Rhythmus (Schilling/Matthus/Pietschmann)
Ch: Tom Schilling
9. Mai 1971 bis 20. April 1974 – 40 Auff.

Don Quichotte (Massenet)
ML: Karl-Fritz Voigtmann
I: Götz Friedrich
B: Reinhart Zimmermann
K: Eleonore Kleiber
3. Oktober 1971 bis 17. Juni 1973 – 28 Auff.

Carmen (Bizet)
ML: Dmitri Kitajenko/Winfried Müller/Geza Oberfrank
I: Walter Felsenstein
B: Wilfried Werz
K: Eleonore Kleiber
1. März 1972 bis 1. April 1979 – 81 Auff.

Noch einen Löffel Gift, Liebling? (Matthus)
ML: Gert Bahner
I: Götz Friedrich
B: Reinhart Zimmermann
K: Eleonore Kleiber
Uraufführung
16. April 1972 bis 9. Mai 1972 – 4 Auff.

Drei kleine Opern für Kinder
ML: Peter Wodner und Joachim Gruner
I: Lothar Weber
B: Gero Troike
K: Traute Mahler
Der Schulmeister (Telemann)
König Frost (Szönyi)

Von einem Jungen, der den Wald entdeckte
(Gruner) – Uraufführung
1. Juni 1972 bis 9. März 1973 – 14 Auff.

Katja Kabanowa (Janáček)
ML: Gert Bahner/Karl-Fritz Voigtmann
I: Joachim Herz
A: Rudolf Heinrich
2. Juli 1972 bis 7. Dezember 1974 – 28 Auff.

Romeo und Julia (Prokofjew)
Ch/I: Tom Schilling
ML: Karl-Fritz Voigtmann
B: Reinhart Zimmermann
K: Eleonore Kleiber
25. November 1972 bis 14. Januar 1976 – 32 Auff.

Ein Maskenball (Verdi)
ML: Joachim Willert
I: Wolfgang Kersten
B: Reinhart Zimmermann
K: Eleonore Kleiber
25. März 1973 bis 14. Juli 1977 – 79 Auff.

Die drei Dicken (Rubin)
ML: Winfried Müller
I: Natalja Saz
A: Eduard Zmoiro
Ch: Olga Tarasowa
DDR-Erstaufführung
12. Mai 1973 bis 20. April 1975 – 33 Auff.

Kaleidoskop
ML: Gert Bahner/Winfried Müller
(Begegnung/Concerto in F)/Robert Hanell
(Fancy free)
B: Hartmut Henning
K: Eleonore Kleiber
Party (Chopin und Wefelmeyer) – Uraufführung
Ch: Tom Schilling
Quattrodramma (Dessau)
Ch: Harald Wandtke
Alptraum einer Ballerina (Matthus) – Uraufführung
Ch: Harald Wandtke
Fancy free (Bernstein)
Ch: Tom Schilling
Begegnung (Lutosławski)
Ch: Harald Wandtke
Concerto in F (Gershwin)
Ch: Tom Schilling
9. Juni 1973 bis 25. Mai 1974 – 12 Auff.

Die Abenteuer des Háry János (Kodály)
ML: Geza Oberfrank/Christoph-Albrecht von Kamptz
I: Walter Felsenstein
B: Reinhart Zimmermann
K: Eleonore Kleiber
18. September 1973 bis 3. Februar 1977 – 38 Auff.

Ballettabend
Triptychon
Triptychon (Françaix/Ohana/Strawinsky)
ML: Karl-Fritz Voigtmann
A: Eleonore Kleiber
Idee, Libretto und Ch: Harald Wandtke
La Mer (Debussy)
Idee, Libretto und Ch: Tom Schilling
ML: Karl-Fritz Voigtmann
A: Erich Geister
Jeu de Cartes (Strawinsky)
Ch/I: John Cranko
ML: Karl-Fritz Voigtmann
A: Dorothea Zippel
26. Januar 1974 bis 18. November 1975 – 10 Auff.

Krieg und Frieden (Prokofjew)
ML: Gert Bahner/Winfried Müller
I: Lew Michailow
B: Valeri Lewental
K: Marina Sokolowa
21. April 1974 bis 15. Juni 1975 – 10 Auff.

Das Himmelbett (»I do! I do!«) (Schmidt)
ML: Winfried Müller
I: Johannes Felsenstein
B: Peter Sykora
K: Eleonore Kleiber
9. Juni 1974 bis 6. Januar 1976 – 27 Auff.

Die schlecht behütete Tochter (Herold/Winogradow)
Ch/I: Oleg Winogradow
ML: Joachim Willert
B: Reinhart Zimmermann
K: Eleonore Kleiber
27. Juni 1974 bis 11. Februar 1978 – 49 Auff.

Ballettogramme (Chopin/Wefelmeyer, Carlos, Avni, Lutosławski, Ellington, Matthus)
I: Tom Schilling
Ch: Schilling, Wandtke, Ahne, Heinze
B: Hartmut Henning
K: Traute Mahler
25. November 1974 bis 1. März 1976 – 14 Auff.

Aschenbrödel (Prokofjew)
Ch/I: Tom Schilling
ML: Karl-Fritz Voigtmann/Winfried Müller
B: Hartmut Henning
K: Eleonore Kleiber
19. Januar 1975 bis 21. April 1976 – 35 Auff.

Die Hochzeit des Figaro (Mozart)
ML: Geza Oberfrank/Christoph-Albrecht von Kamptz/Rolf Reuter
I: Walter Felsenstein
B: Reinhart Zimmermann
K: Eleonore Kleiber
26. Februar 1975 bis 29. März 1984 – 138 Auff.

Lulu (Berg)
ML: Joachim Willert
I: Joachim Herz
B: Reinhart Zimmermann
K: Eleonore Kleiber
DDR-Erstaufführung
28. Juni 1975 bis 22. Juni 1978 – 37 Auff.

Schwarze Vögel (Katzer)
Ch/I: Tom Schilling
ML: Geza Oberfrank/Joachim Willert/Michail Jurowski
A: Eleonore Kleiber
Uraufführung
27. September 1975 bis 28. September 1986 – 64 Auff.

Venezianisches Abenteuer (»Il Re Teodoro in Venezia«) (Paisiello)
ML: Karl-Fritz Voigtmann/Joachim Willert/Winfried Müller
I: Wolfgang Kersten
A: Eleonore Kleiber
10. April 1976 bis 13. April 1978 – 46 Auff.

Ballettabend
Erfindung der Liebe
Ch/I: Tom Schilling
ML: Joachim Willert
B: Reinhart Zimmermann
K: Eleonore Kleiber
Göttliche Komödie (Beethoven)
Menschliche Komödie (Vivaldi)
16. Juli 1976 bis 17. Dezember 1979 – 34 Auff.

Das Geheimnis (Smetana)
ML: Václav Neumann/Jiří Belohlávek/Joachim Willert
I: Rudolf Asmus
B: Ladislav Vychodil
K: Ján Kropáček
2. Januar 1977 bis 10. November 1981 – 105 Auff.

Aufstieg und Fall der Stadt Mahagonny (Weill)
ML: Robert Hanell/Winfried Müller
I: Joachim Herz
B: Reinhart Zimmermann
K: Eleonore Kleiber
30. April 1977 bis 17. Juni 1982 – 78 Auff.

Revue (Matthus)
Szenen für Tanztheater
Ch/I: Tom Schilling
B: Hans-Ulrich Schmückle
K: Eleonore Kleiber
Uraufführung
26. Juni 1977 bis 18. Mai 1979 – 16 Auff.

Iphigenie auf Tauris (Gluck)
ML: Kurt Masur
I: Wolfgang Kersten
A: Karl von Appen
1. Oktober 1977 bis 28. April 1979 – 14 Auff.

Madam Butterfly (Puccini)
ML: Mark Elder/Joachim Willert
I: Joachim Herz
B: Reinhart Zimmermann
K: Eleonore Kleiber
3. Januar 1978 bis 16. Mai 1986 – 227 Auff.

Schwanensee (Tschaikowski)
Ch/I: Tom Schilling
ML: Joachim Willert/Michail Jurowski/Alexander Vitlin
B: Jochen Finke
K: Eleonore Kleiber
11. März 1978

Das Appartement (»Promises, Promises«) (Bacharach)
ML: Robert Hanell/Christoph-Albrecht von Kamptz
I: Per E. Fosser
A: Hartmut Henning
11. Mai 1978 bis 4. Juli 1979 – 24 Auff.

Das Land Bum-Bum (»Der lustige Musikant«)
(Katzer)
ML: Joachim Willert
I: Joachim Herz
B: Reinhart Zimmermann
K: Eleonore Kleiber
Uraufführung
30. September 1978 bis 20. Dezember 1980 –
46 Auff.

The Rake's Progress (Strawinsky)
ML: Jiří Bélohlavek/Winfried Müller
I: Friedo Solter
B: Lothar Scharsich
K: Eleonore Kleiber
29. Januar 1979 bis 13. September 1979 –
12 Auff.

Ballettabend
Gestalten und Klänge
Jugendsinfonie (Mozart)
Abendliche Tänze (Schubert)
Lebenszeit (Bartók)
Ch/I: Tom Schilling
A: Eleonore Kleiber
La Mer (Debussy)
Idee, Libretto und Ch: Tom Schilling
A: Erich Geister
10. März 1979 bis 13. Juli 1980 – 20 Auff.

Die Reise auf den Mond (Offenbach)
ML: Robert Hanell/Christoph-Albrecht von
Kamptz
I: Jérôme Savary
B: Reinhart Zimmermann
K: Eleonore Kleiber
26. Mai 1979 bis 4. März 1983 – 80 Auff.

Pastorale – Gajaneh
Pastorale (Beethoven)
Ch/I: Tom Schilling
ML: Lothar Seyfarth
B: Marina Sokolowa
K: Eleonore Kleiber
Gajaneh (Chatschaturjan)
Ch/I: Alexej Tschitschinadse
ML: Lothar Seyfarth
A: Marina Sokolowa
30. September 1979 bis 17. September 1981 –
33 Auff.

Kontraste
Amerikanisches Quartett (Dvořák)
Ch: Pavel Šmok
Abendliche Tänze (Schubert)
Ch/I: Tom Schilling
A: Eleonore Kleiber
Ausbruch (Zimmermann)
Ch: Udo Wandtke
Die gefesselte Hexe (Zimmermann)
Ch: Harald Wandtke
eins plus eins (Goldmann)
Ch: Hermann Rudolph
Leuchten wird mein Schatten (Katzer)
Ch: Patricio Bunster
17. November 1979 bis 1. Januar 1980 – 6 Auff.

Lulu (Berg)
ML: Joachim Willert
I: Joachim Herz
B: Reinhart Zimmermann
K: Eleonore Kleiber
Berliner Erstaufführung der vollständigen Fassung
20. Januar 1980 bis 13. Mai 1982 – 28 Auff.

Die Krönung der Poppea (Monteverdi)
ML: Volker Rohde
I: Göran Järvefelt
B: Reinhart Zimmermann
K: Eleonore Kleiber
13. Juni 1980 bis 16. November 1980 – 8 Auff.

Der Bettelstudent (Millöcker)
ML: Joachim Willert/Christoph-Albrecht von
Kamptz
I: Uwe Wand
B: Hartmut Henning
K: Christiane Dorst
20. September 1980 bis 12. Juli 1985 – 124 Auff.

Monsieur Offenbach läßt bitten! (Vogler) – Foyer
ML: Christoph-Albrecht vom Kamptz
I: Klaus-Dieter Müller
3. November 1980 bis 16. Januar 1988 – 65 Auff.

Peter Grimes (Britten)
ML: Richard Armstrong/Winfried Müller
I: Joachim Herz
B: Reinhart Zimmermann
K: Eleonore Kleiber
Erstaufführung
11. Januar 1981 bis 24. Juni 1983 – 25 Auff.

Arminius (Biber) – Foyer
ML: Volker Rohde
I: Christian Pöppelreiter
A: Nancy Torres
31. Januar 1981 bis 1. Februar 1982 – 8 Auff.

Ein neuer Sommernachtstraum (Katzer)
Ch/I: Tom Schilling
ML: Michail Jurowski
B: Renée Hendrix
K: Eleonore Kleiber
Uraufführung
22. März 1981 bis 28. November 1985 – 50 Auff.

Don Parasol (Delibes)
Ch/I: Tom Schilling
ML: Joachim Willert/Christoph-Albrecht von
Kamptz
A: Eleonore Kleiber
8. Juni 1981 bis 21. Januar 1984 – 25 Auff.

Die Meistersinger von Nürnberg (Wagner)
ML: Rolf Reuter/Joachim Willert
I: Harry Kupfer
A: Wilfried Werz
3. Oktober 1981 bis 18. Mai 1986 – 38 Auff.

Tanz aus der Kiste
Ch: Hanne Wandtke
A: Hartmut Henning
Tanz aus der Kiste (Wirsing)
Peter und der Wolf (Prokofjew)
14. Februar 1982 bis 13. März 1983 – 26 Auff.

Die Entführung aus dem Serail (Mozart)
ML: Rolf Reuter/Christoph-Albrecht von
Kamptz/Yakov Kreizberg
I: Harry Kupfer
B: Marco Arturo Marelli
K: Reinhard Heinrich
31. März 1982

La Bohème (Puccini)
ML: Rolf Reuter/Joachim Willert/Winfried Müller/Simone Young/Peter Hirsch
I: Harry Kupfer
B: Reinhart Zimmermann
K: Eleonore Kleiber
5. Juni 1982

Der holzgeschnitzte Prinz / Der Narr
Ch/I: Pavel Šmok
ML: Joachim Willert
A: Hartmut Henning
Der holzgeschnitzte Prinz (Bartók)
Der Narr (Prokofjew)
4. Juli 1982 bis 11. Mai 1983 – 12 Auff.

Tanz – ein Leben – Foyer
Ch/I: Tom Schilling
A: Eleonore Kleiber
Der Lebenskreis (Mendelssohn Bartholdy)
Weg in die Nacht (Brahms)
Shakespeare-Gestalten (Beethoven)
Carnaval (Schumann)
3. Oktober 1982 bis 11. Juni 1986 – 26 Auff.

Lear (Reimann)
ML: Hartmut Haenchen
I: Harry Kupfer
B: Reinhart Zimmermann
K: Eleonore Kleiber
15. Januar 1983 bis 14. Januar 1987 – 22 Auff.

Wahlverwandtschaften (Schubert)
Ch/I: Tom Schilling
A: Eleonore Kleiber
Uraufführung
23. Mai 1983

Rigoletto (Verdi)
ML: Rolf Reuter/Reinhard Seehafer/David Kram
I: Harry Kupfer
B: Ezio Toffolutti
K: Eleonore Kleiber
10. September 1983 bis 4. Dezember 1992 –
50 Auff.

Boris Godunow (Mussorgski)
ML: Rolf Reuter/Winfried Müller
I: Harry Kupfer
B: Reinhart Zimmermann
K: Reinhard Heinrich
20. November 1983 bis 3. Juli 1987 – 26 Auff.

Romeo und Julia (Prokofjew)
Ch/I: Tom Schilling
ML: Kurt Masur/Michail Jurowski/Stefan Sander-
ling/Reinhard Seehafer/Thomas Kalb/
James Tuggle
B: Reinhart Zimmermann
K: Eleonore Kleiber
27. Dezember 1983

Così fan tutte (Mozart)
ML: Joachim Willert/Christoph-Albrecht von
Kamptz
I: Harry Kupfer
B: Reinhart Zimmermann
K: Eleonore Kleiber
13. April 1984

Iolanthe oder Die Hochzeit der Fee (Sullivan)
ML: Joachim Willert
I: David Pountney
A: David Fielding
Deutsche Erstaufführung
28. Juni 1984 bis 19. Oktober 1984 – 6 Auff.

Tanztheater-Forum I
Italienisches Konzert (Bach)
Ch: Volker Tietböhl
K: Eleonore Kleiber
Carnaval (Schumann)
Ch/I: Tom Schilling
K: Eleonore Kleiber
Die magische Nacht (Beethoven) – Uraufführung
Ch/I: Tom Schilling
K: Eleonore Kleiber
30. September 1984 bis 9. November 1984 –
4 Auff.

Giustino (Händel)
ML: Hartmut Haenchen/Christoph-Albrecht von
Kamptz/Sir Charles Farncombe/Thomas Kalb
I: Harry Kupfer
B: Valeri Lewental
K: Reinhard Heinrich
4. Dezember 1984

Tanztheater-Forum II
La Vita (Zechlin) – Uraufführung
ML: Joachim Willert
Ch/I: Tom Schilling
A: Eleonore Kleiber
Pastorale (Beethoven)
ML: Joachim Willert
Ch/I: Tom Schilling
A: Eleonore Kleiber
2. Februar 1985 bis 27. März 1985 – 7 Auff.

Die verkaufte Braut (Smetana)
ML: Rolf Reuter/Christoph-Albrecht von Kamptz
I: Harry Kupfer
B: Reinhart Zimmermann
K: Eleonore Kleiber
2. Juni 1985 bis 21. Oktober 1994 – 102 Auff.

Tanztheater-Forum III
Aus meinem Leben (Smetana) – Uraufführung
Ch/I: Ingrid Collet
A: Eleonore Kleiber
Abendliche Tänze (Schubert)
Ch: Tom Schilling
K: Eleonore Kleiber
Die Probe (Strawinsky)
Ch/I: Tom Schilling
7. Juni 1985 bis 27. September 1985 – 4 Auff.

Judith (Matthus)
ML: Rolf Reuter/Winfried Müller
I: Harry Kupfer
B: Reinhart Zimmermann
K: Eleonore Kleiber
Uraufführung
28. September 1985 bis 18. Mai 1989 – 21 Auff.

Die lustige Witwe (Lehár)
ML: Robert Hanell
I: Harry Kupfer
B: Hans Schavernoch
K: Reinhard Heinrich
12. Januar 1986 bis 4. Januar 1987 – 9 Auff.

Tanztheater-Forum IV »Ernste und heitere Spiele«
Concert in Frack und Hut (Strawinsky) – Urauf-
führung
Idee und Ch: Birgit Scherzer
A: Eleonore Kleiber
Marguerite (Chopin) – Uraufführung
Idee, Ch/I: Tom Schilling
K: Eleonore Kleiber, Reinhard Heinrich
Match (Matthus)
Idee, Ch/I: Tom Schilling
A: Eleonore Kleiber
La Mer (Debussy)
Idee, Ch/I: Tom Schilling
A: Erich Geister
Helle Tänze (Skrjabin)
Ch: Arila Siegert
K: Gerhard Schade
Infantin und Narr (Villa-Lobos)
Idee, Ch/I: Dietmar Seyffert
A: Eleonore Kleiber
Die Maske (Kropinski)
Idee und Ch: Arila Siegert
K: Gerhard Schade
Jeu de Cartes (Strawinsky)
Ch/I: John Cranko
A: nach Dorothea Zippel
18. Januar 1986 bis 18. November 1986 – 8 Auff.

223

Die Zauberflöte (Mozart)
ML: Rolf Reuter/Winfried Müller/Yakov Kreizberg/Michail Jurowski
I: Harry Kupfer
B: Hans Schavernoch
K: Eleonore Kleiber
30. März 1986

Hoffmanns Erzählungen (Natschinski nach Offenbach)
Phantastisches Ballett
Ch/I: Tom Schilling
ML: Joachim Willert
B: Reinhart Zimmermann
K: Eleonore Kleiber
Uraufführung
25. September 1986 bis 30. Oktober 1994 –
65 Auff.

Die Hochzeit des Figaro (Mozart)
ML: Rolf Reuter/Christoph-Albrecht von Kamptz
I: Harry Kupfer
A: Reinhard Heinrich
12. Dezember 1986

Tanz – ein Fest – im Palast der Republik
Großes Rundfunkorchester Berlin
Leitung: Robert Hanell
Berliner Entree (Spies)
Ch: Tom Schilling
B: Dieter Berge
K: Eleonore Kleiber
Romantisches Duett (Chopin)
Ch: Dmitri Brjanzew
B: Dieter Berge
K: Eleonore Kleiber
Dialog (Reznicek)
Ch: Peter Tornew
B: Dieter Berge
K: Eleonore Kleiber
Leichte Kavallerie (Suppé)
Ch: Dmitri Brjanzew
B: Dieter Berge
K: Eleonore Kleiber
Notturno (Mendelssohn Bartholdy)
Ch: Peter Tornew
B: Dieter Berge
K: Eleonore Kleiber
Berlin Anno 1860 (Hertel)
Ch: Peter Tornew
B: Dieter Berge
K: Eleonore Kleiber

Napoli (Gade/Helsted/Pauli/Lumbye)
Ch: August Bournonville
A: Allan Friderica
30. Januar 1987 bis 28. Februar 1988 – 13 Auff.

Cavalleria rusticana (Mascagni) /
Der Bajazzo (Leoncavallo)
ML: Joachim Willert/Günter Neuhold/Simone Young
I: Christine Mielitz
B: Reinhart Zimmermann
K: Reinhard Heinrich
29. März 1987

Puck (Mendelssohn Bartholdy)
Ch/I: Harald Wandtke
ML: Reinhard Seehafer
A: Eleonore Kleiber
Uraufführung
30. Mai 1987 bis 10. Juni 1988 – 11 Auff.

Don Giovanni (Mozart)
ML: Rolf Reuter/Winfried Müller/Yakov Kreizberg
I: Harry Kupfer
B: Valeri Lewental
K: Eleonore Kleiber
3. Oktober 1987

Orpheus und Eurydike (Gluck)
ML: Hartmut Haenchen/Joachim Willert/Vladimir Jurowski
I: Harry Kupfer
B: Hans Schavernoch
K: Eleonore Kleiber
19. Dezember 1987

Porträt: Hannelore Bey
Mir zeigte sich die Welt in vielen Tänzen ...
Künstlerische Leitung: Tom Schilling
I: Frank Bey
K: Eleonore Kleiber
Szenen aus »Romeo und Julia« (Prokofjew)
Ch: Tom Schilling
Kindheit (Pester) – Uraufführung
Ch: Hannelore und Frank Bey
Walzer (Strauss) – Uraufführung
Ch: Tom Schilling
2. Januar 1988 bis 31. März 1988 – 2 Auff.

Tanztheater-Forum V
Keith (Jarrett) – Uraufführung
Ch/K: Birgit Scherzer
Romantisches Duett (Chopin)
Ch: Dmitri Brjanzew
K: Eleonore Kleiber
Der grüne Tisch (Cohen)
Ch: Kurt Jooss
A: Hein Heckroth
30. Januar 1988 bis 6. Dezember 1988 – 12 Auff.

Tanztheater-Forum VI
Labyrinth (Kucera)
Ch/A: Susanna Borchers
Warten auf N. (Martinů) – Uraufführung
Ch: Harald Wandtke
Allein (Joplin)
Ch: Birgit Scherzer
K: Thomas Vollmer
Adagio (Albinoni)
Ch: Birgit Scherzer
K: Eleonore Kleiber
Stille (Lakomy)
Ch/B: Birgit Scherzer
K: Eleonore Kleiber
Abendliche Tänze (Schubert)
Ch: Tom Schilling
K: Eleonore Kleiber
Keith (Jarrett)
Ch/K: Birgit Scherzer
26. März 1988 bis 30. März 1988 – 2 Auff.

Eugen Onegin (Tschaikowski)
ML: Rolf Reuter
I: Adolf Dresen
B: Karl-Ernst Herrmann
K: Margit Bárdy
26. Juni 1988 bis 6. Mai 1990 – 23 Auff.

Othello und Desdemona (Humel)
Ch/I: Arila Siegert
ML: Michail Jurowski
A: Johannes Conen
10. September 1988 bis 18. April 1990 – 12 Auff.

Der steinerne Gast (Dargomyshski) / **Erwartung** (Schönberg)
ML: Rolf Reuter
I: Harry Kupfer
B: Valeri Lewental/Hans Schavernoch
K: Eleonore Kleiber
29. Oktober 1988 bis 23. November 1988 –
3 Auff.

Die Banditen (Offenbach)
ML: Robert Hanell/Christoph-Albrecht von Kamptz/Caspar Richter
I: Harry Kupfer
B: Reinhart Zimmermann
K: Eleonore Kleiber
1. April 1989 bis 21. November 1995 – 67 Auff.

Aufruhr im Olymp – Foyer
oder **Die Primadonnen proben den Aufstand**
(Vogler/Gruner)
ML: Joachim Willert
I: Heinz Runge
B: Hartmut Henning
K: Eleonore Kleiber
12. Mai 1989 bis 24. September 1989 – 13 Auff.

Canto General (Theodorakis) – im Palast der Republik
Ch/I: Harald Wandtke
B: Andreas Keller
K: Hendrik Kürsten
Uraufführung
13. Mai 1989 bis 14. Mai 1989 – 3 Auff.

Der Freischütz (Weber)
ML: Rolf Reuter/Winfried Müller
I: Günter Krämer
A: Andreas Reinhardt
30. September 1989 bis 16. März 1992 – 42 Auff.

Tanztheater-Forum VII
Amerikanisches Quartett (Dvořák)
Ch: Pavel Šmok
K: Eleonore Kleiber
Alltägliche Apokalypse (Schenker) – Uraufführung
Ch: Carla Börner
B: Hartmut Henning
K: Eleonore Kleiber
spectra (Sallinen, Volans, Colemann, Riley) – Uraufführung
Ch/A: Erwin Fritsche
Medea thimisu (Becker) – Uraufführung
Ch: Dominique Efstratiou
B: Hartmut Henning
K: Eleonore Kleiber
Keith (Jarrett)
Ch/K: Birgit Scherzer
24. März 1990 bis 3. Mai 1990 – 4 Auff.

Trilogie der Sehnsucht
Ch/I: Joachim Ahne
A: Stefan Wiel
Der Wind (Ravel)
Die Hochzeit (Strawinsky)
Bernarda Albas Haus (Durkó)
19. Mai 1990 bis 9. Mai 1991 – 6 Auff.

Fünf Mädchen und kein Mann (Suppé) – Foyer
ML: Dietrich Sprenger
I: Stephan Blüher
B: Anja Duklau
K: Eleonore Kleiber
11. Juni 1990 bis 7. Februar 1991 – 12 Auff.

Cardillac (Hindemith)
ML: Joachim Willert
I: Christine Mielitz
B: Reinhart Zimmermann
K: Eleonore Kleiber
30. Juni 1990 bis 29. Januar 1991 – 5 Auff.

Idomeneo (Mozart)
ML: Rolf Reuter/Winfried Müller
I: Harry Kupfer
B: Reinhart Zimmermann
K: Eleonore Kleiber
24. November 1990

Aschenbrödel (Prokofjew)
Ch/I: Tom Schilling
ML: Winfried Müller
B: Wilfried Werz
K: Eleonore Kleiber
23. Januar 1991

Die schweigsame Frau (Strauss)
ML: Wolfgang Rennert/Christoph-Albrecht von Kamptz
I: Christine Mielitz
A: Reinhard Heinrich
16. März 1991 bis 30. Mai 1992 – 15 Auff.

Carmen (Bizet)
ML: Rolf Reuter/Günter Neuhold/Winfried Müller/Jörg-Peter Weigle/Shao-Chia Lü
I: Harry Kupfer
B: Reinhart Zimmermann
K: Eleonore Kleiber
17. Mai 1991

Frauen – Männer – Paare
Ch/I: Birgit Scherzer
A: Eleonore Kleiber
Frauen (Simone)
Männer (Jarrett)
Paare (Schnittke)
5. Juni 1991 bis 25. April 1993 – 9 Auff.

Doktor Mirakel (Bizet) – Foyer
ML: Dietrich Sprenger
I: Stephan Blüher
B: Matthias Schmidt
K: Eleonore Kleiber
20. Juni 1991 bis 15. Oktober 1991 – 7 Auff.

Pulcinella – Clown Gottes – Tango – Bolero
Pulcinella (Strawinsky)
Ch/I: Harald Wandtke
B: Hartmut Henning
K: Eleonore Kleiber
Clown Gottes (Strawinsky)
Ch/I: Dietmar Seyffert
B: Matthias Schmidt
K: Eleonore Kleiber
Tango (Piazzolla)
Ch/I: Volker Tietböhl
A: Eleonore Kleiber
Bolero (Ravel)
Ch/I: Emöke Pöstényi
A: Nancy Torres
21. Juni 1991 bis 1. Oktober 1992 – 9 Auff.*
* ab 30. April 1992 statt »Pulcinella« dann »Wölfe«

Antigone oder Die Stadt (Katzer)
ML: Jörg-Peter Weigle
I: Harry Kupfer
B: Hans Schavernoch
K: Reinhard Heinrich
Uraufführung
15. November 1991 bis 22. April 1992 – 3 Auff.

Undine (Henze)
Ch/I: Arila Siegert
ML: Samuel Bächli
A: Johannes Conen
12. Januar 1992 bis 17. Oktober 1992 – 10 Auff.

Eine Nacht in Venedig (Strauß)
ML: Gabriele Bellini/Christoph-Albrecht von Kamptz
I: Friedrich Meyer-Oertel
A: Reinhard Heinrich
18. April 1992 bis 21. Mai 1994 – 43 Auff.

Die alte Jungfer und der Dieb (Menotti) – Foyer
I: Stephan Blüher
B: Hartmut Henning
K: Marianne Häntzsche
6. Mai 1992 bis 31. Mai 1993 – 7 Auff.

Desdemona und ihre Schwestern (Matthus)
ML: Rolf Reuter
I: Götz Friedrich
B: Reinhart Zimmermann
K: Annette Zepperitz
Uraufführung
Schwetzingen 12. Mai 1992/Komische Oper
27. Juni 1992 bis 18. November 1992 –
7 Auff.

Lebensräume / Vier Jahreszeiten
Lebensräume (Hindemith)
Ch/I: Jan Linkens
ML: Jon Bara Johansen
B: Reinhart Zimmermann
K: Eleonore Kleiber
Vier Jahreszeiten (Vivaldi)
Ch/I: Marc Bogaerts
ML: Jon Bara Johansen
B: Reinhart Zimmermann
K: Eleonore Kleiber
31. Mai 1992 bis 18. November 1995 – 18 Auff.

Rienzi, der letzte der Tribunen (Wagner)
ML: Reinhard Schwarz/Winfried Müller
I: Christine Mielitz
B: Gottfried Pilz
K: Isabel Ines Glathar
25. September 1992

Hoffmanns Erzählungen (Offenbach)
ML: Jörg-Peter Weigle/Christoph-Albrecht von Kamptz
I: Harry Kupfer
B: Hans Schavernoch
K: Reinhard Heinrich
15. Januar 1993

Die drei Musketiere (Delarue)
Ch/I: Flemming Flindt
ML: Michail Jurowski
B: Reinhart Zimmermann
K: Philippe Binot
9. März 1993 bis 1. Dezember 1993 – 10 Auff.

Julius Caesar in Ägypten (Händel)
ML: Richard Hickox/Jon Watson/Sir Charles Farncombe
I: Harry Kupfer
B: Hans Schavernoch
K: Eleonore Kleiber
Schwetzingen 25. April 1993/Komische Oper
9. Mai 1993

Abendliche Tänze/Troy Game/Nuevas Cruzes
Abendliche Tänze (Schubert)
Ch: Tom Schilling
K: Eleonore Kleiber
Troy Game (Batucada/Downes)
Ch: Robert North
K: Peter Farmer
Nuevas Cruzes (Von Magnet, Soeur Marie Keyrouz) – Uraufführung
Ch/K: Jan Linkens
6. Juni 1993 bis 29. Januar 1994 – 9 Auff.

Das Märchen vom Zaren Saltan (Rimski-Korsakow)
ML: Simone Young/Winfried Müller/Michail Jurowski
I: Harry Kupfer
B: Reinhart Zimmermann
K: Reinhard Heinrich
Berliner Erstaufführung
10. September 1993

Circe und Odysseus (Humel)
Ch/I: Arila Siegert
ML: Michail Jurowski
B: Hans Dieter Schaal
K: Jutta Harnisch
Uraufführung
7. November 1993 bis 15. April 1994 – 7 Auff.

Il Trittico
Der Mantel/Schwester Angelica/Gianni Schicchi
(Puccini)
ML: Mario Venzago/Jun Märkl
I: Christine Mielitz
B: Reinhart Zimmermann
K: Reinhard Heinrich
14. Januar 1994

Coppelia (Delibes)
Ch/I: Jochen Ulrich
ML: Joachim Willert
B: Kathrin Kegler
K: Marie-Theres Cramer
13. März 1994 bis 29. März 1995 – 18 Auff.

La Cenerentola (Rossini)
ML: Caspar Richter/Vladimir Jurowski
I: Christine Mielitz
A: Reinhard Heinrich
10. Juni 1994

Der gewaltige Hahnrei (Goldschmidt)
ML: Yakov Kreizberg
I: Harry Kupfer
B: Hans Schavernoch
K: Reinhard Heinrich
16. September 1994 bis 27. Oktober 1995 –
12 Auff.

Requiem!! (Mozart)
Ch/I: Birgit Scherzer
A: Brigitte Benner
16. Oktober 1994

La Traviata (Verdi)
ML: Yakov Kreizberg
I: Harry Kupfer
B: Hans Schavernoch
K: Reinhard Heinrich
22. Dezember 1994

Oedipus Rex / Petruschka (Strawinsky)
Ch/I: Jan Linkens
ML: Yakov Kreizberg/Winfried Müller
B/K: Franz Zauleck
12. März 1995 bis 26. Mai 1997 – 14 Auff.

Werther (Massenet)
ML: Shao-Chia Lü
I: Christine Mielitz
B: Reinhart Zimmermann
K: Franz Zauleck
10. Juni 1995 bis 6. April 1996 – 15 Auff.

Nuevas Cruzes (Von Magnet – live)
Abendfüllende Fassung
Ch/I: Jan Linkens
K: Jan Linkens
15. September 1995

Die Fledermaus (Strauß)
ML: Yakov Kreizberg
I: Harry Kupfer
B: Hans Schavernoch
K: Reinhard Heinrich
15. Oktober 1995

Au-delà (Scelsi)
Ch/I: François Raffinot
ML: Shao-Chia Lü
B: François Raffinot
K: Hermès
Uraufführung
14. Januar 1996 bis 3. Mai 1996 – 7 Auff.

Falstaff (Verdi)
ML: Yakov Kreizberg
I: Andreas Homoki
B: Frank Philipp Schlößmann
K: Mechthild Seipel
15. März 1996

**Die Legende von der unsichtbaren Stadt Kitesch
und von der Jungfrau Fewronia** (Rimski-Korsakow)
ML: Shao-Chia Lü
I: Harry Kupfer
B: Hans Schavernoch
K: Reinhard Heinrich
Koproduktion mit den Bregenzer Festspielen
12. Mai 1996 bis 22. Oktober 1996 – 10 Auff.

SONNENKÖNIG – Eine Reise (Rebel, Rameau,
Purcell, Diop/M' Boup)
Ch/I: Jan Linkens
ML: Shao-Chia Lü
B: Reinhart Zimmermann
K: Joop Stokvis
Uraufführung
23. Juni 1996

Zwei Berliner in Paris (Richter/Offenbach) – Foyer
ML: Stephan von Cron/Uri Rom/Jens-Georg
Bachmann
I: Meisje B. Hummel
B: Hartmut Henning
K: Marianne Häntzsche
20. September 1996

Lucia di Lammermoor (Donizetti)
ML: Yakov Kreizberg/Vladimir Jurowski
I: Harry Kupfer
B: Hans Schavernoch
K: Eleonore Kleiber
27. September 1996

Franz Woyzeck (Grenzland)
Ch/I: Birgit Scherzer
ML: Vladimir Jurowski
B: Reinhart Zimmermann
K: Angela C. Schütt
Uraufführung
17. November 1996 bis 19. März 1997 – 5 Auff.

Rusalka (Dvořák)
ML: Shao-Chia Lü
I: Christine Mielitz
B: Reinhart Zimmermann
K: Reinhard Heinrich
17. Januar 1997

Takt (Schostakowitsch/Gould/Adams/Koeh-
ne/Glass)
Ch/I: Jan Linkens
ML: Vladimir Jurowski
K: Joop Stokvis
13. April 1997

Pique Dame (Tschaikowski)
ML: Yakov Kreizberg/Vladimir Jurowski
I: Harry Kupfer
B: Hans Schavernoch
K: Eleonore Kleiber
18. Mai 1997

Macbeth (Verdi)
ML: Vladimir Jurowski
I: Christine Mielitz
B: Wilfried Werz
K: Susanne Hubrich
7. September 1997

DIE GASTSPIELE DER KOMISCHEN OPER

1949 **Leipzig** Die Kluge

1952 **Dresden** Falstaff

Budapest Falstaff

1956 **Prag** Der Freischütz,
Die schweigsame Frau

1957 **Paris** Das schlaue Füchslein

1959 **Wiesbaden** Das schlaue Füchslein

Paris Hoffmanns Erzählungen,
Albert Hering

Moskau Hoffmanns Erzählungen,
Albert Hering, Die Zauberflöte

1960 **Schwetzingen** Der Barbier von Sevilla

Karl-Marx-Stadt Der Barbier von Sevilla

1961 **Schwetzingen** Der Barbier von Sevilla

1962 **Prag** Das schlaue Füchslein, Othello

1964 **Weimar** Othello

1965 **Stuttgart** Der Barbier von Sevilla,
Ritter Blaubart

Stockholm Der Barbier von Sevilla,
Ritter Blaubart, Ein Sommernachtstraum

Berlin Deutsche Staatsoper Salome

Halle Die Bettleroper

Venedig Hoffmanns Erzählungen,
Die Bettleroper

Moskau Othello, Ein Sommernachtstraum,
Ritter Blaubart

Buna Hoffmanns Erzählungen,
Der Barbier von Sevilla

Leipzig Othello

Bukarest Hoffmanns Erzählungen,
Die Bettleroper

1966 **Buna** Hoffmanns Erzählungen,
Der Barbier von Sevilla, Die Bettleroper

1967 **Bologna** Hoffmanns Erzählungen,
Ritter Blaubart

1969 **Leipzig** Der Barbier von Sevilla

Warschau Der Barbier von Sevilla,
Ritter Blaubart

Split, Zador, Novi Sad, Belgrad
Phantastische Sinfonie (Ballett),
La mer (Ballett), Jeu de cartes (Ballett)

1970 **Moskau, Leningrad** Phantastische
Symphonie (Ballett), Nachmittag eines
Fauns (Ballett), La mer (Ballett), Jeu de
cartes (Ballett), Match (Ballett),
Quattrodramma (Ballett), Dialog (Ballett)

1971 **Kairo** Nachmittag eines Fauns (Ballett),
Grand pas de classique (Ballett)

Nikosia Nachmittag eines Fauns (Ballett),
Grand pas de classique (Ballett)

Helsinki La mer (Ballett), Jeu de cartes
(Ballett), Grand pas de classique (Ballett)

1972 **Wien** Hoffmanns Erzählungen,
Ritter Blaubart

1973 **Usti nad Labem, Prag, Brno, Bratislava**
Nachmittag eines Fauns (Ballett), Undine
(Ballett), Rhythmus (Ballett),
Quattrodramma (Ballett), Dialog (Ballett),
Match (Ballett)

Minsk, Moskau Undine (Ballett),
Dialog (Ballett), La mer (Ballett),
Jeu de cartes (Ballett)

1974 **Budapest** Ritter Blaubart,
Die Macht des Schicksals

1975 **Weimar** Romeo und Julia (Ballett)

Bukarest, Brasov La mer (Ballett), Jeu de
cartes (Ballett), Match (Ballett), Rhythmus
(Ballett), Romeo und Julia (Ballett)

1976 **Moskau** Die Abenteuer des Háry János,
Die Hochzeit des Figaro

Venedig Die schlecht behütete Tochter
(Ballett), Erfindung der Liebe (Ballett)

1977 **Den Haag** Die Hochzeit des Figaro

1978 **Kuopio (Finnland)** Kaleidoskop (Ballettabend)

**Rom, Modena, Genua, Casalmaggiore,
Cremona** Kaleidoskop (Ballettabend),
Die Menschliche Komödie (Ballett)

1979 **Warschau** Die Hochzeit des Figaro,
Madam Butterfly

1980 **Canberra, Melbourne, Sydney, Adelaide**
Schwanensee (Ballett), La mer (Ballett),
Jeu de cartes (Ballett), Abendliche Tänze
(Ballett), Jugendsinfonie (Ballett)

Ludwigshafen Der Fiedler auf dem Dach,
Madam Butterfly

Wiesbaden Aufstieg und Fall der Stadt
Mahagonny, Madam Butterfly

Leningrad Ritter Blaubart, Madam Butterfly

1981 **Moskau, Riga** Ein neuer Sommernachtstraum (Ballett), La mer (Ballett), Abendliche Tänze (Ballett), Pastorale (Ballett)

Kuopio (Finnland) Abendliche Tänze
(Ballett), Pastorale (Ballett), Amerikanisches Quartett (Ballett)

Bratislava Madam Butterfly

Prag Die Hochzeit des Figaro,
Madam Butterfly

1982 **Thessaloniki** La mer (Ballett), Schwarze Vögel (Ballett), Abendliche Tänze (Ballett), Pastorale (Ballett)

1983 **Sofia, Warna** Ein neuer Sommernachtstraum (Ballett), Abendliche Tänze (Ballett), Pastorale (Ballett), Carnaval (Ballett)

Moskau Carnaval (Ballett), Weg in die Nacht (Ballett), Der Lebenskreis (Ballett), Shakespeare-Gestalten (Ballett)

Moskau Die Meistersinger von Nürnberg

Kiew Die Entführung aus dem Serail

1984 **Modena, Reggio Emilia, Ferrara, Turin** Schwanensee (Ballett), Abendliche Tänze (Ballett), Pastorale (Ballett), Carnaval (Ballett)

Edinburgh Schwanensee (Ballett)

Kopenhagen Ritter Blaubart, Die Entführung aus dem Serail

Warschau Lear, Ein neuer Sommernachtstraum (Ballett)

München Carnaval (Ballett)

Bukarest, Timisoara Abendliche Tänze (Ballett), Carnaval (Ballett), Weg in die Nacht (Ballett), Der Lebenskreis (Ballett), Italienisches Konzert (Ballett)

1985 **Budapest, Miskolc** Tanztheater-Forum II (Ballett), Abendliche Tänze (Ballett), Pastorale (Ballett), Carnaval (Ballett)

Dresden Giustino

München Giustino

1986 **Wien** Lear, Die Zauberflöte

Wien Wahlverwandtschaften (Ballett)

1987 **Moskau** Romeo und Julia, Hoffmanns Erzählungen (Ballett)

Leningrad Wahlverwandtschaften (Ballett), Romeo und Julia (Ballett), Hoffmanns Erzählungen (Ballett)

Amsterdam Lear, Giustino

1988 **Mestre (Italien)** La mer (Ballett), Match (Ballett), Carnaval (Ballett), Abendliche Tänze (Ballett)

Recklinghausen, Leverkusen Romeo und Julia (Ballett), Abendliche Tänze (Ballett), Puck (Ballett)

1989 **Wien** Orpheus und Eurydike

Ludwigsburg Judith

Wiesbaden Giustino, Judith, Orpheus und Eurydike

London Die verkaufte Braut, Orpheus und Eurydike, Ritter Blaubart

Dresden Othello und Desdemona (Ballett)

Berlin, Palast der Republik Canto general (Ballett)

1990 **Duisburg, Hagen, Dortmund** Schwanensee (Ballett)

Essen, Duisburg, Dortmund Romeo und Julia (Ballett)

Wiesbaden Der Freischütz, Orpheus und Eurydike

1991 **New York** Orpheus und Eurydike

Wiesbaden Fünf Mädchen und kein Mann

Tokyo, Sagamihara, Yokohama Ritter Blaubart, La Bohème, Die Hochzeit des Figaro

Kiew Wahlverwandtschaften (Ballett)

1992 **Wiesbaden** Idomeneo, Die schweigsame Frau

Wien Carmen

Ludwigshafen, Fürth Wahlverwandtschaften (Ballett)

Reykjavik Match (Ballett), Abendliche Tänze (Ballett), Infantin und Narr (Ballett), Keith (Ballett), Ausschnitte aus »Romeo und Julia« (Ballett)

1993 **Jerusalem** Orpheus und Eurydike

Wittenberge Abendliche Tänze (Ballett), Ausschnitte aus »Romeo und Julia« und »Wahlverwandtschaften« (Ballett), Allein (Ballett), Troy Game (Ballett), Bruicheath (Ballett)

Tokyo, Nagoya Cavalleria rusticana/Der Bajazzo, Carmen

Reykjavik Romeo und Julia (Ballett)

1996 **Essen** Wahlverwandtschaften (Ballett)

Schwedt Balkonszene aus »Romeo und Julia«, Drei Lieder aus »Lebensräume«, Pas de deux »Schwanensee« II. Akt, Abendliche Tänze, Troy Game (Ballett)

Szczecin/Polen Balkonszene aus »Romeo und Julia«, Drei Lieder aus »Lebensräume«, Pas de deux »Schwanensee« II. Akt, Abendliche Tänze, Troy Game (Ballett)

Bet Schean/Israel Oedipus Rex/ Petruschka (Ballett)

Heilbronn Nuevas Cruzes (Ballett)

Genua Nuevas Cruzes (Ballett)

Wittenberge Wirbel, Match, Ausschnitte aus »La Jolla« und »Nuevas Cruzes« (Ballett)

Neuss Lucrecia stop, Wirbel, Landschaft mit Schatten (Ballett)

Ålborg/Dänemark Romeo und Julia (Ballett)

1997 **Rathenow, Stendal, Marl, Paderborn, Bergisch-Gladbach** Balkonszene aus »Romeo und Julia«, Wirbel, Bruicheath, Match, Troy Game, Lucrecia stop, Landschaft mit Schatten (Ballett)

Bergen/Norwegen Hoffmanns Erzählungen, SONNENKÖNIG – Eine Reise (Ballett)

Barcelona Lucrecia stop, Wirbel, Landschaft mit Schatten (Ballett), Nueva Cruzes (Ballett)

LITERATURAUSWAHL

25 Jahre Theater in Berlin, Theaterpremieren 1945-1970, mit einem Vorwort von Friedrich Luft, hrsg. im Auftrage des Senats von Berlin, bearb. durch Hans J. Reichardt usw., Berlin 1972

250 Jahre Opernhaus Unter den Linden, hrsg. von Georg Quander, Frankfurt, Berlin 1992

Berlin und seine Bauten, hrsg. vom Architektenverein zu Berlin und der Vereinigung Berliner Architekten, Berlin 1896

Berlin, Kampf um Freiheit und Selbstverwaltung 1945-46, Berlin 1961

Berlin, Quellen und Dokumente 1945-1951, 1. Halbband, Berlin 1964

Born, Gerhard, Die Gründung des Berliner Nationaltheaters und die Geschichte seines Personals, seiner Verwaltung bis zu Doebbelins Abgang (1786-1789), Borna-Leipzig 1934

Brachvogel, Albert Emil, Das alte Berliner Theaterwesen bis zur ersten Blüthe des deutschen Dramas, Berlin 1887

Chamberlin, Brewster S., Kultur auf Trümmern, Stuttgart 1979

DDR, Dokumente zur Geschichte der Deutschen Demokratischen Republik, 1945-1985, hrsg. von Hermann Weber, München 1986

Deutsches Bühnen-Jahrbuch. Theatergeschichtliches Jahr- und Adreßbuch, gegr. 1889, 56. Jg. 1945/1948, hrsg. von der Genossenschaft Deutscher Bühnen-Angehöriger, Berlin o. J. [1948]

Die Deutsche Oper Berlin, hrsg. von Gisela Huwe, Berlin 1984

Die Komische Oper Berlin in drei Jahrzehnten, hrsg. von der Komischen Oper, Berlin 1977

Die Komische Oper Berlin, Geschichte und Gegenwart, hrsg. von der Dramaturgischen Abteilung der Komischen Oper, Berlin [1990]

Die Sitzungsprotokolle des Magistrats der Stadt Berlin 1945/46, Teil I: 1945, bearb. von Dieter Hanauske, Berlin 1995 (Schriftenreihe des Landesarchivs Berlin, Bd. 2, T. 1)

Dietrich, Gerd, Politik und Kultur in der Sowjetischen Besatzungszone Deutschlands (SBZ) 1945-1949, Bern usw. 1993

Dietrich, Gerd, Um die Erneuerung der deutschen Kultur, Dokumente zur Kulturpolitik 1945-1949, Berlin 1983

Felsenstein, Walter, Theater muß immer etwas Totales sein. Briefe, Aufzeichnungen, Reden, Interviews, Berlin 1986 (Akademie der Künste der DDR. Schriften der Sektion Darstellende Kunst)

Freydank, Ruth, Theater in Berlin, Von den Anfängen bis 1945, Berlin 1988

Genee, Rudolph, Hundert Jahre des Königlichen Schauspiels in Berlin, Berlin 1886

Graf, Herbert, Das Repertoire der öffentlichen Opern- und Singspielbühnen in Berlin seit dem Jahre 1771, Berlin 1934

Jacobsohn, Fritz, Hans Gregors Komische Oper 1905-1911, Berlin 1911

Kuby, Erich, Die Russen in Berlin 1945, München, Bern, Wien 1965

Leonhard, Wolfgang, Spurensuche, Köln 1992

Lewin, Michael, Harry Kupfer, Wien, Zürich 1988

Münz, Rudolf, Untersuchungen zum realistischen Musiktheater Walter Felsensteins, Diss. phil. Humboldt-Universität Berlin (Ms), 1964

Musikstadt Berlin zwischen Krieg und Frieden, Zusammenstellung von Dr. Harald Kunz, Berlin 1956

Neubeginn und Restauration, Dokumente zur Vorgeschichte der Bundesrepublik Deutschland 1945-1949, hrsg. von Klaus-Jörg Ruhl, München 1982

Oehlmann, Werner, Das Berliner Philharmonische Orchester, Kassel 1974

Petersheiden, Karl Neander von, Anschauliche Tabellen von der gesammten Residenz-Stadt Berlin, worin alle Straßen, Gassen und Plätze ... aufgezeichnet stehen, Berlin 1799

SBZ-Handbuch, Staatliche Verwaltungen, Parteien, gesellschaftliche Organisationen und ihre Führungskräfte in der Sowjetischen Besatzungszone Deutschlands 1945-1949, München 1990

Schivelbusch, Wolfgang, Vor dem Vorhang, Das geistige Berlin 1945-1948, München, Wien 1995

Steininger, Rolf, Deutsche Geschichte 1945-1961, Bd. 1, Frankfurt 1983

Szenografie Komische Oper Berlin/DDR, Berlin 1986

Theater als Geschäft, hrsg. von Ruth Freydank, Berlin 1995

Tjulpanow, Sergej, Deutschland nach dem Kriege (1945-1949). Erinnerungen eines Offiziers der Sowjetarmee, hrsg. und mit einem Nachwort versehen von Stefan Doernberg, Berlin 1987

Wagner, Johannes Volker, Deutschland nach dem Krieg, Bochum 1975

PUBKIKATIONEN DER KOMISCHEN OPER UND
ÜBER DIE KOMISCHE OPER IN CHRONOLOGISCHER REIHENFOLGE

Die Komische Oper 1947-1954
Herausgegeben von der Intendanz der Komischen Oper, Redaktion: Werner Otto und Götz Friedrich. Henschelverlag, Berlin 1954

Götz Friedrich, **Die »Zauberflöte« in der Inszenierung Walter Felsensteins an der Komischen Oper 1954**
Veröffentlichung der Deutschen Akademie der Künste zu Berlin. Henschelverlag, Berlin 1954

Das Gastspiel der Komischen Oper in Wiesbaden und Paris im Mai 1957 im Spiegel der Presse
Herausgegeben von der Dramaturgischen Abteilung der Komischen Oper, Berlin 1957

10 Jahre Komische Oper
Herausgegeben von Wolfgang Hammerschmidt im Auftrage der Intendanz, Redaktion und Gestaltung: Wolfgang Hammerschmidt. Copyright Komische Oper, Berlin 1958

Das Gastspiel der Komischen Oper in Paris mit »Hoffmanns Erzählungen« und »Albert Hering«
Herausgegeben von der Dramaturgischen Abteilung der Komischen Oper, Berlin 1959

Walter Felsenstein, Siegfried Melchinger, **Musiktheater**
Carl Schünemann Verlag, Bremen 1961

Jahrbuch der Komischen Oper (12 Bände)
I-XII, Spielzeit 1960/61-1971/72
Herausgegeben von der Dramaturgischen Abteilung der Komischen Oper, Redaktion: Horst Seeger, Martin Vogler. Henschelverlag, Berlin 1961-1973

Götz Friedrich, **Walter Felsenstein – Weg und Werk**
Veröffentlichung der Deutschen Akademie der Künste zu Berlin. Henschelverlag, Berlin 1961; 2. Auflage, Berlin 1967

Rudolf Münz, **Untersuchung zum realistischen Musiktheater Walter Felsensteins**
Dissertation. Humboldt-Universität Berlin 1964

Wege zum Musiktheater
Aufsätze, Berichte, Kritiken zur Arbeit und Methodik der Komischen Oper Berlin. Herausgegeben von der Komischen Oper, Redaktion: Klaus Schlegel. Berlin 1965

Die Komische Oper im 20. Jahr
Herausgegeben von der Komischen Oper. Berlin 1966

20 Jahre Komische Oper – Eine Dokumentation
Herausgegeben von der Dramaturgischen Abteilung der Komischen Oper, Berlin 1967

Walter Felsenstein, Götz Friedrich, Joachim Herz, **Musiktheater – Beiträge zur Methodik und zu Inszenierungs-Konzeptionen**
Herausgegeben von Stephan Stompor. Verlag Philipp Reclam jun., Leipzig 1970

Clemens Kohl, Ernst Krause, **Felsenstein auf der Probe**
Henschelverlag, Berlin 1971

Felsenstein inszeniert »Carmen«
Arbeitshefte der Akademie der Künste der DDR, Nr. 12, 1973. Dokumentation, zusammengestellt von Manfred Koerth. Berlin 1973

Joachim Herz über Musiktheater
Material zum Theater, Nr. 42, Reihe Musiktheater, Heft 10. Herausgegeben vom Verband der Theaterschaffenden der DDR, Zusammenstellung und Einleitung: Stephan Stompor. Berlin 1974

Walter Felsenstein über Musiktheater (I und II)
Material zum Theater, Nr.7, Sektion Musiktheater. Beiträge zu Theorie und Praxis des sozialistischen Musiktheaters, Herausgeber Stephan Stompor. Verband der Theaterschaffenden der DDR, Berlin 1974

The Music Theatre of Walter Felsenstein
Collected articles, speeches and interviews by Felsenstein and others.
Übersetzt, herausgegeben und kommentiert von Peter Paul Fuchs. Verlag Norton, New York 1975

Walter Felsenstein
Schriften zum Musiktheater (I)
Herausgegeben von Stephan Stompor. Akademie der Künste der DDR, Schriften der Sektion Darstellende Kunst. Henschelverlag, Berlin 1976

Walter Felsenstein 1901-1975
Ausstellungs-Katalog zum 75. Geburtstag. Komische Oper. Berlin 1976

Dieter Kranz, **Gespräche mit Felsenstein**
Aus der Werkstatt des Musiktheaters. Henschelverlag, Berlin 1976

Walter Felsenstein, Joachim Herz, **Musiktheater – Beiträge zur Methodik und zu Inszenierungskonzeptionen**
Herausgegeben von Stephan Stompor. Verlag Philipp Reclam jun., Leipzig 1976

Joachim Herz – Regisseur im Musiktheater
Beiträge zu Theorie und Praxis des Musiktheaters. Von Hans-Jochen Irmer und Wolfgang Stein. Henschelverlag, Berlin 1977

Die Komische Oper in drei Jahrzehnten
Almanach, herausgegeben von der Komischen Oper Berlin, Berlin 1977

Arbeitsmaterial zu Felsensteins Inszenierungen »Der Freischütz« und »Hoffmanns Erzählungen«
In: Arbeiten mit der Romantik heute, Arbeitshefte der Akademie der Künste der DDR, Nr. 26, 1978

Karel Vladimír Burian, **Walter Felsenstein**
Editio Supraphon, Praha 1979

Walter Felsenstein, **Zenés Szinház**
Zenemükiadó, Budapest 1979

Walter Felsenstein inszeniert »Die Hochzeit des Figaro«. Aus Materialien des Felsenstein-Archivs der Akademie der Künste der DDR. Theaterarbeit in der DDR, Nr. 3. Herausgeberin: Ilse Kobán. Verband der Theaterschaffenden der DDR und Brecht-Zentrum der DDR, Berlin 1980

Dietrich Steinbeck, **Im Jahre 5 nach Felsenstein**
SFB-Werkstatthefte, Nr. 6, 1980

Walter Felsenstein inszeniert – Bestandsverzeichnis des Felsenstein-Archivs.
Herausgegeben von der Akademie der Künste der DDR, 1981

Walter Felsenstein – Tondokumente
Werkanalysen, Proben-Mitschnitte, Reden.
Auswahl und Zusammenstellung: Ilse Kobán. VEB Deutsche Schallplatten, Berlin 1981

Walter Felsenstein, O Musykalnom Teatre
Herausgegeben und übersetzt von Stanislaus Roshnowski. Verlag Raduga, Moskau 1984

... und figaro läßt sich scheiden
Oper als Idee und Interpretation.
Herausgegeben von Ingeburg Kretzschmar. Piper, München/Zürich 1985

Walter Felsenstein, Theater muß immer etwas Totales sein. Schriften zum Musiktheater (II).
Herausgegeben von Ilse Kobán. Henschelverlag, Berlin 1986

Vorstellungen vom Musiktheater
Ein Almanach auf das 40. Jahr der Komischen Oper. Herausgegeben von der Komischen Oper, Herausgeber: Hans-Jochen Genzel und Martin Vogler. Berlin 1987

Harry Kupfer inszeniert an der Komischen Oper Berlin
Theaterarbeit in der DDR, Nr. 11. Herausgegeben vom Verband der Theaterschaffenden der DDR, Berlin 1987

Die Komische Oper heute – Musiktheater aus der Behrenstraße
Tondokumente, ausgewählt und eingeleitet von Hans-Jochen Genzel, (Eterna) VEB Deutsche Schallplatten, Berlin 1987

Mozart in der Komischen Oper
Wege zu Mozart (I). Beiträge zur Mozart-Rezeption anläßlich der Aufführung des Mozart-Zyklus 1987.
Herausgegeben von der Dramaturgischen Abteilung der Komischen Oper. Herausgeber: Hans-Jochen Genzel/Gerhard Müller. Komische Oper, Berlin 1987

Dieter Kranz, Ich muß Oper machen
Der Regisseur Harry Kupfer. Kritiken – Beschreibungen – Gespräche. Henschelverlag, Berlin 1988

Rupert Lummer, Harry Kupfer
Reihe: Regie im Theater
Herausgegeben von Claudia Balk. Fischer Taschenbuch Verlag, Frankfurt am Main 1989

Joachim Herz, Theater – Kunst des erfüllten Augenblicks
Schriften zum Musiktheater. Herausgegeben von Ilse Kobán. Henschelverlag, Berlin 1989

Walter Felsenstein, Theater – Gespräche, Briefe, Dokumente
Herausgegeben von Ilse Kobán. Edition Hentrich, Berlin 1991

Mozart in der Komischen Oper
Wege zu Mozart (II)
Herausgegeben von der Dramaturgischen Abteilung der Komischen Oper. Herausgeber: Hans-Jochen Genzel. Komische Oper, Berlin 1991

Michael Lewin, Harry Kupfer
Europa Verlag, Wien/Zürich 1988

»Das schlaue Füchslein« von Leos Janáček
»und doch ist in der Musik nur eine Wahrheit«. Zu Walter Felsensteins Inszenierung an der Komischen Oper Berlin (1956). Herausgegeben und kommentiert von Ilse Kobán. Wissenschaftlicher Verlag Müller-Speiser, Anif/Salzburg 1997

Walter Felsenstein, Die Pflicht, die Wahrheit zu finden
Briefe und Schriften eines Theatermannes.
Herausgegeben von Ilse Kobán. edition suhrkamp, Neue Folge, Band 986, Frankfurt am Main 1997

Routine zerstört das Stück oder die Sau hat kein Theaterblut
Ensemblearbeit unter Felsenstein: Briefe und Berichte über Bretter, die die Welt bedeuten. Erlesenes und Kommentiertes aus den ersten Jahren der Komischen Oper von Ilse Kobán. Märkischer Verlag Klaus-Peter Anders, Wilhelmshorst 1997

Harry Kupfer – Musiktheater
Herausgegeben im Auftrag der Komischen Oper von Hans-Jochen Genzel und Eberhard Schmidt. Parthas-Verlag, Berlin 1997

DIE AUTOREN

Kammersänger Rudolf Asmus, Berlin
Baß-Bariton. Seit 1956 an der Komischen Oper;
Ehrenmitglied der Komischen Oper

Prof. Hannelore Bey, Berlin
Primaballerina. Gründungsmitglied des
Tanztheaters, Ehrenmitglied der Komischen Oper

Dr. Rolf-E. Breuer, Frankfurt am Main
Vorstandsvorsitzender Deutsche Bank AG,
Vorstandsvorsitzender des Förderkreises
Freunde der Komischen Oper Berlin e.V.

Eberhard Diepgen, Berlin
Regierender Bürgermeister von Berlin

Kammersänger Werner Enders, Berlin
Tenor. Seit 1957 an der Komischen Oper,
Ehrenmitglied der Komischen Oper

Prof. Dr. Helmut Engel, Berlin
Landeskonservator

Prof. August Everding, München
Staatsintendant. Präsident des
Deutschen Bühnenvereins

Prof. Dr. Dieter Feddersen, Frankfurt am Main
Rechtsanwalt, Stellvertretender Vorstands-
vorsitzender des Förderkreises Freunde der
Komischen Oper Berlin e.V.

Marianne Fischer-Kupfer, Berlin
Gesangspädagogin an der Komischen Oper

Dr. Hans-Joachim Franzen, Berlin
Musikwissenschaftler

Prof. Götz Friedrich, Berlin
Generalintendant der Deutschen Oper
1953 – 1972 zunächst Dramaturg, dann
Regisseur und schließlich Oberspielleiter an der
Komischen Oper

Hans-Jochen Genzel, Berlin
Chefdramaturg der Komischen Oper

Frederik Hanssen, Berlin
Musikwissenschaftler

Prof. Hans Werner Henze, Rom
Komponist. Aufführungen an der Komischen
Oper *Der junge Lord, Die englische Katze* und
im Tanztheater *Undine* (1970 und 1992)

Prof. Joachim Herz, Leipzig
Regisseur. Von 1953 bis 1956 an der
Komischen Oper, später als Gast. 1976 bis
1981 Intendant der Komischen Oper

Prof. Georg Katzer, Berlin
Komponist. Uraufführungen an der Komischen
Oper: *Schwarze Vögel* (1975), *Das Land Bum-
Bum* (1978), *Ein neuer Sommernachtstraum*
(1981), *Antigone oder Die Stadt* (1991)

Dr. Helmut Kohl, Bonn
Bundeskanzler der Bundesrepublik Deutschland

Albert Kost, Berlin
Intendant der Komischen Oper

Yakov Kreizberg, Berlin
Generalmusikdirektor, Musikalischer Oberleiter
und Chefdirigent der Komischen Oper

Prof. Uwe Kreyssig, Hohenferchesar
Bürgermeister. 1956 – 1979 als Sänger
(Bariton), 1990 – 1994 als Künstlerischer
Direktor an der Komischen Oper

Prof. Harry Kupfer, Berlin
Operndirektor und Chefregisseur der
Komischen Oper

Prof. Dr. Jutta Limbach, Karlsruhe
Präsidentin des Bundesverfassungsgerichts,
Schirmherrin des Förderkreises Freunde der
Komischen Oper Berlin e.V.

Jan Linkens, Berlin
Künstlerischer Leiter und Chefchoreograph des
Tanztheaters der Komischen Oper

Prof. Siegfried Matthus, Berlin
Komponist. 1964 – 1991 Mitarbeiter der
Dramaturgie der Komischen Oper.
Uraufführungen an der Komischen Oper:
Der letzte Schuß (1967), *Noch einen Löffel
Gift, Liebling?* (1972), *Judith* (1985),
Desdemona und ihre Schwestern (1992,
Koproduktion mit den Schwetzinger Festspielen),
mehrere Ballettszenen (u. a. *Revue, Match*)

Rudolf Mayer, Berlin
Chefinspizient der Komischen Oper

Christine Mielitz, Berlin
Regisseurin an der Komischen Oper

Noëmi Nadelmann, Zürich
Sopran. Ständiger Gast an der Komischen Oper

Kammervirtuose Klaus Jürgen Peter, Berlin
Flötist. Gründungsmitglied des Orchesters der
Komischen Oper, dem er bis 1991 angehörte

Helmut Polze, Leipzig
Bariton. 1973 – 1996 an der Komischen Oper

Prof. Dr. Werner Rackwitz, Berlin
Musikwissenschaftler. 1981 – 1993 Intendant
der Komischen Oper, Ehrenmitglied des Förderkreises Freunde der Komischen Oper Berlin e.V.

Peter Radunski, Berlin
Senator für Forschung, Wissenschaft und
Kultur in Berlin

Prof. Aribert Reimann, Berlin
Komponist. DDR-Erstaufführung an der
Komischen Oper: *Lear* (1983)

Prof. Rolf Reuter, Berlin
Dirigent. Generalmusikdirektor der Komischen
Oper 1981 – 1993, Ehrenmitglied der
Komischen Oper und des Förderkreises Freunde
der Komischen Oper Berlin e.V.

Andreas Richter, Berlin
Referent für Öffentlichkeitsarbeit und
Dramaturgie sowie Leiter des Konzertbereiches
an der Komischen Oper

Prof. Tom Schilling, Berlin
Choreograph. Gründete 1966 das Tanztheater
der Komischen Oper, dem er bis 1993 als Künstlerischer Leiter und Chefchoreograph vorstand;
Ehrenmitglied der Komischen Oper und des Förderkreises Freunde der Komischen Oper Berlin e.V.

Eberhard Schmidt, Berlin
Dramaturg und künstlerisch-wissenschaftlicher
Mitarbeiter des Chefregisseurs der Komischen
Oper

Prof. Dr. Frank Schneider, Berlin
Intendant des Konzerthauses am Gendarmen-
markt, 1975 – 1980 Dramaturg an der
Komischen Oper

Norbert Servos, Berlin
Publizist und Choreograph. Künstlerischer
Leiter von TanzLabor Berlin an der Akademie
der Künste – Berlin Brandenburg

Prof. Peter Tietze, Berlin
Violinist. 1960 – 1996 1. Konzertmeister im
Orchester der Komischen Oper

Prof. Wilfried Werz, Berlin
Bühnenbildner

Kammersängerin Friederike Wulff-Apelt, Berlin
Mezzosopran. Seit 1966 an der Komischen Oper

Reinhart Zimmermann, Berlin
Ausstattungsleiter der Komischen Oper

Verzeichnis der Bühnenwerke der Komischen Oper

VERZEICHNIS DER ERWÄHNTEN NAMEN

**Auf den Fotos der Kapiteleinführungsseiten
und den Fotos der Bildteile sind abgebildet:**

S. 17 Tatjana Korovina und Christiane Oertel
S. 81 Günter Neumann nach der Premiere von
Pique Dame
S. 141 Roger Smeets wartet auf seinen Auftritt als
Don Giovanni
S. 143 Musikdirektor Winfried Müller mit dem
Orchester der Komischen Oper bei einer »Opern-
stunde für junge Leute«
S. 144 Stefan Heidemann, Victor Braun, Vera
Baniewicz und Christiane Oertel
S. 145 Stefan Heidemann und Victor Braun auf
einer *Falstaff*-Probe
S. 146 Anny Schlemm, Generalmusikdirektor
Yakov Kreizberg und Chorsolisten
S. 147 Anny Schlemm erfüllt Autogrammwünsche

S. 148 Chefinspizient Rudolf Mayer
S. 163 Andreas Conrad
S. 202 Pförtnerin Käte Böhm
S. 203 Beratung in den Dekorationswerkstätten
mit Direktor Dietmar Wolf
S. 204 Christiane Oertel mit Maskenbildnerin
Ulrike Eichler
S. 205 Chorsolist Ingo Hoehnel vor dem Auftritt
S. 206 Herrenschneider Roland Köhler
S. 207 Putzmachermeisterin Waltraud Bruske
S. 211 Die Leiterin des Kinderchors, Martina Heib,
mit den Jüngsten ihres Ensembles
S. 212 Die Mitglieder des Tanztheaters Kassandra
Bauer und Gonzalo Galguera